山东科技大学学术著作出版基金资助出版
山东科技大学人才引进科研启动基金项目(2013RCJJ038)研究成果

转型期我国知识产权保护与经济增长的互动传导机制及对策研究

张 伟 陈金库 孙燕玲 著

山东大学出版社

图书在版编目(CIP)数据

转型期我国知识产权保护与经济增长的互动传导机制及对策研究/张伟,陈金库,孙燕玲著. —济南:山东大学出版社,2015.9

ISBN 978-7-5607-5365-2

Ⅰ.①转… Ⅱ.①张… ②陈… ③孙… Ⅲ.①知识产权保护—关系—经济增长—研究—中国 Ⅳ.①F124 ②D923.404

中国版本图书馆 CIP 数据核字(2015)第 222834 号

责任策划 姜 明
责任编辑 姜 明
封面设计 张 荔

出版发行:山东大学出版社
社 址 山东省济南市山大南路 20 号
邮 编 250100
电 话 市场部(0531)88364466
经 销:山东省新华书店
印 刷:山东华鑫天成印刷有限公司
规 格:720 毫米×1000 毫米 1/16
16.5 印张 304 千字
版 次:2015 年 9 月第 1 版
印 次:2015 年 9 月第 1 次印刷
定 价:36.00 元

序

自2001年加入WTO之后，伴随国际间跨国贸易、技术合作等领域的深入拓展，我国知识产权保护问题也开始屡屡受欧美发达国家诟病，且大多数诟病主要集中体现为我国知识产权保护不力给他们造成了巨大经济利益损失方面。比如2001年温州打火机专利案、2002年DVD专利纠纷案、2005年英特尔公司诉深圳东进公司软件著作权纠纷案等。对此，从2000年开始，我国开始重点考虑国家知识产权战略问题。2005年1月成立知识产权战略领导小组，开始制定国家知识产权战略；2007年4月国家知识产权战略研究专题工作全部完成；2008年6月颁布实施的《国家知识产权战略纲要》中特别强调指出，"强化知识产权在经济、文化和社会政策中的导向作用"。长期以来，围绕我国知识产权保护水平的研究论著中，普遍存在着两种观点：一是认为我国知识产权保护"过低"，应强化知识产权保护；二是认为我国知识产权保护"超高"，应弱化知识产权保护。但这两种观点均缺乏有效立论依据。而且，在现实中，我国知识产权保护与经济增长均取得了长足进步，GDP年均增长率始终保持在高位，知识产权保护制度也得到逐步完善。因此，更需要在理论层面的研究中进一步明确二者之间的内在关系。

基于此，该专著通过初步分析我国知识产权保护与经济增长的内在互动关系以及二者相互影响机制问题，围绕我国知识产权保护问题得出几点具有启发性的研究结论。比如通过采用H-Y指数修正法，综合选取社会法制程度、行政保护水平、政府执法效率、公众保护意识以及国际监督机制等综合指标重新测算出我国的知识产权执法水平，进而修正得出中国自1985～2014年间(30年)知识产权实际保护水平(TIPR)；在不考虑其他影响因素的前提下，我国经济增长水平和知识产权保护强度之间的关系并不是传统文献中简单的线性关系，而是呈现右偏或左偏的"S"形关系；运用静态博弈模型重点分析了潜在侵权者与政府监管机构之间的均衡博弈结果，博弈均衡模型指出成本-收益比较是强化或弱化知识产权保护的内在关键因素等等。

综合看来，本专著内容翔实，层次合理，数据信息量大，不仅较好地补充完善了我国知识产权保护的测定指标及其水平，而且进一步梳理了我国知识产权保护与经济增长之间的相互影响路径关系，具有较高的学术参考价值。同时，张伟博士平时勤于思考和钻研，敢于面对挑战，也为他能顺利完成本专著的整理写作打下了牢固基础。闻悉该专著即将出版，由衷地为他感到高兴。是为序！

山东省知识产权研究院副院长，烟台大学教授、博士生导师

2015 年 7 月 6 日于烟台

自 序

从 20 世纪 90 年代开始，以交叉学科角度围绕知识产权问题进行经济学范式的研究思路和方法，逐渐演变成一种越来越普遍和流行的学术趋势，这类研究思路和研究方法不仅摒弃了单纯从法学角度对知识产权及其相关问题开展研究的专属局限性，而且实现了从经济学角度对知识产权问题研究的视域突破，同时还对管理学的正统研究方法进行了实践创新和拓展，正可谓是"一石三鸟""一举多得"。到 21 世纪初，不论是从研究思路和方法上，还是从研究内容和体系上，有关知识产权问题的研究内容在法学、经济学甚至是管理学等学科领域均产生了不同程度的学术示范和集聚效应。时值当下，在知识产权经济学研究范式的带动下，从事知识产权及其保护问题研究的学术潮流已经成长为我国学术界领域较为突出和有影响力的流派力量。当然，《转型期我国知识产权保护与经济增长的互动传导机制及对策研究》一书，也仅仅算是顺应此股学术潮流的"微尘"代表之一吧。作为本人学术研究的处女作，值此停笔成书之际，感慨良多！

回首过去，懵懂无知，但自认始终有幸运作伴。回想一下，十年之前，彼时的自己，在学术研究道路上，似乎始终是属于没有目标定位族群中的普通一员，更不敢奢望有朝一日会在"象牙塔"式的学术殿堂中从事教学科研工作，幸甚的是自己始终恪守着"努力了就会有收获"的学习理念和人生信条，这种思维模式一直伴随我至今。正因为如此，时至 2003 年大学本科毕业之际，我有幸获取到山东大学为数不多的推免保送硕士研究生资格。随后，在人生学术的拐角处又幸运地得到王吉法教授的点拨和指导。从 2003～2006 年，三年的硕士研究生学习经历，才逐渐确立起自己的学术爱好和兴趣方向。也是从那时起，自己开始对知识产权经济学、知识产权保护和经济增长、创新经济学以及社会经济运行与经济发展问题等内容关注起来。当然，鉴于自身知识水平的浅陋和技术分析方法的局限等因素，早些年也仅仅只是停留在"关注"层面，主要局限在较为肤浅的概念阐释和关系梳理层面，更深入性、多样性的研究工作一直没有真正开展起来。

从"现代制造业基地的知识产权战略研究"开始，到现如今《转型期我国知识产权保护与经济增长的互动传导机制及对策研究》一书即将出版，转眼十几年过去了，在这期间，由于本人一直致力于知识产权经济学、创新经济学以及中国经济运行和发展问题等领域研究工作，故而取得了自认为还算较为可喜的一点点小成绩。近年来，在《科研管理》《科学学与科学技术管理》《科技管理研究》《科技进步与对策》《经济与管理评论》等经济管理类中文核心期刊发表学术论文 20 余篇。作为主要课题人员参与国家社科基金规划项目、山东省社科规划课题、山东省软科学研究计划，以及青岛市、泰安市社科规划、软科学研究计划课题等 10 多项，主持山东省社科规划课题、山东省重点统计课题、青岛市社科规划项目、山东科技大学科学研究项目 8 项，主持山东科技大学科研创新团队 1 个，参编学术专著及教材 4 部，荣获山东省社会科学优秀成果三等奖 1 项，山东省软科学优秀成果二等奖 1 项、三等奖 2 项，泰安市社会科学优秀成果三等奖 1 项。

展望未来，任重道远。成绩和荣誉只能代表过去，未来的学术研究之路注定是枯燥和乏味并存，但是既然选择了远方，就无需担心路途的遥远和旅途的漫长；既然选择了长空和蓝天，就应该勇敢地去翱翔。也许未来的学术之旅甚或科研之路并非一帆风顺，或许将来自己的努力并不一定就能有所斩获。但是，只要心存目标和梦想，只要拥有自信和毅力，人生的下一个拐角就会柳暗花明，意想不到的收获和惊喜就会在不知不觉中到来！

“路漫漫其修远兮，吾将上下而求索！”《转型期我国知识产权保护与经济增长的互动传导机制及对策研究》一书，既是对自身过去从事学术研究工作的阶段总结，又是未来继续开展更深入、更全面的知识产权交叉学科研究的开山之石。谨以此专著自勉之！

张 伟

2015 年 7 月于青岛

前　言

知识全球化进程的不断加快，使得知识产权保护制度的制定和选择成为一国或地区经济社会发展和知识战略重组的重要基础和保障。众所周知，知识产权保护的最终目的是促进经济社会的发展和技术信息文化的繁荣，但社会经济的发展又会反过来影响着知识产权保护水平。长期以来，由于我国生产力发展大大落后于西方发达国家，知识产权应用领域的范围相对有限，再加之对知识产权作用缺乏足够重视等原因，相比较西方较为成熟且系统的关于知识产权保护与经济增长关系的理论研究而言，我国在知识产权保护与经济增长关系的研究上存在一定滞后性。改革开放之后，随着全球经济一体化进程的加快，我国经济面临总体结构转型升级的时代压力和机遇挑战，加之跨国贸易和国际合作领域的逐步拓展和扩大，使得学术界开始普遍关注我国知识产权保护与经济增长的内在关系问题。

为了充分揭示知识产权保护与经济增长之间的内在机制问题，同时客观评价我国知识产权保护的实际绩效，正确了解经济发展对于知识产权保护的各种影响因素，充分发挥知识产权保护与经济增长的互动作用，进而为真正建立和完善符合我国实际的知识产权保护制度提供理论依据，本书以我国经济转型期为时代大背景，通过运用综合修正的指标测度方法，对我国知识产权保护与经济增长之间的内在关系进行粗略性、宏观性的分析，并尝试得出一些富有启发性的研究结论。

第一，关于我国实际知识产权保护水平的测度和验证问题。一国或地区知识产权保护水平是否适宜合理，首先与其知识产权保护水平的强弱存在着最直接的关系。为了更好地验证和说明适度的知识产权保护水平对我国经济增长的重要性，本文首先运用 G-P 指数方法，运用综合细化指标测算出中国名义知识产权保护水平(NIPR)。测算结果显示，尽管较高的 NIPR 指数说明中国的立法水平已经基本符合 TRIPS 协议框架下的知识产权保护立法要求，但是与西方发达国家相比，由于发展中国家和发达国家在执法效率上存在较大误差，导致我国实际的知识产权保护水平与发达国家之间的差距仍旧非常明显。如果仅以一国或地区的立法水平代表整体的知识产权保护水平进行测评，不仅不具有现实可比性，而且在一定程度上还会影响到经济学实证研究的可信度。因此，本书通过对前人研究方法的修正和完善，强调一国或地区知识产权保护水平是知识产权立法水平与执法水平综合作用的结果。通过采用H-Y指数修正法，综合选取社会法制程度、行政保护水平、政府执法效率、公众保护意识以及国际监督机制等综合指标测算出我国的知识产权执法水平，并在此基础上修正得出中国自1985～2014年间(30年)知识产权实际保护水平(TIPR)。修正后的测算结果也再次充分表明，由于执法水平相对不足，我国实际知识产权保护水平与名义保护水平差距明显，且与欧美等发达国家(比如美国、荷兰、瑞典等)相比还存在较大差距，这种测算结果与我国知识产权保护的现实状况是相吻合的，这也为美国等发达国家屡屡对我国知识产权保护现状提出不满提供了有力解释。当然，基于前人的研究成果，本书也对不同的知识产权保护水平测定方法进行了简单比较，并解释了本书所选取修正方法(H-Y指数法)的可取之处。

第二，关于我国知识产权保护与经济增长的内在关联性问题。为了进一步验证和说明知识产权保护与经济增长水平之间的内在关联性，本书通过以下几点予以解释。首先，本书通过研究不同典型经济体自身知识产权保护的演化发展历程，并通过分析借鉴前人的研究成果，构建推导出我国(发展中国家)知识产权保护与经济增长的关联机理模型，并得出相应结论之一：即当发展中国家经济发展水平或技术能力较低时，经济水平提高所产生的模仿效应优于创新效应，因此应当弱化知识产权保护水平；当经济高于特定水平时，其所产生的创新效应会优于模仿效应，此时应当强化知识产权保护水平。除此之外，通过理论模型推导还得出发展中国家知识产权保护水平与技术创新之间的结论之二：即发展中国家本地企业的最优创新力度随知识产权保护水平和技术能力水平的提升而提升。具体而言，本地企业的最优创新力度的大小不仅取决于自身产品质量提升的效果，而且还取决于竞争者的技术模仿能力大小，前者由技术能力水平决定，后者则由本国知识产权保护水平决定。很显然，结论之二是从属于结论之一的。其次，为了更直观地比较和分析我国知识产权保护与经济增长的关系，本书根据混合国家(或地区)样本数据实证研究发现，在不考虑其他影响因素的前提下，经济发展水平和知识产权保护强度之间的关系并不是传统文献中简单的线性关系，而是呈现右偏或左偏的“S”形关系。具体而言，对于发展中国家(或地区)，两者之间呈现“U”形关系，而发达国家(或地区)则呈现倒“U”形关系。同时，无论发展中国家(或地区)还是发达国家(或地区)在经过了“S”形曲线的第一个拐点之后，均会长期处于知识产权保护与经济增长的正相关关系阶段。通过比较分析，中国在30多年的改革开放过程中，知识产权保护与经济增长发展的内在关系基本与发展中国家(或地区)样本数据的实证拟合回归结果保持一致。这一相关性分析结论，不仅较好地解释了我国知识产权保护水平的适度性问题，而且也进一步明确了我国知识产权保护政策在整个市场经济发展中的准确方向和定位。

第三，关于经济因素对我国知识产权保护的影响问题。一国或地区知识产权保护水平的高低，不仅取决于当地立法水平、执法力度，而且还会受到其市场开放程度、成本收益因素以及政府经济行为等诸多经济因素的影响，其中成本收益因素是影响知识产权保护行为的内在动力因素，而对外开放水平、市场竞争程度及政府经济行为等因素则是影响一国或地区知识产权水平的外在助力因素。当然，内在因素与外在因素也是相互影响、相互制约的。具体而言，本书运用静态博弈模型重点分析了潜在侵权者与政府监管机构之间的均衡博弈结果，博弈均衡模型指出成本-收益比较是强化或弱化知识产权保护的内在关键因素。另外，本书通过单位根检验、协整检验及因果检验等实证分析方法，发现中国的知识产权保护水平与经济增长之间存在长期均衡关系，且经济增长与知识产权保护水平存在因果关系，即经济增长变动是我国知识产权保护水平变动的重要原因之一；政府经济行为(主要是指政府财政性教育经费投入)、技术创新水平也是影响我国知识产权保护水平的重要因素，相比较经济增长水平的影响程度而言，这二者的影响效果略低。同时，实证计量回归结果发现，与理论预期分析的结果相反，中国人力资本水平的变化对我国知识产权保护水平的影响呈现负相关性，而对外开放水平对我国知识产权保护水平也并不存在显著影响。

第四，关于我国知识产权保护对经济增长的影响问题。首先，本书通过分析知识产权保护对经济增长的理论传导机制，明晰出我国知识产权保护对经济增长的两条主要传导路径：一是通过鼓励本国或地区技术创新力度或技术转移速度，进而推动本国或地区经济增长，这也是知识产权保护对经济增长的长效传导路径；二是知识产权保护通过直接影响一国或地区的对外贸易方式(商品贸易、FDI贸易、技术贸易等)，进而影响其经济增长水平。当然，伴随着知识产权保护对我国对外贸易方式的不同影响，也会间接影响着国内技术创新水平和技术进步速度，从而影响经济增长水平。在理论分析的基础上，本书还运用实证分析方法验证了知识产权保护水平对技术进步的影响关系。实证结果表明：知识产权保护水平的强化，对基于R&D基础上的中国技术进步水平不存在明显影响关系，但在引入了技术创新知识存量变量之后，二者回归结果表现出一定的弱相关性，导致这种情况的原因既与我国尚处于较低的技术创新水平和经济发展水平有关，又与国内技术进步主要依赖于外向型技术模仿、技术引进存在较大关系。

其次，在遵循知识产权保护对经济增长直接传导路径的前提下，本书一方面采用理论模型推导方法，从一般意义上分析了知识产权保护水平变动对对外贸易方式的影响效果；另一方面进一步运用实证分析方法，分别验证了知识产权保护水平与技术贸易、FDI 贸易及进口商品贸易的内在关系。实证结果充分表明，我国知识产权保护水平的稳步提升与进口技术贸易额之间呈现显著正相关关系，即知识产权保护水平的提高大大促进了我国对外技术贸易的进口幅度。同时，知识产权保护水平变动对 FDI 增长变动的影响力度也呈现逐步提升趋势，而现阶段知识产权保护水平变动对进口商品贸易变动的影响力度逐步降低，即随着知识产权保护水平的变动，FDI 贸易、技术贸易方式替代了部分进口商品贸易方式，而经济增长及汇率变动仍然是影响传统进口商品贸易的重要因素。

作　者

2015 年 6 月

目　录

绪　论 …… (1)

第一节　选题依据和研究意义 …… (2)
第二节　研究方法、研究内容及技术路线选择 …… (5)
第三节　本书的创新点与存在的不足 …… (10)

第一章　知识产权与经济增长的理论依据 …… (13)

第一节　知识产权及其经济属性 …… (13)
第二节　现代产权演化理论 …… (20)
第三节　传统经济增长理论 …… (23)
第四节　现代经济增长理论 …… (28)
本章小结 …… (36)

第二章　知识产权保护与经济增长的经验总结和文献综述 …… (38)

第一节　知识产权保护与经济增长的经验总结 …… (38)
第二节　知识产权保护与经济增长的文献综述 …… (43)
本章小结 …… (50)

第三章　我国经济转型与知识产权保护的历史演进过程 …… (52)

第一节　经济转型与知识产权保护的含义、特点及关系考察 …… (52)
第二节　我国知识产权保护的历史起源及演进过程 …… (70)
本章小结 …… (78)

第四章　我国知识产权保护水平的重新测度与修正 …… (80)

第一节　基于 G-P 方法的知识产权保护水平测度和评价 …… (80)

第二节　基于 H-Y 方法的知识产权保护水平修正和分析……………… (88)
本章小结 …………………………………………………………… (95)

第五章　知识产权保护与经济增长阶段关联性的比较分析 …………… (97)

第一节　知识产权保护与经济增长的演化历程
——以典型经济体为例 ……………………………………… (97)
第二节　我国知识产权保护与经济增长关联机理模型的构建与推导 ………
……………………………………………………………………… (112)
第三节　我国知识产权保护与经济增长的实证比较与分析…………… (120)
本章小结……………………………………………………………… (130)

第六章　经济因素对我国知识产权保护的影响机制研究……………… (132)

第一节　影响机制的含义及特征表现………………………………… (132)
第二节　影响知识产权保护的内在均衡因素
——博弈模型分析……………………………………………… (139)
第三节　影响知识产权保护的外在经济因素
——实证检验分析……………………………………………… (150)
本章小结……………………………………………………………… (160)

第七章　我国知识产权保护对经济增长的作用机制研究……………… (162)

第一节　作用机制的内涵及传导路径………………………………… (162)
第二节　我国知识产权保护与技术进步关系的实证分析…………… (174)
第三节　知识产权保护与对外贸易关系的实证分析………………… (180)
本章小结……………………………………………………………… (196)

第八章　主要结论与对策建议………………………………………… (197)

第一节　主要结论及研究展望………………………………………… (197)
第二节　主要应对策略及建议………………………………………… (202)

主要附表………………………………………………………………… (213)

参考文献………………………………………………………………… (230)

后　记…………………………………………………………………… (249)

绪 论

近年来，伴随全球经济和科学技术的迅猛发展，以知识产权为核心的知识技术、信息资源等日益成为推动世界各国经济发展的重要力量。与传统背景下的国际贸易相比较，在贸易对象、贸易方式、贸易利益分配、贸易结构与流通等方面均出现知识化的新特点，以知识产权作为载体的信息产品、劳务方式正成为各国间对外贸易的主体，世界贸易中包含有知识产权产品、服务价值等无形资产的比重日益加大。尤其是从20世纪90年代以来，人们越来越清楚地认识到，促进世界范围内的知识产权保护正成为促进技术创新、鼓励文艺创作繁荣、从而推动世界经济发展的必不可少的有力杠杆。一般而言，从法律层面来讲，强化知识产权保护不仅是一国（或地区）现代知识产权法律制度的重要组成部分，对完善一国（或地区）法律体系和法治化建设发挥着重大指导作用，更重要的是，从经济层面上，知识产权保护对于调动人们从事科学技术研究和文学艺术作品创作的积极性和创造性，为智力成果的推广应用和传播提供了法律机制，为智力成果转化为现实生产力提供了催化剂。根据统计和测算，20世纪初世界上经济发达国家技术进步对经济增长的贡献率为5%～10%，20世纪中叶上升到50%左右，20世纪80年代已经上升到60%～80%，技术进步的贡献率已经明显超过资本和劳动力的贡献率，而这种以知识、技术、信息等为载体的知识经济增长方式，实质上就是知识产权经济。因此，关于知识产权保护问题的研究和讨论，日益成为世界各国在经济发展过程中普遍关注的核心议题。

对我国而言，从建国之初到改革开放，从高度集中计划经济体制的制定推行到全新社会主义市场经济体制的建立完善，从相对单一的行业发展模式到日趋多变的产业结构调整，从对有形资源依赖性的粗放型增长到对无形技术支撑性的集约型增长，整个中国正经历着全新的经济结构调整和经济增长方式的转变。与此同时，自2001年加入WTO之后已经过去十多年，中国“世界工厂”的地位得到了进一步巩固与发展。但是，在此过程中，随着我国经济的发展、资本市场的扩大和人口结构的变动，对技术创新、产业升级起着根本决定、制约作用的知识产权保护问题和作为“世界工厂”的可持续发展问题也日趋成为各界关注的焦点。经济学家陈志武在其知识产权保护的研究中指出，“知识产权保护最好的国家，其第三产业也最发达”①。仅以2002年数据为例，在全球国家中，知识产权保护最好的国家，第三产业占GDP的比重高达64.90%，而保护不好的国家这一比重则为52.47%。1980～2002年印度和中国近22年的经济发展过程也证明了这一结论的正确性。例如在1980年，印度第三产业占GDP的比重为36.6%，中国第三产业占GDP的比重为23.8%，但到了2002年，这个比重分别为50.7%和27.5%。在同一时期内，印度第三产业在其经济增长中的比重增加了14.1%，而我国仅增加了3.7%。这种变化的内在原因主要在于印度对知识产权的保护逐步强化，使其不仅获得了较好的产业结构，而且还取得了令全球瞩目的高科技产业成就。

另外，根据世界银行及国内经济学家运用“索洛余值法”所测算的我国综合要素生产率情况可知，从1980～1994年期间，我国劳动投入、资金投入和技术进步对经济增长的贡献分别为19%、51%和30%，而相比较发达国家平均每年高达49%的全要素增长率而言，我国的全要素年均增长率仅为－0.3%。尽管进入21世纪之后，我国全要素生产率有所提升，2006年达到3.86%，2007年达到了5.38%，但是相比较而言，我国的全要素增长率仍旧大大低于发达国家，而且还低于发展中国家平均水平。这表明我国技术进步对经济增长的贡献率仍旧较低，而且经济增长总体仍处于粗放型方式的现状未得到有效改善。今后要实现从粗放型经济增长到集约型经济增长的转变，关键是提高生产要素效率，提高劳动者素质，提高技术和管理水平，不断优化产业结构调整升级。而在我国产业结构调整升级的过程中，知识、技术的进步起着决定性的作用。在促进和保障科技进步和经济发展的法律机制中，知识产权保护机制通过知识产权法律制度对人们就其特定的智力成果在一定期限内的专有权的确认和保护，越来越发挥着直接的和独特的作用。因此，当今世界各国的竞争优势越来越取决于一国（或地区）的制度机制，尤其是知识产权保护机制问题。

第一节　选题依据和研究意义

作为当今世界经济发展中最重要的生产要素和财富资源，知识产权已经成为企业核心竞争力乃至国家竞争力的重要组成部分。知识产权对发达国家（或地区）的作用是有目共睹的，这也是国外绝大多数理论和实证研究主要立足于发

① 陈志武：《保护知识产权是经济转型的先决条件》，2011年5月4日《时代商报》。

达国家(或地区)的现实反映。但是,知识产权保护对发展中国家尤其是对中国的作用机制问题,尚需我国社会、政府、科研机构等各方面进一步强化认识。一方面,从宏观视角来看,随着国际资本流动性加快和国内劳动者素质的普遍提升,中国市场低劳动力成本的传统优势正在逐渐减弱,在知识产权日益成为国际竞争工具的新形势下,如果仅仅依靠单纯技术模仿、产品加工和廉价劳动力低成本等传统竞争优势,不仅越来越难以在竞争激烈的国际市场中立足,而且由于缺乏核心的自主知识产权和技术优势,甚至难以实现国内技术产业升级和经济结构转型。另一方面,从微观视角来看,我国大部分企业的核心技术相对缺失,企业自身发展中的"技术引进""技术模仿"甚至是"产品仿造"现象比比皆是。同时,由于经济发展水平相对落后、教育水平的总体不高及整体人力储备的不足,又使得我国在基本的知识产权保护意识、保护观念等方面存在较为严重的"滞后"问题。这也是中国目前存在众多侵权、盗版以及假冒、冒充等知识产权问题的重要原因之一。因此,如何突破中国经济发展所面临的"技术瓶颈",如何适时地实现中国经济结构转型,研究和探讨中国知识产权保护与经济发展的关系问题便成为不可避免的热点话题之一,这也是当今顺应国际技术扩散和知识产权保护国际化趋势的现实要求。

一、选题背景和依据

在当今社会经济发展中,知识产权已经成为推动生产力发展的核心要素和市场竞争的重要战略资源。与此同时,与知识产权有关的理论研究也逐渐成为学术界讨论和关注的热点,除了从传统法学角度对知识产权问题进行研究之外,越来越多的学者也开始持续关注知识产权与经济增长、经济发展以及社会福利之间的关系。长期以来,由于我国生产力发展大大落后于西方发达国家,知识产权应用领域的范围相对有限,再加之对知识产权作用缺乏足够重视等原因,相比较西方知识产权和经济发展关系的理论研究,我国在知识产权与经济发展关系的研究上存在一定滞后性。改革开放之后,随着全球经济一体化进程的加快,跨国贸易和国际合作领域逐步扩大,对知识产权与经济发展的关系问题开始受到普遍关注,尤其是进入 20 世纪 90 年代乃至 21 世纪以后,关于知识产权保护与技术创新、FDI、技术引进和扩散等领域的研究内容逐渐增多,这一方面是理论研究领域对时势变化发展的积极响应和表现,同时也是我国生产力发展和经济社会进步的时代体现和要求。

因此,本研究选题依据主要来源于两方面的思考:一是伴随现代产权理论及经济增长理论的研究深入,尤其是内生性技术进步对经济增长的贡献发展,学术界开始普遍关注基于知识产权基础之上的技术进步、技术创新以及对外贸易与经济发展的关系问题。但大多数研究均是从发达国家角度开展研究的，虽然少数研究涉及发展中国家情况，但并没有考虑到发展中国家的个体化差异特点。因此，具体研究讨论知识产权保护与中国经济发展的关系问题，既是对知识产权保护理论研究的丰富和拓展，也是本选题来源的重要理论依据。二是鉴于影响中国经济发展与知识产权保护的现实因素是错综复杂的，诸多因素之间存在着相互渗透、相互影响的关系。无论是理论分析还是考虑现实意义，梳理出彼此相互影响的主成分影响因素均具有非常重要的理论价值和现实意义。因此，必须要立足中国发展实际和现实特点，着眼于分析中国知识产权保护与经济发展的内在效应机制问题，即知识产权保护对经济增长的内在传导机制过程。与此同时，还需要注意一国（或地区）经济发展因素对于知识产权保护的影响机制问题，即一国（或地区）经济发展在成本收益因素、市场开放程度、人力资本积累以及政府经济行为等方面对知识产权保护水平产生影响的传导过程。这是本选题的另一个重要现实依据。

二、研究目的和意义

目前，强化知识产权保护不仅仅是我国对国际社会履行义务承诺的重要体现，更是决定着中国经济结构转型和产业调整升级的先决性条件。随着知识经济时代的到来，经济全球化的进程不断加快，知识产权制度的选择和制定是决定一国经济社会发展和知识发展战略的重要基础和保障。知识产权保护的最终目的是促进经济社会和文化的发展，而社会经济的发展又会反过来影响知识产权保护水平。只有充分揭示知识产权保护与经济增长、经济发展之间的内在机制，同时客观评价我国知识产权保护的实际绩效，正确了解经济发展对于知识产权保护的影响因素，才能真正建立和完善符合我国实际的知识产权保护制度，充分发挥知识产权保护与经济发展的互动作用。

本研究的目的就是综合运用现代产权理论及经济增长理论知识，尤其是新经济增长理论关于知识和技术进步对经济增长的作用，在借鉴现有知识产权保护水平测度方法的基础上，通过分析比较中国经济发展的特点，运用中国修正后的实际知识产权保护水平指标，得出我国知识产权保护与经济增长的内在关联性结论。同时，围绕我国知识产权保护与经济增长的内在关联性问题，从知识产权保护对经济增长的影响视角阐述技术进步、对外贸易等对于经济增长的影响机制过程，从经济发展对知识产权保护的影响视角，阐述成本收益取向、人力资本存量、国民收入水平以及市场开放程度、政府经济行为等方面对知识产权保护的作用机制,进而解释我国经济发展的不同阶段与知识产权保护水平的适度性问题。

从经济增长的视角,对中国适度知识产权保护问题进行系统而全面分析,其理论意义和现实价值在于:第一,通过对现有知识产权保护测度指标体系的全面分析研究,对已有指标体系进行不断修正完善,克服长期存在的测评不全面、不准确等弊端,使知识产权保护强度量化指标更具可比性和有效性,也更能反映中国实际情况特点,这不仅有利于准确地进行知识产权保护水平的国际比较,而且也为知识产权经济学实证研究奠定基础。第二,通过揭示知识产权保护与经济发展的内在循环互动机制问题,为正确评价和认识知识产权保护制度奠定经济学理论基础,为优化和完善我国知识产权保护制度提供现实解释和理论依据。第三,通过对我国适度知识产权保护水平的经济学验证,为正确客观评价我国知识产权保护对经济增长的作用提供有力证据,同时从经济发展对知识产权保护的反作用机制中,也为优化我国知识产权保护水平提供实证基础和有力佐证。

第二节 研究方法、研究内容及技术路线选择

一、主要研究方法

由于知识产权保护与经济增长的关系涉及法学、管理学、经济学等多学科交叉领域,为了正确分析一国适度知识产权保护与经济增长的内在逻辑关系,进而达到基本的研究目的,本研究拟采用多种方法相结合,力求方法科学,逻辑思路严密,具体采用方法如下:

第一,辩证分析方法。坚持用联系的观点、发展的观点和对立统一的观点,科学地认识和分析我国经济转型过程中的知识产权保护问题,进而揭示知识产权保护与经济增长的内在互动关系。

第二,理论分析和实证研究相结合方法。对知识产权保护与经济增长的互动传导路径进行理论阐述,并对其理论给予理论模型推导和实证检验,力求理论分析与实证分析较好地相互补充与衔接,进而定性、定量地解释说明我国经济发展中的实际问题。

第三,博弈论分析方法。在现实生活中,经济因素、政治因素、文化因素等均会对知识产权保护行为产生不同程度的影响。本研究运用博弈论分析方法,在

影响知识产权保护行为的诸多经济因素中，从交易费用角度重点分析了政府监管部门与潜在侵权者之间的静态博弈过程，进而指明影响一国或地区知识产权保护行为的直接经济动因问题，也为分析知识产权保护与经济增长之间的关系提供了一种全新的理论视角。

第四，主成分因素分析方法。结合现有理论文献的特点，通过推导验证知识产权保护对经济增长的主要传导影响要素，分析知识产权保护对经济增长的影响；运用一国经济发展可能产生的主成分影响因素，进而分析其对知识产权保护水平的反作用影响。这种主成分因素分析是本研究的一大特点，通过深入分析知识产权保护与经济发展的内在循环机制问题，为我国制定合理适宜即适度的知识产权保护制度提供新的指导思路，进而为我国经济增长的良性运转提供可行的政策建议。

第五，比较分析方法。比较分析方法是通过比较分析说明问题的异同，从而揭示问题并得出有效结论的常用方法。本研究通过介绍和比较典型国家（或地区）知识产权保护与经济发展的历史演化发展历程，运用实证方法分析不同国家（或地区）知识产权保护与经济增长的优化关系，指出我国在知识产权保护促进经济增长方面存在的不足，以及诸多经济发展因素对影响我国知识产权保护提升存在的制约问题，从而为我国知识产权保护与经济增长内在关系进行准确现实定位。

二、主要研究内容

本书内容主要包括九部分：

第一部分为绪论。本部分着重介绍文章选题的现实背景、理论意义和现实意义，对选题整体的基本研究思路、基本研究内容和技术路线进行勾画，同时对主要创新点和不足之处以及整体内容结构安排等作出简要说明。

第二部分为知识产权与经济增长的理论依据。本部分首先对知识产权的含义进行了界定，在此基础上对知识产权的各类经济属性，即产权归属性、劳动价值型、利益分成性和市场机制性等进行了分析介绍，为下一步分析知识产权保护与经济增长关系埋下伏笔。其次对现代产权演化理论、传统经济增长理论及现代经济增长理论进行了必要的介绍梳理，尤其是重点阐述了现代新经济增长理论的政策含义，为进一步开展知识产权保护和经济增长关联性研究提供模型基础和理论依据。

第三部分为知识产权保护与经济增长的经验总结和文献综述。本部分首先立足于现有研究文献，从总体上阐述了知识产权保护与经济增长之间关系的主流观点。具体而言，知识产权保护与经济增长之间呈现正向效应（知识产权保护水平的提高会促进一国或地区经济增长）、负向效应（知识产权保护水平的提高会阻碍一国或地区经济增长）、条件效应（知识产权保护水平的变化对一国或地区经济增长的影响效果，需要借助于第三方条件才能体现出来）和模糊效应（知识产权保护水平的变化对经济增长的影响具有不确定性）等主要观点。其次，本部分对国内外有关知识产权保护与经济增长的理论和实证研究文献进行了梳理，得出知识产权保护影响经济增长的主要传导路径，同时通过分析现有研究文献存在的不足，为后文具体分析我国知识产权保护与经济增长的内在关系提供了理论思考空间。

第四部分为我国经济转型与知识产权保护的历史演进历程。从一般意义角度出发，本部分首先围绕经济转型的含义界定及其分类依据，分析介绍了我国经济转型的总体过程及其不同阶段的特点，进而从理论层面阐释了经济转型与知识产权保护之间的内在关系。除此之外，本部分还对我国知识产权保护的历史起源及其演进过程进行了分析整理，指出我国整个知识产权保护演进过程，以时间发展顺序为依据，实际上划分为四个不同的阶段，即空白期（20 世纪 50 年代之前）、萌芽期（20 世纪 50～80 年代）、初创期（20 世纪 80 年代至 20 世纪末）和发展期（21 世纪初至今）。这种按照我国知识产权保护的实际情况进行的划分标准，有助于后文对我国知识产权保护水平的重新测度和修正研究提供时间参考依据和指标选取标准。

第五部分为我国知识产权保护水平的重新测度和修正。研究知识产权保护与经济增长之间的内在关系，首先需要明确一国或地区知识产权保护水平的高低问题。本部分在充分借鉴国内外测度知识产权保护水平的方法基础上，结合我国实际特点，通过修正既有测度方法指标中的不足和缺陷，将更多影响知识产权保护的内在直接因素考虑进去，得出我国真实的知识产权保护水平指标。修正后的实际知识产权保护水平，不仅真实还原了我国与世界其他国家在知识产权保护水平上的现实差距，同时也为后文实证分析我国知识产权保护与经济增长的互动关系提供了数据支撑。

第六部分为知识产权保护与经济增长阶段关联性的比较分析。本部分首先通过分析英国、美国、日本、韩国及印度等典型经济体各自不同的知识产权保护与经济发展演化历程及特点，为我国知识产权保护与经济增长的内在关系研究提供经验借鉴。其次运用理论模型构建和推导出我国知识产权保护与经济增长的阶段关联性机理，揭示二者内在的关联性呈现"U"形关系。最后，结合理论模型的推导结果，通过与不同国家数据组的实证比较分析，进一步验证了我国知识产权保护与经济增长之间内在关系呈现"U"形曲线关系的结论，但现阶段二者之间内在关系处于"U"形曲线的右边，即正相关关系阶段。由此可知，我国目前知识产权保护水平是相对适度的，即与经济增长水平是相适应的。

第七部分为经济因素对我国知识产权保护的影响机制研究。一国经济发展的变化会反映到市场经济开放度、经济增长方式、政府经济行为以及人力资本存量的变化等方面，而这些方面的变化又会对知识产权保护产生重要影响。本部分通过主成分因素对我国知识产权保护的影响分析，一方面既为我国知识产权保护与经济增长的内在关联性提供实证的解释依据，另一方面也为我国知识产权保护水平的国际化差异指明思路，更为我国适宜的知识产权保护制度的制定和执行明确方向。

第八部分为我国知识产权保护对经济增长的作用机制研究。本部分借助于第二、三、五部分的理论依据、分析结论及测度数据，从知识产权保护对经济增长的直接效应、间接效应层面，通过建立一元或多元线性回归模型，重点实证分析我国知识产权保护与技术进步、对外贸易之间的传导过程，不仅验证了我国实际知识产权保护水平与经济增长的内在关系，而且也为进一步明晰知识产权保护对经济增长的主要传导路径提供了新的思路。

第九部分为主要结论与对策建议。本部分对研究的内容进行总结，围绕我国知识产权保护与经济增长的内在关系及相互影响机制问题，得出一些具有启发意义的研究结论。同时，对与知识产权保护有关的保护差异性问题、保护方式问题以及产业化问题等提出了下一步需要继续深入思考和探讨的研究方向。最后，围绕适宜的知识产权保护水平，即能够实现与我国经济增长优化互动为目的的知识产权保护政策，从市场主体、行政保护、立法司法及企业本位等不同层面提出了相应的政策建议。

三、基本框架思路及技术路线选择

本书研究的基本框架思路及技术路线，如图 1 所示：

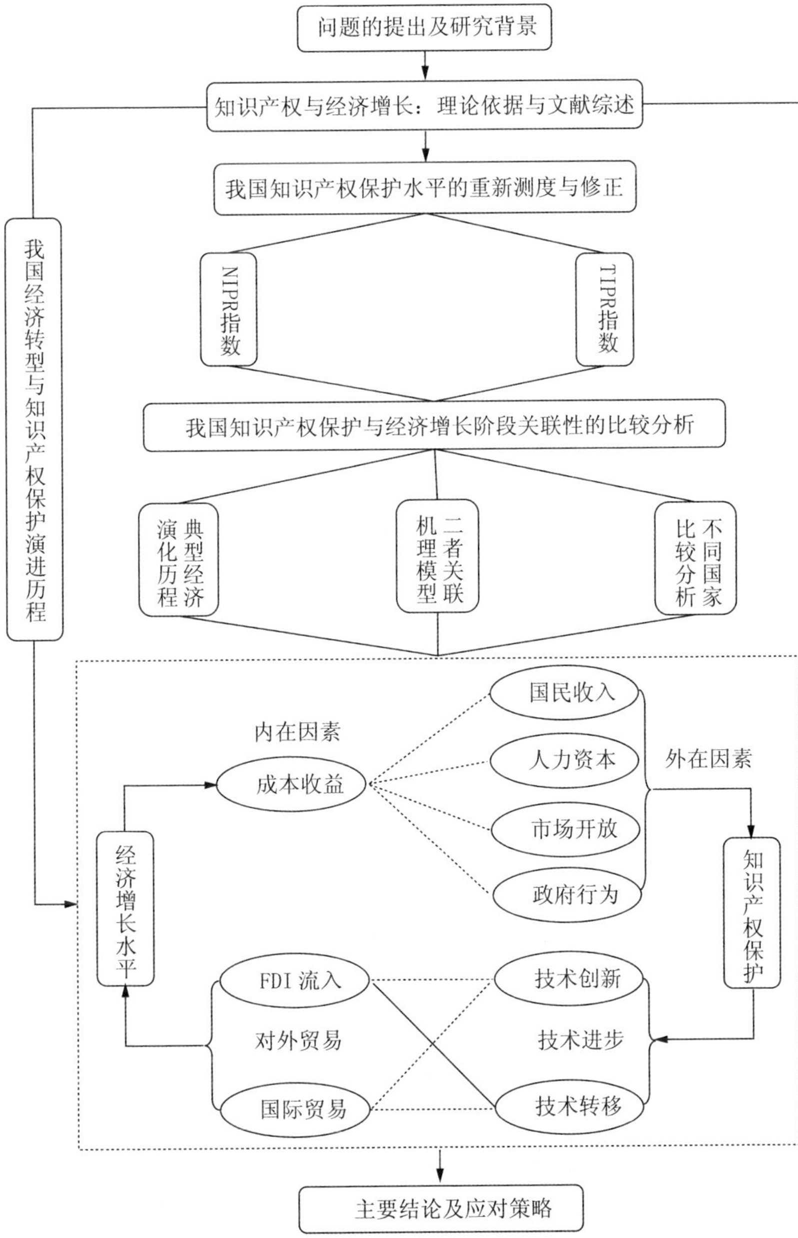

图 1　本书研究的基本框架思路和技术路线

第三节　本书的创新点与存在的不足

一、创新点

尽管近年来我国一些学者开始关注知识产权与经济增长的关系，比如许春明和单晓光、赵江林等对知识产权制度与经济增长关系的研究[①]，但他们的研究更多地强调知识产权制度对经济增长、FDI、出口贸易、技术引进、技术扩散等方面分析，并没有将这种传导因素机制化或条理化，且也未涉及经济发展水平、对外开放力度和市场竞争程度、人力资本存量等经济因素对知识产权的反作用问题，更没有将知识产权保护水平与我国经济增长的阶段性特点联系起来研究。概括起来，本研究的主要创新点主要体现在以下几个方面：

第一，研究视域和理论视角的创新。对于知识产权保护与我国经济增长的关系的研究，除了从强化知识产权保护对我国经济增长的作用机制，即对经济增长的内在传导机制上进行了直接效应、间接效应分类之外，还围绕我国经济发展因素对知识产权保护的影响问题，即各种经济因素对我国知识产权保护内在、外在的反作用影响机制问题进行了初步分析。对于知识产权保护与经济增长关系的循环互动视角是一种新的理论尝试。

第二，实证数据与修正方法的创新。首先，本研究以发展中国家的典型代表——中国为例，从技术创新、对外贸易、FDI 流入、R&D 投入、人力资本、政府行为等多领域、多层次、多角度范畴，较为全面深入地分析和阐述了我国知识产权保护与经济增长的互动影响效应问题，实证研究所需样本数据覆盖的空间和时间范围较长，数据的信息量较大。其次，本研究在参照杰拉德(Ginarte)和帕克(Park)关于各国知识产权保护强度测度方法的基础上[②]，不仅重修修正了我国名义知识产权保护指数(G-P 指数)，而且结合韩玉雄、李怀祖[③]和许春明、单晓光[④]以及姚利民、饶艳[⑤]等测度方法，构建了修正后的测度方法(H-Y 测度

① 许春明、单晓光:《知识产权制度与经济发展之关系探析——兼论我国知识产权战略的背景和原则》,《科技进步与对策》2007 年第 12 期。余长林:《知识产权保护与发展中国家的经济增长》,《厦门大学学报(哲学社会科学版)》2010 年第 2 期。

② Juan C. Ginarte, Walter G. Park, "Determinants of patent rights: a cross-national study," *Research Policy*, 1997, Vol. 26, pp. 283-301.

③ 韩玉雄、李怀祖:《关于中国知识产权保护水平的定量分析》,《科学学研究》2005 年第 6 期。

④ 许春明、单晓光:《中国知识产权保护强度指标体系的构建及验证》,《科学学研究》2008 年第 4 期。

⑤ 姚利民、饶艳:《中国知识产权保护地区差异与技术引进的实证研究》,《科学研究》2009 年第 8 期。

法)，整合出更加适应我国经济发展特点的知识产权保护立法和执法指标，完善了各类执法指标构成要素之间的协调性和可信性，并在此基础上重新测算出了我国1985～2014年的实际知识产权保护指数(TIPR指数)，为后文实证比较分析提供了最直接的数据资料。

第三，逻辑推导与分析思路的创新。围绕我国知识产权保护与经济增长的相互影响关系问题，本研究并没有遵循大多数文献研究的一贯做法，即整体上先展开理论分析然后进行实证分析的传统思路，而是对于具体研究对象和研究内容，在每一章节内部先进行理论或模型推导，以此为基础进行实证检验。比如，在第五章“知识产权保护与经济增长阶段关联性的比较分析”中，首先构建推导出我国知识产权保护与经济增长的内在关联机理模型，进而与不同发展水平国家数据进行实证比较分析；同样，在第六章、第七章中也分别运用了理论模型和实证分析相结合的方法。总体看来，这种逻辑推导和分析思路的不同之处在于，将整体推导局部化或者说一般分析具体化。这种分析思路不仅有效地避免了整体研究内容的“脱节”，即理论分析和实证分析衔接松散问题，而且保证了每一个具体环节和研究内容的针对性，从而使得全文得出的研究结论更具合理性和说服力。

二、存在的不足

鉴于一国或地区知识产权保护与经济增长、经济发展相互影响问题的多重性和复杂性，它涵盖了知识产权保护对一个国家(或地区)的技术创新、经济增长、对外贸易、外商直接投资、产业结构调整等多方面的内容，二者之间是否存在固有的内在规律性，需要理论和实证研究的逐步深入展开进行论证。另外，由于研究能力和水平有限，加之相关领域知识产权数据获取的局限性等因素，本研究不可避免地会存在一些不足，这也是笔者在写作过程以及今后相关研究中尚待进一步改进和深入探讨之处。

第一，由于所涉及领域属于宏观经济学、计量经济学、法学以及管理学等多学科的交叉领域，需要掌握大量的相关专业理论知识，这对本研究目标的实现提出了更高的基本要求。在具体写作过程中，还需要研读大量的文献资料，以尽可能弥补专业理论知识缺失的问题。同时，本研究所采取的实证计量分析方法较为单一，这在一定程度上也影响了各因变量与自变量之间的因果关系，在一定程度上降低了分析结果的有效性和对现实意义的指导作用。

第二，从知识产权特点来看，在知识产权保护数据的获取方面可能存在一些难度，尤其是对于中国技术许可数据的可得性限制了本研究实证考察知识产权保护对经济增长的间接影响效果。笔者将立足公开可获取数据为前提，在不影响总体结论的基础上以相互可替代数据的方法，尽可能降低研究结论“失真”的风险性。

第三，对于知识产权保护与经济增长之间的主传导成分因素的选择问题。文中所选择的主成分因素能不能有效地或者充分地解释因变量和自变量之间的相互影响关系问题，在具体分析过程中，还需要进一步地思考和挖掘，力图尽可能寻找到主要的或最佳的解释变量，从而能够较好地解释二者之间的相互影响关系，这也是需要进一步深入研究和细致探讨的问题之一。

第一章 知识产权与经济增长的理论依据

当今时代，经济全球化和一体化的世界潮流正呈现加速趋势，不同经济合作与发展组织使得国家与国家、国家与地区、地区与地区之间的市场和生产联系日益密切。在此过程中，由于整个市场服务和贸易机制的强化，以及资本和技术的流动性加强，各经济体之间的互相依赖程度也逐步加强。与此同时，知识经济也正成长为世界经济一体化中不可或缺的重要部分。在知识经济条件下，伴随知识产权价值的急剧扩张和科学技术的日新月异，任何国家都在充分利用自己的智力资源，致力于提高知识产权对整个国家和社会经济发展的贡献比率。因而，随之而来的知识产权与经济增长、经济发展的关系问题，也就自然而然地成为关键问题。对于知识产权与经济增长的关系，不仅与知识产权自身的经济属性有关，而且还是经济增长理论，尤其是现代经济增长理论中所重点关注的核心要素。因此，本章将围绕知识产权、知识产权保护与经济增长的内在关系，对知识产权自身经济属性及主要经济理论进行梳理介绍，这也是后文进一步展开知识产权保护与经济增长关系讨论的重要理论支撑和前提条件。

第一节 知识产权及其经济属性

无论是国家还是企业，作为无形资产核心内容的知识产权，正日益成为其最敏感和最核心的生产力增长要素来源。一般而言，知识产权是指人们对于自己的智力活动创造的成果和经营管理活动中的标记、信誉等所依法享有的权利。它是一种无形财产权，与房屋、汽车等有形财产一样均受到国家法律的保护。传统意义上知识产权主要包括版权和工业产权。版权是指著作权人对其文学作品所享有的署名、发表、使用以及许可他人使用和获取报酬等权利；而工业产权则是包括发明专利、实用新型专利、外观设计专利、商标、服务标记、厂商名称、货源名称或原产地名称等独占权利。然而，随着当代科学技术的快速发展，许多涉及国家或企业重大安全利益的商业秘密、植物新品种、集成电路布图设计等高新技术成果也被纳入知识产权内容当中。因此，知识产权保护的客体范围也处在不断的扩展之中。与有形财产不同，知识产权具有专有性、地域性、时间性以及无形性、可复制性等特征，但是这些特征均与知识产权自身的经济属性存在必然联系。本章主要从知识产权与经济增长内在理论关系视角，阐述与知识产权自身有关的各项经济属性。这些经济属性不仅是决定知识产权拥有潜在巨大社会效益和经济效益的内在核心因素，而且也是社会各界普遍关注知识产权保护问题的终极根源。与知识产权自身有关的经济属性主要包括产权归属性、劳动价值性、利益分成性以及市场机制性。

一、产权归属性

在知识产权的诸多经济属性中，产权归属性是其最重要和最明显的经济属性。显然，这里的产权归属性是对知识产权专有性的一种经济学解读。1991 年诺贝尔经济学奖得主科斯(Coase)是现代产权理论的奠基者和主要代表，被西方经济学家誉为现代产权理论的创始人，其产权理论发端于对产权制度含义的界定。通过对产权的定义，对由此产生的成本及收益的论述，从法律和经济的双重角度阐明了产权理论的基本内涵。

科斯认为，传统的经济学把交易看成是物品的交换，而实际上人们所交易的是物品背后的权利关系。因此，资产或商品表面上看是由其技术特点所决定的，实际上却是通过与物品的使用、处置、获取等有关的法律约束来定义的。从法律的角度来定义的资产或商品就是相应的产权。如果资产形态相同，但附着其上的产权不同，就属于不同的物品，具有不同的市场价值。① 由于产权直接影响到交易对象的市场价值，不同的产权安排就会影响到资源配置本身，这种影响也是通过交易来完成的。在市场经济中，一个决策者所交易的权利不能超过其所拥有的权利范畴，如何界定交易者的权利禀赋将会决定交易的规模和结果。通常认为，产权可以通过交易的不同环节来界定，具体分为所有权、处置权、分配权、收益权等。可见，产权是一组权利之和而不是一个权利，它对应的是一权一主而不是一物一主。由于这些权利可以分开，市场对资产的定价实际上是按照该项资产实际具有的权利来配置的，这也体现出知识产权可以通过不同的环节来影响一国或地区的经济增长或经济发展。

没有产权的社会是一个效率绝对低下、资源配置绝对无效的社会，而能够保

---

① 转引自[英]阿瑟·刘易斯:《经济增长理论》,周师铭等译,商务印书馆 1983 年版,第 125～126 页。

证经济高效率运行的产权所具有的特征主要包括:第一,明确性。即它是一个包括财产所有者的各种权利及对限制和破坏这些权利时的处罚的完整体系。第二,专有性。即它使因一种行为而产生的所有报酬和损失都可以直接与有权采取这一行动的人相联系。第三,可转让性。即这些权利可以被转引到最有价值的用途上去。第四,可操作性。即产权的各项隶属所有者的权利并不是一成不变的,可以依据其特点进行规范的处理。科斯产权理论的核心是:一切经济交往活动的前提是制度安排,这种制度实质上是一种人们之间行使一定行为权利的规则。因此,经济分析的前提任务就是界定产权,明确规定当事人可以做什么,然后通过权利的交易达到社会总产品的最大化。而作为不同于一般物品的知识产权,也是从属于其所有者的,对于知识产权的占有、使用、转移等权利的行使,也必须首先明确其产权的归属问题。

近代知识产权法理论立足于自然法思想的现代产权理论,是在对正统微观经济学和标准福利经济学的批判性考察中逐步形成的。其中主要体现为以下几种观点:一是精神所有权说。该学说的提出者认为,知识创造者为社会作出了贡献,社会就应赋予其特定权利,以体现社会的“公平”和“对价”。精神所有权说将知识视为物的一种,认为知识产权是对精神所创造的成果的权利,精神创造的成果和物质成果一样是其创造者的财产,其“所有人”有权按照自己的意志处分自己的财产,未经权利人授权或许可,他人无权使用该成果或者妨碍权利人行使权利。二是非物质财产权说。该理论由约瑟夫·科勒(Joseph Kohler)提出,他认为传统的物权只能涉及物质财产,而创作者的权利(即知识产权)涉及的是对被视为具有经济价值的非物质财产作品享有的专有权利。[①] 由于作品这一非物质财产得到经济上的利用,作者享有的是一种具有经济性质的权利。因此,科勒提出有必要创造一个新的法律类别——非物质财产权,从而把创作者权利的客体作为单独研究的一个问题加以论及。三是产权制度安排说。知识产权制度经济学派侧重知识产权法律制度对经济增长作用,提出知识产权是制度产品,是产权的一种类型。该学派认为生产力发展使知识成为核心生产要素。知识不是独立的物质财富主体而只是创造价值的生产要素,必须应用在生产实践活动中才能转化为生产力,实现其使用价值。而知识作为生产要素进入市场就要接受市场选择,但由于知识自身的属性使其不能单独作为商品在市场流转,加之知识的可复制性、可消费性、非排他性等特点,使得知识要形成使用上的排他性成为解决知识市场流通问题的关键所在。

---

① 转引自李芬:《知识产权性质的理论分析——兼论知识产权的法经济学分析》,《中州学刊》2003年第1期。

而知识的产权制度安排使知识在市场流通和产业利用上更有效率，解决了生产力发展对经济基础的矛盾，通过产权的界定来实现了资源的有效配置。一般来说，产权的形成是市场博弈的结果。知识使用上的非排他性决定市场不能形成产权机制，知识使用上的非排他性要通过私人产权制度安排解决，知识的私人产权制度安排使知识的属性发生变化，知识从共享品转入私人产品从而形成排他性。因此，在对知识产权进行保护的过程中，完善其产权制度，不仅对于知识产权价值的合理利用和评价，而且对人口、资源、环境和经济的协调与持续发展都具有极其重要的意义。市场经济的发展要求不断完善知识产权保护制度，建立产权交易市场是不断完善产权制度的客观要求，在产权制度引导下，市场产权交易的结果最终将引导社会资源流向最有效率的地区或部门，流向能为社会创造更多财富的领域，从而实现知识产权效用的最大化。

二、劳动价值性

知识产权的第二大经济属性当属其劳动价值性，这既是影响知识产权保护行为的终极根源所在，也是知识产权能够对经济发展产生重要推动力的根本原因。传统马克思主义劳动价值论认为，一种物品能够在市场上进行流通取决于两个因素：使用价值和价值。使用价值是能够满足人们某种需要的有用性，是由生产商品的具体劳动决定的，而价值则是凝结在商品中的无差别的人类劳动，是由生产商品的抽象劳动决定的，劳动的二重性决定了商品的二因素。知识产权是基于人类智力劳动成果而产生的一种专有权利，这种专有权利作为一种特殊商品，同样具有价值和使用价值。它可以在市场上（如技术市场、信息市场、版权贸易市场等）进行交换，满足人们的需要，促进经济的发展。但由于人类智力劳动成果的创造或生产主要是基于人的智力劳动，而不是像一般手工或机制产品（尽管它们多少也带有某些智力劳动的因素）主要是基于物质消耗和时间消耗那样。因此，作为智力劳动成果的知识产权，其使用价值及其价值也有其特殊性。

第一，知识产权的使用价值。知识产权作为一种无形资产（或无形物），其使用价值具有以下几个方面的特点：首先，使用价值的潜在性和不确定性。不同于一般物品的使用价值，知识产权的使用价值并不能够通过直接接触“无形的权利”来实现。比如一幅油画，其版权的价值往往只能经过作品的展览、复制、发行等才能体现出来。因此，知识产权的使用价值是潜在的、不确定的。其次，使用价值的无限性。在智力劳动成果的使用中，伴随技术的发展和使用方式的改变，其使用价值也会随之增加或扩大。由于技术革新和使用方式具有无限发展的可能性，因此，在一定时限内，知识产权的使用价值也具有无限增大的可能性。再次，使用价值的共享性。普通物品的排他性使得其使用时不可能同时同地进行，而作为无形物的知识产权则可以在同一时间内，分别由若干人使用。尽管技术专利的独享或共享行为不会影响知识产权的质量，但在很大程度上却会影响到知识产权所有者的利益。最后，使用价值的增值性。一般情况下，随着普通物品的使用，其使用价值相对固定并且逐渐消失，而知识产权的使用则可以使得有形物品产生质的飞跃，使用价值或增大或增多，并且会给所有权人带来超额利润。基于知识产权使用价值的这些特点，在对知识产权进行保护时需要引起充分关注。

第二，知识产权的价值。首先，知识产权的价值与普通商品一样，也是由生产它的一般人类劳动所决定的，只是这里的一般人类劳动作为体力与智力的劳动耗费比例与普通商品相比存在差别，这个差别并不引起知识产权价值质的差别，而只是量的差别。由于创造知识产权的智力劳动不仅是复杂劳动，而且是专有性的复杂劳动；其凝结过程也不是社会中每个具有复杂劳动能力的人均能完成的，而是具有创造性、独特性的智力劳动才能完成。其次，知识产权价值的实现还与其独特的计量方式密切相关。作为特殊商品的人类智力劳动成果，其价值量的大小更多地受市场流通状况和使用领域、使用范围和使用频率以及这种使用可能产生的直接或间接的经济效益影响。因此，对知识产权价值计量需要区别于传统商品价值的计量。由于形成知识产权的创造性智力劳动在某一特定时间内具有唯一性或稀缺性，因而其实现价值过程的第一阶段上，知识产权拥有者或所有者占有定价上的优势。但随着市场对其认知程度的提高以及需求者对其价值的相关信息拥有量逐渐增多，市场交易价格也会越来越接近其价值。另外，在对一项知识产权进行价值计量过程中，交易双方对该项知识产权预期收益的不同判断也会对其价值计量产生较大影响。与此同时，作为非实体生产要素的知识产权通常需要同传统实体生产要素相结合才能发挥其作用，所以传统生产要素的平均技术水平也会限制知识产权对社会总体效能的发挥。正因为如此，对知识产权价值的计量只能是大概的、近似模糊的，而不可能是精确的。当然，就对经济社会的整体效能而言，知识产权的使用价值要远远大于其自身价值，这也是对“科学技术是第一生产力”的最有力诠释。

三、利益分成性

在一定程度上，知识产权拥有量的多少代表着企业和国家市场竞争力的强弱。但在一国或地区经济发展的初始阶段，单纯依靠自我创新来增加知识产权拥有量往往很难满足经济发展的客观要求，这就需要通过技术引进或者购买来实现知识产权量的积累，这时自然就会涉及知识产权的第三个经济属性，即利益分成性。从简单商品经济到发达的市场经济，从直接的物物交换到货币充当商品交换的媒介，商品生产和交换都始终贯穿其中并成为整个社会经济存在和发展的常态。就普通物权而言，无论对于买方还是对于卖方，实现其交换的最终结果对于双方都是有利的，这也是决定商品交换能否实现的最关键因素。在发达的市场经济市场如此，在信息知识经济市场当中，作为知识经济市场载体的人类智力劳动成果也是这样。知识产品或者专利技术的经济效益和社会效益是其价值的重要组成部分，也是确定知识产品或专利技术价格的重要参考依据。在知识产品的交易中，首先需要根据市场需求量、建厂投资、成本大小、生产能力等因素综合评估利用知识产品所产生的经济效益、社会效益，以及投资所能回收的最短时间等等。很显然，知识产品的价格应与其经济效益、社会效益成正比，与其投资回收时间也成正比。这里的无形资产的价值主要来自其创造的经济效益中无形资产应占的份额部分，即以使用价值为基础，就实施此项技术创造的经济效益(节约的劳动时间)中技术应占的份额来确定技术成果的价值。联合国有关技术贸易的规定也倾向于采取这种提法，故此提出来的理论名称就叫“利润分成率”，称为 LSLP 法(Licensor's Share on Licensee's Profit)。[①] 利益分成性是知识产权技术参与市场竞争的必然结果，同时也是激发科研创新人员不断从事科研技术研发与创新的内在力量源泉。

传统经济学中对市场主体的界定大多是“理性”的，即无论是知识产权供给者还是知识产权需求者，均符合“理性经济人”的前提条件，在知识产权市场中，交易双方的利益是共享的。除此之外，利益范畴属于历史唯物主义的基础性范畴，利益矛盾构成了社会的基本矛盾，利益范畴所揭示的规律正是历史唯物主义的基本规律。从狭义上讲，马克思主义利益理论是马克思主义哲学的一个重要的组成部分，其自身也是一个结构完整、逻辑严密的思想体系。无论是从理论高度还是从实践层面，利益分成或者利益均享的结构都存在着。因此，结合知识产权利益分成性的特点，在具体的实践过程中，应当充分考虑各方利益、各种因素对于知识产权价值的影响力度。这也是积极倡导全社会力量进行知识产权保护，维护知识产权所有者权益的必然要求。在当前知识经济时代背景下，我国进行社会主义建设更需要运用这种基本特征和规律性认识来分析和解决社会主义现代化建设中的利益矛盾问题，这对于全面建设小康社会、构建社会主义和谐社会，也具有一定理论意义和现实意义。与此同时，运用这种利益分成性观点来正确对待知识产权价值问题，也是市场经济乃至整个知识经济发展过程中不可忽视和逾越的重要环节。

① 参见蔡继明等：《无形资产评估理论与实践》，中国物价出版社 2002 年版，第 54～55 页。

四、市场机制性

知识产权的利益分成性与其第四个经济属性——市场机制性，二者往往是相辅相成、紧密联系的。对知识资产而言，知识产权的市场机制性特点表明其价值的大小是由供求关系决定的。知识资产的价值往往由其可能取得的垄断利润决定，而垄断利润的获取又脱离不了知识资产市场运作，故它的价值是由市场机制决定的，即允许双方自由谈判，利用市场机制决定知识资产价格结构。当然，自由议价的上限是应用知识资产带来的超额利润，而下限则是知识资产的开发成本。作为知识资产重要组成内容的知识产权来说，也是从属于类似关系的。在某种程度上，知识产权价值会随着市场供求变化而变化，即知识产权市场价值大小取决于市场需求的强弱，市场需求越旺盛，则知识产权的价值往往就越高，反之，则相对越低。因此，对知识产权价值的正确衡量，需要充分考虑市场对于知识产权的需求程度，这也是影响知识产权价值高低的重要因素之一。

为了鼓励知识成果的创造，满足人类不断增长的物质和精神生活需要，法律赋予创造者一定期限之内独占地利用其知识成果获取收益的权利。知识产权由此成为专属于权利人的财产，因其效用与稀缺性而具有经济价值。价值的实现不能离开交换，离开了交换，任何价值的存在都是人们头脑中想象的产物。市场是具体的，由时间和地域对其进行规定。不同的市场因环境条件各不相同而具有不同的需求与供给。相应地，价值是某一时空条件下某一具体市场的产物，不存在脱离具体市场而独立存在的价值。[①] 对知识产权而言，由于经济状况、文化背景、科技发展水平甚至市场主体的兴趣爱好等因素不同，不同的市场反映出不同的知识产权市场需求，从而导致知识产权的价值因之而不同。因此，知识产权的价值由市场决定，而知识产权价值的衡量更不是凭空进行的，而是以特定市场为依据，在综合考虑被估量知识产权本身的性质和特点、其创作者的声名和影响力、市场的认可和接受程度、可被利用的期限、有关的交易惯例等多种相关因素的基础上进行预测或估量的。尽管对知识产权价值的估量只是评估机构在考虑相关因素并依据一定的计算方法对其价值所作的预测，但这种估量或预测值的大小也会成为影响知识产权保护力度大小的重要参考依据。

综上所述，除了知识产权自身所具有的无形性、地域性、专有性以及时限性、可复制性等特征之外，知识产权还具有产权归属性、劳动价值性和利益分成性、市场机制性等诸多经济属性。在一定程度上，这些经济属性不仅影响着知识产权自身经济收益和社会收益的大小，而且也会影响着整个社会及市场对其保护

① 参见郑克中：《客观效用价值论》，山东人民出版社 2003 年版，第 142～143 页。

程度的高低。因此,无论是在理论上还是在实践中,明晰知识产权及其各项经济属性都具有重要的现实意义。

第二节　现代产权演化理论

一般而言,知识产权是指人们对于自己的智力活动创造的成果和经营管理活动中的标记、信誉等所依法享有的权利。它与房屋、汽车等有形财产一样均受到国家法律的保护。但从某种程度上讲,知识产权及其保护制度的确立与形成,与现代产权理论的演化发展存在着必然的联系。尽管在知识产权的经济属性中(产权归属性)中曾涉及有关内容,但仍有必要将现代产权的演化理论单独进行梳理介绍。

一、关于产权概念的界定

作为新制度经济学的一个重要流派,现代产权经济学兴起于20世纪30年代的美国。该理论的研究目的在于如何通过界定、安排产权结构,降低或消除市场机制运行的社会费用,提高运行效率,改善资源配置进而促进经济增长与发展。1937年,罗纳德·H·科斯(Coase)《企业的性质》一文的发表,标志着现代意义上产权理论的诞生。1960年,科斯又发表了《社会成本问题》,建立了交易费用与产权的重要关系,正式把产权理论纳入经济学体系范畴。自此之后,以威廉姆森(Williamson)、斯蒂格勒(Stigler)、德姆塞茨(Demsetz)、阿尔钦(Alchain)和张五常等为主要代表的学者开始不断对现代产权理论进行拓展和深化。然而,由于各产权学派研究产权问题的出发点和侧重点不同,他们对产权的内涵也是各取所需,并未形成统一的产权定义。正如科斯在《企业的性质》中曾明确指出:"产权是对(物品)必然发生的不相容的使用权进行选择的权利的分配。它们不是对可能的使用施加的人为的或强制性限制,而是对这些使用进行选择时的排他性权利分配。"①很显然,科斯的定义指出产权是对使用权的选择权,这种选择权是具有排他性的。然而作为无形财产权的知识产权而言,尽管制度安排对其进行了明确界定和规范,但是由于具有较强的外部性和公共性特点,所以知识产权仅具有名义上的排他性。这也是对知识产权进行有效保护的制度安排性要求之一。

与科斯不同,D. 德姆塞茨则是注重从产权在社会体制中的功能和作用角度来阐释产权的。他强调指出:"产权是一种社会工具,其重要性就在于事实上它

① 转引自[英]阿瑟·刘易斯:《经济增长理论》,周师铭等译,商务印书馆1983年版,第203页。

们能帮助一个人形成他与其他人进行交易的合理预期。这些预期通过社会的法律、习俗和道德得到表达。产权的所有者拥有他的同事同意他以特定的方式行事的权利”，这种按特定方式行事的权利进一步“界定人们如何受益及如何受损，因而谁必须向谁提供补偿以使他修正人们所采取的行动”。[①] 因此，在德姆塞茨看来，“产权的一个主要功能是引导人们实现将外部性较大地内在化的激励”。而 A. 阿尔钦则从法律层面上阐释产权，他认为，“产权是一个社会所强制实施的选择一种经济品的使用的权利”，他还进一步指出，“产权是授予特定的个人某种‘权威’的方法，利用这种‘权威’可从不被禁止的使用方式中，选择任意一种对待物品的使用方式”。[②] 可见，他不仅把产权归结为一种权利，而且更强调产权作为一种人们对待资产的排他性的规则，是形成并确认人们对待资产权利的方式。除此之外，贝尔(Bell)指出，在法律上，产权的实质就是不同所有者不让除他自己以外的任何人占有、使用、控制某物的能力，是意志的专有领域，是使用或滥用的权利；[③]尼科尔森(Nicholson)则认为，产权是所有者和所有权的各项权利的法律安排；[④]诺斯(North. D)也强调认为，产权本质上是一种排他性权利。[⑤] 上述不同界定更多强调产权的法权性质，与知识产权法对知识产权的界定相类似。而菲吕博腾(Philippines Lv Boteng)的产权定义更接近于产权的本质。他认为，产权不是人与物的关系，而是由于物的存在和使用而引起的人们之间的一些被人认可的行为关系。社会上盛行的产权制度便可描述为界定每个人在稀缺资源利用方面的地位的一种经济关系。[⑥] 在我国《国有资产产权界定和产权纠纷处理暂行办法》中则明确规定：“产权，指财产所有权以及与财产所有权有关的经营权、使用权等财产权”，“产权界定应遵循‘谁投资，谁拥有产权’的原则进行”。可见，对产权不同的界定范畴体现出不同的视角和立场原则。

二、产权理论的演化历程

概括而言，现代产权理论的整体演进历程主要包括以下四大主线：

第一，交易费用理论。交易费用是现代产权理论的基础性概念。产权理论

① [美]德姆塞茨：《企业经济学》，梁小民译，中国社会科学出版社 1994 年版，第 38～39 页。

② [美]科斯、阿尔钦、诺思：《财产权利与制度变迁——产权学派与新制度学派译文集》，刘守英译，上海人民出版社 2004 年版，第 121 页。

③ 转引自严启发：《产权问题研究综述》，《当代经济科学》1995 年第 6 期。

④ 转引自吴易风：《马克思的产权理论与国有企业产权改革》，《中国社会科学》1995 年第 1 期。

⑤ 参见 North. D：《财产权利与制度变迁：产权学派与新制度学派译文集》，上海人民出版社 2004 年版，第 76 页。

⑥ 转引自[美]科斯、阿尔钦、诺思：《财产权利与制度变迁：产权学派与新制度学派译文集》，上海人民出版社 2004 年版，第 102～103 页。

认为，经济学要解决的是由于使用稀缺资源而发生的利益冲突，必须用这样或那样的规则即产权来解决冲突。交换的实质不是物品和服务的交换，而是一组权利的交换，所交易的物品价值也就取决于交易中所转手的产权多寡或产权的强度。由此可见，产权不是一个反映社会生产关系性质的概念。产权理论没有研究，也没有说明用于衡量或判定一个国家所实行的社会制度是资本主义还是社会主义，更没有告诉我们企业的产权制度是不是决定一个国家的社会制度的唯一准则。

第二，产权的效率分析理论。在社会经济运行中，当两个当事人签订一项用以规定某商品交换的时间和地点的合约时，就发生了交易行为，在规定的时间和地点，商品的所有权就转让了。交易费用作为一种资源支出分为谈判费用和履行费用，谈判费用指用于组织双方交换产权的支出，履行成本则指用于防止违反合同规定的支出。在一个没有产权制度的社会里，交易是无需计价的，因为交易完全可能由行政的或强制的命令无偿调拨，所以交易中不需要任何资源支出。但一个没有交易费用的经济活动，如同自然界没有摩擦力一样，是非现实的。产权理论要解决的正是如何通过有效的经济组织和产权规则，最大限度地减少交易成本，有效地配置和使用社会资源，促进经济增长。有效的经济组织是经济增长的关键，而要保持经济组织的效率，需要在制度上确立和明晰产权，以私有产权为基础，以便造成一种刺激，将个人的经济努力变成私人收益率接近社会收益率的活动。所以，产权理论有两大规则：一是使经济组织对资源配置的不一致行为所造成的损害达到最小；二是使阻碍经济组织在资源配置问题上达成合作协议的障碍达到最低，在有效的产权制度下，价格是资源配置的信号，它反映了资源的稀缺度，资源的利用和使用资源的决策主要是通过价格信号作出的。

第三，产权制度的选择和调整理论。产权是排他的，两个人不能同时拥有控制同一事物的权利，但这种权利不是无限制的，而是有着法律规定的权利范围。产权是涉及经济学和法学的权益制度，从经济学方面看，完备的产权制度允许经济主体在权利所允许的范围内以各种方式利用权利，即使用权问题；在不损坏他人的情况下可以享受从事物中所获得的各种利益，即用益权问题；改变事物的形状和内容，即决策权问题；通过出租可以把用益权转让给别人或把所有权出售给别人，即让渡权问题。从法律方面看，产权是一组权利，这些权利规定了一个人对于他拥有的资源能够做什么和不能做什么，如在某个范围内他可以拥有、使用、转让、赠予、改变财产或排斥他人侵犯财产。由此看来，构成所有权的一组权利在法律上具有两个特点：第一，所有者可以自由地行使他对自己财产的各种权利；第二，他人未经财产所有者的许可禁止侵占所有者对其财产的行使权。

第四，用产权理论推断经济历史和企业制度的演进理论。产权理论认为，近代经济历史可以看成是产权制度的发展史，私有产权无论从逻辑上还是从历史上都是产权制度演进的起点，产权理论不仅可以用于分析庄园制、封建领主制、土地个人所有制以及圈地运动的演进，还可以用于分析二战后发达工业化国家国有企业产权制度的形成和发展。从企业制度上说，企业产权结构的调整和演进大体经历了全部产权集中掌握在某个企业主手中的企业主制，两个或两个以上共同投资者分享剩余索取权、共同监督权和经营管理权的合伙制，现代股份公司制。股份公司的产权结构具有公共性，在公司内部发生了所有权与控制权的分离，股票持有者享有剩余索取权，股东大会和董事会享有决策权，总经理和部门经理分别享有不同的经营管理权。

综上所述，市场制度是建立在交换的基础上的。所谓交换，实质上是所有权的交换，如果所有权不明确就无法交换。科斯将交易费用引入产权理论分析中，得出更为深刻的一般性定律并由此形成产权理论。但是，我们也应看到，现代西方产权理论主要是以私有制为考察基础的，其根本目的在于维护和完善资本主义私有制为基础的经济制度。而且，科斯及其后继者对交易成本应用范围的扩大化解释，也未必显现出其科学性的特点。更重要的是，现代产权理论认为，通过产权与外部性的关系可以衡量产权安排的效率。如果能提供较大的激励，那么这样的产权安排就是有效率的。私有产权能更好地将外部性内在化，产生更有效率的激励，因而是最优的产权制度，这种断言是片面的，尤其是对具有极强外溢性的知识产权而言更是如此。尽管现代产权理论更偏重于对有形产权的界定，对无形产权的特点涉及较少，但其对知识产权理论与经济增长、经济发展的关系仍具有重要的基础性指导作用。

第三节　传统经济增长理论

在经济学领域内，经济增长问题不仅是其永恒的研究主题，更是全世界普遍关注的核心问题。从古典经济学的代表亚当·斯密(Adam Smith)开始，经济学家们就开始不断地对经济增长问题进行广泛探索。正是由于经济增长与全世界人民的利益息息相关，所以对经济增长的理论研究就显得尤其重要。当然，经济增长理论并不是一成不变的，而是随着时代进步和技术发展而不断更新的。围绕经济增长的源泉问题，经济增长理论经历了从传统经济增长理论到现代经济增长理论的长期演变和发展过程。而作为当今知识经济时代的终极产物——以科学研究和信息技术为代表的知识产权，正成为新时期经济增长理论中不可忽视的重要内容。因此，熟悉和掌握经济增长理论的发展演变过程，不仅有利于进一步推进新时期经济增长理论研究，而且也为开展知识产权保护与经济增长关系研究提供了有力的理论依据。

根据经济增长理论的整体演化发展过程，本节根据其历史发展阶段及各阶段增长理论对技术进步的认知程度等因素，将经济增长理论划分为传统经济增长理论和现代经济增长理论。传统经济增长理论主要以古典经济增长理论、新古典经济增长理论为主要突出代表；而现代经济增长理论则主要以哈罗德-多马经济增长理论、外生经济增长理论以及内生经济增长理论为主要代表。

一、古典经济增长理论

早在18世纪中后期的古典经济学时期，经济学家就开始特别关注对经济增长的研究分析，这一时期的主要代表人物包括亚当·斯密、大卫·李嘉图（David Ricardo）和托马斯·马尔萨斯（Thomas Malthus）等。其中亚当·斯密的《国富论》被认为是近现代经济增长理论的先驱之作。亚当·斯密认为，促进经济增长主要包括两条途径：一是增加生产性劳动的数量，二是提高劳动的效率。在这两条增长途径中，劳动效率对经济增长的促进作用更为显著。首先，他把劳动区分为生产价值的生产性劳动和不能生产价值的非生产性劳动，并且认为生产性劳动创造财富，而非生产性劳动只能消耗财富，因而在劳动投入量中增加生产性劳动投入的比例将会促进经济增长。其次，亚当·斯密认为劳动效率的提高主要取决于分工程度和资本积累的数量。分工不仅使得单位劳动的产出量增加进而导致收益递增，而且使得劳动者的熟练程度提高，从而减少工作转换所造成的损失，进而有利于机器的发明。而资本积累可以使得资本存量扩大，并使与之相联系的劳动数量增加，从而间接促进经济增长。因此分工协作和资本积累是促进经济增长的基本动因。① 由此可见，类似包括收益递增、分工利于机器发明（技术进步）并导致劳动效率的提高，市场容量的扩大导致分工程度的加深等经济思想，都成为后来现代经济增长理论的重要思想源泉。

大卫·李嘉图对于经济增长的分析主要围绕收入分配问题展开。在考察了工资、利润和地租的关系、变动规律以及这些分配比例变量的外部影响因素之后，他认为长期的经济增长趋势在收益递减规律的作用下会逐渐停止。由于土地的数量是有限的，而土地上生产的产品也是有限的，随着人口数量的增加，人们对土地上生产的产品需求增加，从而导致生产向肥力较低的土地上扩展。这就意味着随着土地投入的增加，土地上产出的增加越来越少，从而出现边际收益递减现象。收益递减趋势使得土地上产出的价值提高，导致劳动力的工资上涨，进而使得资本家的成本提高和利润降低，最终导致资本积累减少。与此同时，由

① 参见[英]亚当·斯密：《国富论》，郭大力、王亚南译，商务印书馆2014年版，第187页。

于土地产出价值的提高，将引起有限土地的地租增加，但土地所有者只进行非生产性消费而不进行投资，因此上述过程必将导致资本积累停止。[①] 由此可见，大卫·李嘉图更注重亚当·斯密增长分析中的劳动量增加和资本积累的作用，认为在土地边际收益递减规律的作用下，这两个因素对经济增长的贡献越来越小。需要注意的是，这里李嘉图所论述的收益递减与现代经济学意义上的收益递减是有区别的。现代边际收益递减规律是基于数量取向的，而李嘉图的边际收益递减规律是基于质量取向的，即收益递减的原因主要是土地的质量逐渐降低（而数量是不变的）所造成的，这也说明某些资源具有可耗竭的特征。

托马斯·马尔萨斯对经济增长的讨论是与其人口原理联系在一起的。马尔萨斯指出，人口增长与产出增长是不同步的。人口以现有的数量为基数不断增长，而其增长率会随着产出的增长而进一步增大。由于人类生存的基本需求来源于土地上的产出，但土地上的产出却遵循收益递减规律。当土地全部被使用之后，对土地的每一次改良，土地上的产出增加量会逐步降低，因而人口的增长有超过生活资料增长的经常性趋势。所以，以人均产出表示的经济增长会受到人口增长的限制。如果人口得到增长，在边际收益递减的作用下，产出增加量减少，从而生活水平下降，进而导致出生率下降和死亡率上升。在均衡状态下，人口增长率为零，从而经济增长也会为零。这种“不愉快”的结果是由于人口增长和经济增长受到两个不同规律的作用导致的，任何耕种土地的数量扩大或技术进步都将导致超过产出增长的人口增长，即人口灾难是不可避免的。[②] 由此可见，马尔萨斯的人口增长是内生决定性的，即人口增长取决于人均收入。同时，在经济系统之外采用限制人口增长超过经济增长的政策便是自然而然的事情了。

建立在古典经济学基础上，卡尔·马克思以剩余价值论、社会再生产理论和资本积累理论为主要分析框架对经济增长问题也进行了深入分析。马克思认为，社会生产逐年扩大是由于两个原因造成的：第一，由于投入生产的资本不断增长；第二，由于资本使用的效率不断提高。在这里，马克思提出了自己的经济增长基本模型。设 Y 是社会产品的增长率，G 为总资本存量的增长率，即资本增长率，q 是资本生产效率。经济增长速度 Y 表现为 G 和 q 两个因素的乘积关系，即 $Y=G\cdot q$。在上述经济增长基本模型中，马克思认为，积累或资本的增加是扩大再生产的基本源泉。积累是资本规模不断扩大的再生产，是剩余价值（设

① 参见［英］大卫·李嘉图：《经济学及赋税之原理》，郭大力、王亚南译，上海三联书店 2014 年版，第 138 页。

② 参见［英］马尔萨斯：《人口原理》，陈小白译，华夏出版社 2012 年版，第 201 页。

为 M)中一部分除去用于资本家的消费之后,用以追加投资、购买追加生产资料和追加劳动力的重要来源。“生产的扩大要取决于作为生产基础的资本的扩大”,“规模扩大的再生产……只是指用较大的投资来进行的生产”。[①] 所以,资本增长率 G 是决定经济增长率的基本因素之一。但不能认为只有积累是经济增长唯一源泉。对此,马克思指出,没有积累还是能够在一定界限之内扩大再生产规模的。一定数量的货币资本投入某企业后,不增加货币资本仍可以扩大再生产规模。预付资本转化为生产资本后,包含着生产的潜力,它们能够在一定活动范围内,按不同程度发挥作用。决定生产要素潜力弹性的就是资本使用效率 q,因此,资本使用效率 q 与资本增长率 G 均是经济增长的源泉。

综上所述,尽管古典经济学的主要代表均指出了经济增长的规模性动因(资本、技术、土地等)以及拓扑性机制(分工协作)的重要性,也注意到了自然资源在增长中的特殊性问题,但他们的分析更多地侧重于农业生产占主导地位的经济形态,以土地为代表的传统要素边际收益递减规律被过分地强化了,而技术进步的连续性问题并没有得到应有的重视。因此,他们关于经济增长的分析不仅较为悲观而且不具有持续性。

二、新古典经济增长理论

伴随着古典经济学研究思路和研究方法的逐步推进,直到 19 世纪后半叶,以“边际分析”和“静态均衡”为特征的新古典经济学研究范式及关于创新与经济增长关系的研究才逐渐兴起,标志着经济学研究进入了新的成长阶段。这一时期的主要代表包括阿尔弗雷德·马歇尔(Alfred Marshall)、约瑟夫·熊彼特(Joseph Schumpeter)等,尤其是熊彼特的创新理论对现代经济增长理论的发展产生了重大影响。围绕经济增长动力的探源问题,马歇尔在《经济学原理》(1890)中同样指出,人口数量的增加、财富(资本)的增加、智力水平的提高、工业组织(分工协作)的引入等都会提高工业生产并促使经济增长。这些因素对厂商生产的全体影响表现为收益递增。所以,经济增长与收益递增是紧密联系的。另外,马歇尔还区分了厂商的收益递减与行业的收益递增问题。在长期均衡过程中,代表性厂商主要表现为收益递减,而行业产出的变动则可以使得代表性厂商出现收益递增。一方面,行业的扩大可以借助于厂商的内部经济发挥作用,从而使厂商成本下降,呈现规模收益递增;另一方面,行业产出的扩大也产生外部的经济,也使得厂商出现规模收益递增,这便成了后来经济增长理论中“外溢”模

① 参见[德]马克思:《资本论》(第 2 卷),郭大力、王亚南译,上海三联出版社 2009 年版,第 235～248 页。

型的思想渊源。尽管马歇尔对规模收益递增给予了相当的关注，但他的基本理论分析仍是静态的和局部的。所以，他更强调经济中规模收益递减现象，这与整个新古典理论是趋于一致的。直到 1928 年，阿伦·杨格(Alan Young)在《收益递增和经济进步》一文中，才进一步论述了亚当·斯密和马歇尔的分工、规模收益递增和经济增长的内在关系，并把马歇尔对规模收益递增的解释推广到了全社会，而且对持续的规模收益递增给出了一个内生化的解释。马歇尔和杨格对规模收益递增、分工与经济增长所进行的分析对新增长理论产生了重要的影响。

与马歇尔对经济发展过程的分析不同，约瑟夫·熊彼特的创新增长理论完全是建立在奥地利学派的分析传统之上的，其独具特色的创新理论不仅奠定了熊彼特在经济思想发展史研究领域的独特地位，而且还为新增长理论中的技术创新模型提供了坚实的理论基础。熊彼特认为，所谓创新就是要“建立一种新的生产函数”，即“生产要素的重新组合”，实质上就是要把一种从来没有的关于生产要素和生产条件的“新组合”引进生产体系中去，以实现对生产要素或生产条件的“新组合”。他还进一步明确指出“创新”的五种情况，即产品创新、技术创新、市场创新、资源配置创新、组织创新，这里的“组织创新”也可以看成是部分制度创新，当然这里仅仅是初期的狭义的制度创新。熊彼特使用“创新”概念来解释资本主义社会的经济发展。他认为，在一个简单再生的静态经济中，当所有的生产资源达到最佳使用状态时，经济处于均衡状态。如果经济中各种投入量能维持给定的数据时，这种均衡就会自行重复。然而，在静态均衡中，没有超额利润，没有积累，也就没有经济发展。经济发展的可能性来自于静态均衡的破坏，而打破静态均衡的关键仍在于由超额利润所诱发的创新。熊彼特认为，创新是企业家特有的职能，其目的是为了获取超额利润。企业通过创新获取垄断地位，从而得到超额利润，这便打破了原有的均衡状态，于是经济中的总收入增加，经济出现增长。同时，经济中也会存在着对创新的模仿。在超额利润的诱使下，许多厂商开始模仿创新厂商，从而使得创新在整个经济中全面展开，并使创新厂商的超额利润逐渐减少并最终消失。此时，经济重新恢复到新的均衡状态。熊彼特还强调指出，创新是企业家特有的职能，而企业家的创新往往是不能连续出现的。由一次创新到下一次创新之间的演进，正是经济的一个周期性变动。与古典经济理论不同，熊彼特认为经济发展(经济增长)是伴随着经济周期(经济波动)而出现的。[①] 总之，他的“创造性破坏”的思想及其“波动性增长”的思想以及“创新性垄断”的思想理论，为后来的新增长理论提供了重要的思想来源。

综合看来，从亚当·斯密到熊彼特，从古典经济增长理论到收益创新增长理

① 参见[美]约瑟夫·熊彼特:《经济发展理论》，何畏等译，商务印书馆 1990 年版，第 98 页。

论,传统经济增长理论先后跨越了古典经济学、新古典经济学两个研究范式。亚当·斯密《国富论》中的"分工促进经济增长"理论、大卫·李嘉图《政治经济学及赋税原理》中的"收入分配"理论、马尔萨斯《人口原理》中的人口理论,以及马克思《资本论》中的两部门再生产理论(或马克思再生产图式),都应当属于古典经济学范式的增长理论。而马歇尔《经济学原理》中的"规模收益"理论、熊彼特《经济发展理论》中的"创新理论"以及阿伦·杨格《递增的报酬和经济进步》中的"斯密定理"则可以归入新古典经济学范式的增长理论中。古典增长理论中不同的研究思路和分析框架,成就了其丰富多彩的研究内容和思想体系,而收益创新增长理论在研究方法上的创新,尤其是熊彼特"创新"理论的出现,不仅将经济增长理论研究推向了新的高度,而且更为新古典经济增长理论、新经济增长理论的发展提供了重要的思想源泉。

第四节　现代经济增长理论

随着经济的发展和技术的进步,劳动的投入与资本的积累已经不能够完全解释经济增长,尤其是长期经济增长问题。一些经济学家开始认识到,知识和技能正逐渐取代实物资本而成为生产中的主要投入要素。现代社会发展中出现的诸多经济增长现象,传统的经济增长理论已经不能给予全面合理的解释,现实与理论之间的矛盾促使学术界积极地探求能够更好解释当今世界各国经济增长的现代经济增长理论。现代经济增长理论侧重分析研究长期经济增长的动力机制问题,即经济的长期、持续性增长是由何种动力推动的。该理论从 20 世纪 50 年代开始发展,到 80 年代之后进入新的发展阶段,目前已经成为宏观经济的重要理论基础,在分析研究和解释市场经济国家的宏观经济、财政政策在世界新一轮经济快速增长中的作用方面发挥了重要作用,已逐渐被公认成为现代宏观经济理论的主流内容。根据整个时间发展及研究内容来看,到目前为止现代经济增长理论主要经历了 3 个发展阶段,分别为以哈罗德-多马(Harrod-Domar)为代表的新古典经济增长理论、以索洛-斯旺(Solow-Swan)为代表的外生经济增长理论以及以罗默-卢卡斯(Romer-Lucas)为代表的内生经济增长理论。

一、哈罗德-多马经济增长理论

一般认为,现代经济增长理论的开端始于哈罗德(Harrod)和多马(Domar)的研究,他们提出了西方经济增长理论史上第一个经济增长数学模型。该模型以凯恩斯的储蓄-投资分析为基础,通过引入时间变量将凯恩斯的短期比较静态分析长期化和动态化。哈罗德-多马经济增长模型(Harrod-Domar Model),运用数理工具建立规范模型，对经济增长及影响经济增长的变量进行分析研究具有划时代的意义。其基本研究核心思想在于：一个时期的经济均衡增长要求该时期国民收入增长率提高到使它所引致的投资等于同期全部储蓄。

哈罗德-多马经济增长模型具有一系列严格的假设条件，主要包括：第一，全社会只生产一种产品，这种产品既可以作为消费品，也可以作为资本品；第二，生产过程中只使用两种生产要素，即劳动 L 和资本 K，且两者相互不能替代；第三，生产规模效益不变，每单位产量所需要的生产要素数量保持不变；第四，储蓄在国民收入中所占的份额保持不变，且储蓄能够有效地转化为投资；第五，劳动力按照一个固定不变的比率增长；第六，技术状态既定，不存在技术进步且不考虑资本折旧问题；第七，一国对外国的资本转移（发展援助）具有足够的吸收能力。在上述基本假定条件下，哈罗德-多马增长模型基本公式表示为：

$$G=\frac{\Delta Y}{Y}=\frac{s}{v} \tag{1}$$

公式(1)充分表明，当经济处于均衡状态时，经济增长率等于储蓄率与资本产出率之比。其中，G 为经济增长率，ΔY 是产出变化量，Y 是产出量，s 为资本积累率（储蓄率或投资率），v 是资本产出比，$v=\Delta Y/\Delta K$ 为每增加一个单位的资本可以增加的产出，即资本的使用效率，ΔK 是资本存量 K 的变化量。可见在资本产出比 v 不变的条件下，储蓄率越高，经济增长率越高；反之，储蓄率越低，经济增长率越低，即经济增长率与储蓄率成正比。哈罗德-多马增长模型通过使用生产投入要素间无替代性的生产函数，认为经济实现充分就业条件下稳定增长的条件是：

$$G_A=G_W=G_N \tag{2}$$

在公式(2)中：G_A代表由公众决定的实际增长率；G_W代表有保证的增长率，指厂商愿意的增长率，即由投资者集体意愿投资水平所决定的增长率；G_N代表人口增长率，即为了使经济实现持续充分就业所需的增长率。只有在三者相等状态下才能实现经济长期稳定增长。

首先，分析实际增长率等于人口增长率的情形，即 $G_A=G_N$。由于生产过程中资本与劳动不能相互替代，因而当实际增长率超过人口增长率，即 $G_A>G_N$ 时，劳动力出现短缺，不能满足经济增长的实际需要，经济不能实现长期稳定增长；反之，当实际增长率小于人口增长率，即 $G_A<G_N$时，劳动力出现过剩，则会导致失业现象的出现。因此，只有当实际经济增长率与人口增长率相等时，经济才可能在充分就业状态下运行。其次，分析实际增长率等于有保证的增长率的情形，即 $G_A=G_W$。如果实际经济增长率大于有保证的增长率，即 $G_A>G_W$时，在储蓄率 s 既定的条件下，实际的资本产出比小于资本家意愿的资本产出比，投资会进一步增加。增加投资的结果是国民收入增加，实际增长率会进一步提高，经济将出现持续扩张；反之，若实际经济增长率小于有保证的增长率，即 $G_A < G_W$ 时，则实际的资本产出比大于投资者意愿的资本产出比，投资者将根据意愿的资本存量进一步减少投资，国民收入减少，从而实际增长率进一步下降，经济将出现持续收缩。由此可见，只有当 $G_A = G_W$ 时，投资才会按照不变的增长率所需要的数量持续进行。一旦出现 $G_A \neq G_W$ 的情况，或者导致经济的无限扩张，或者导致经济的无限收缩。

由上述分析可知，哈罗德-多马增长模型不仅将凯恩斯理论长期化、动态化，阐明了投资在经济增长中的双重作用，而且解释了经济波动的内在原因和实现经济长期稳定均衡增长的条件。这一模型分析既为政府制定宏观经济政策和经济计划提供了理论依据和方法手段，又为现代经济增长理论发展奠定了理论基础。但是，由于模型对实现充分就业稳定增长的均衡条件是非常严格的，因而经济学家形象地把这一稳定增长路径称为“刀刃上的增长”（刀刃性质源于资本与劳动不可替代性的假定）。哈罗德等人自身也认识到，实际增长率、有保证的增长率及人口增长率只有在偶然的情况下才会相等，真实的市场经济实现充分就业均衡增长的可能性很小，整个市场经济增长路径是不稳定的。与此同时，尽管模型中引入了技术进步的变量，但对技术进步在经济增长中所发挥的重大作用也没有得到足够的重视。诸多缺陷的存在决定了该模型有了进一步向前推进和发展的可能。

二、外生经济增长理论

在哈罗德-多马经济增长理论的基础上，以索洛（Solow）和斯旺（Swan）为代表的经济学家提出了新的经济增长理论模型，一般称之为索洛-斯旺增长模型。尽管在模型中考虑到了技术进步变动对经济增长的重要影响，但由于对人口增长率、储蓄率及技术进步率的界定仍是外生的，所以习惯上又将以索罗、斯旺为代表的经济增长理论称之为外生经济增长理论。

在哈罗德-多马增长模型中假设资本和劳动是不能相互替代的，因而得出市场经济不能持续稳定增长的结论。索洛认为，只要假定资本和劳动能够相互替代，就会得出相反的结论。基于这一思路，索洛建立了一种没有固定生产比例假设的长期增长模型，该模型的假设条件包括：第一，储蓄全部转化为投资；第二，投资的边际收益率递减，即投资的规模收益是常数；第三，全社会只生产一种产品，此产品既可用于消费也可用于投资；第四，产出是一种资本折旧后的净产出，即考虑资本折旧问题；第五，劳动力永远是充分就业的，且劳动力与资本可相互替代；第六，存在技术进步。通过采用资本和劳动可替代的新古典柯布-道格拉斯生产函数(Cobb-Douglas Function)，索洛-斯旺增长模型解决了哈罗德-多马增长模型中经济增长率与人口增长率不能自发相等的问题。在柯布-道格拉斯生产函数中，劳动数量既定，随着资本存量的增加，资本的边际收益递减规律确保经济增长稳定在一个特定值上。在索洛-斯旺增长模型中没有投资的预期，因此回避了有保证的增长率与实际增长率之间的不稳定问题，就此可得出经济稳定增长的结论。①

索洛所描述的完全竞争经济是产出的增长对应于资本和劳动投入的增长。这一时期一直强调物质资本的重要作用，"物质资本增长"决定了经济增长率，在不存在技术进步对经济增长影响的假设条件下，物质资本的规模及增长速度是影响现代经济增长的关键因素。因此，外生增长理论普遍认为，经济稳态增长率主要取决于人口增长率等不可控因素，在没有外力推动的情况下，经济体系无法实现持续的增长，即当经济中不存在技术进步时，经济最终会陷入停滞状态。故而索洛-斯旺增长模型在不考虑技术进步作用影响下的基本增长模型为：

$$\frac{\Delta Y}{Y}=\alpha\frac{\Delta L}{L}+(1-\alpha)\frac{\Delta K}{K} \tag{3}$$

很显然，公式(3)是由无技术进步条件下的柯布-道格拉斯(Cobb-Douglas)生产函数 $Y=AL^{\alpha}K^{1-\alpha}$(其中 A 为常数)推导而来。该公式假定技术水平不变，只考虑劳动 L 和资本 K 两种生产要素，收入 Y 增长仅是由劳动力增长和资本增长两种因素引起的。

但是，当存在外生的技术进步时，特别是在外生的技术进步采取哈罗德中性(即技术进步附着在劳动上)形式时，经济就能沿着一条平衡增长轨道移动。索洛和斯旺开始在生产函数中加入技术进步因素，并尝试将产出增长中不能被传统生产要素解释的部分分离出来。因此，考虑了技术进步的新的增长模型变为：

$$\frac{\Delta Y}{Y}=\frac{\Delta A}{A}+\alpha\frac{\Delta L}{L}+(1-\alpha)\frac{\Delta K}{K} \tag{4}$$

相对应公式(3)而言，公式(4)则是由技术进步条件下的柯布-道格拉斯(Cobb-Douglas)生产函数 $Y=AL^{\alpha}K^{1-\alpha}$(其中 A 为非常数)推导而来。在公式(4)中，非常数 A 代表广义的技术进步因子(索洛余值或全要素生产率 TFP)。

索洛-斯旺增长模型采用了新古典经济学的分析框架，迎合了当时逐步兴起的新自由主义思潮。正因为如此，这一理论一经提出，便成为西方正统经济理论——新古典综合或后凯恩斯主流经济学的重要组成部分。该经济增长理论模型的提出，不仅避免了哈罗德-多马增长模型的"刀刃"性质，还改进了对经济增

① 参见[美]索洛：《通货膨胀、失业与货币政策》，张晓晶、李永军译，中国人民大学出版社 2004 年版，第 76～78 页。

长过程中技术进步对于资本积累作用的解释，扭转了经济理论界的悲观情绪，成为多数政府作为制定经济增长政策的理论依据。但不足之处在于模型中最重要的增长源泉，即技术进步仍是外生给定的因素。索洛-斯旺增长模型虽然可以满足竞争性均衡条件，但均衡的增长率仍然等于劳动力增长率。如果不存在外生的技术进步，经济就会收敛于一个人均收入不变的稳定状态，即零增长。也就是说，经济增长依赖于一个自身都无法把握的外生因素——技术进步，这一“不愉快的结果”使得传统经济增长理论陷入了尴尬的局面。其根源在于其将知识外生于物质生产过程，构造出来的生产函数是收益递减的，致使经济增长仅仅依赖于资本积累或人口积累，因而是收敛的、趋同的和短期的。各国经济增长率和人均收入水平长期而巨大的差异，在这种增长理论中仍旧无法得到解释。

三、内生经济增长理论

内生经济增长理论又称之为“新增长理论”，其主要思路在于：肯定技术进步在经济增长中的决定作用，并对技术进步的实现机制进行理论分析。新增长理论学家们认为，技术进步并不像外生经济增长理论家所理解的那样是“天外来客”，而主要是经济当事人从事研究和开发的结果。技术进步的表现形式多种多样，既包括“边干边学”或“干中学”、劳动者素质的提高等形式，又包括新型资本品或消费品的出现、产品质量的提高等。正是由于新增长理论对技术进步在经济增长中的决定作用的强调以及对技术进步实现机制的分析，这一理论现在已经成为“知识经济”这一提法的理论基础。

从 20 世纪 60 年代开始，一些学者由于质疑外生经济增长理论将技术进步作为外生变量的观点，开始对此进行新的理论研究尝试。阿罗(Arrow)是最早将技术进步作为经济增长内在因素进行分析的学者，在其提出的“干中学”(Learning by Doing)模型中，阿罗试图提出一个“知识积累的内生理论”，以此解释技术进步现象。阿罗认为，知识的获得是“经验的产物”，而不仅仅是时间的函数，企业在投资与生产的同时会逐步积累起有效的生产知识，而这些知识反过来又可以提高企业生产效率，所以知识的创造是投资的“副产品”。作为第一个内生经济增长模型，不仅突破了外生经济增长理论的研究框架，而且促进了新经济增长理论的产生。① 宇泽(Uzawa)通过假定经济中存在一个生产人力资本的教育部门，将索洛-斯旺增长模型中的外在技术进步“内生化”进而提出的人力资本驱动生产率改进模型，为解释内生技术变化提供了可能，成为罗默和卢卡斯新增

① 转引自孙芳:《浅析经济增长理论模型内生化历程》,《北方经济》2004 年第 7 期。

长理论重要的思想源泉。[①]

一个经济系统要实现持续经济增长，就必须寻找一个可持续的发动机。如何定义这个发动机以维持其持续运转所需要的成本，成为各种经济增长理论模型研究的核心问题。到20世纪80年代中期，以保罗·罗默(Paul Romer)《报酬增长和长期增长》(1986)和罗伯特·卢卡斯(Robert Lucas)《论发展规划的机制》(1988)为开端，经济增长理论研究出现新的突破并逐步形成了"新增长理论"。由于新增长理论肯定技术进步在经济增长中的决定作用，并对技术进步内生化的实现机制进行理论分析，习惯上称之为内生经济增长理论。时至今日，以探索促进经济持续稳定增长内在机制为研究重点的内生经济增长理论已成为当今经济学领域的主流研究理论。综合看来，以罗默-卢卡斯为代表的新经济增长理论主要经过了两个发展阶段。

(一)罗默-卢卡斯Ⅰ代增长模型

罗默-卢卡斯Ⅰ代增长模型在完全竞争的框架下加入外部性因素来考察经济持续增长问题。这类模型主要包括阿罗"干中学"模型以及基于"干中学"模型基础上的知识溢出模型、人力资本溢出模型等。

在阿罗"干中学"模型思想的基础上，罗默建立了知识溢出内生经济增长模型，他认为个体厂商的投资对其他厂商投资具有正的外部性，所以随着投资规模的扩张，最终生产会有递增的规模报酬出现，从而使模型产生了内生增长。[②] 罗默在该模型中引入"知识积累"这一重要因素，此时知识的积累是在资本积累过程中被动产生的。罗默提出了四要素增长理论，即新古典经济学中的资本和劳动、人力资本(以受教育的年限衡量)和新思想(用专利来衡量，实质为知识产权)。只要创新产生的利润超过研发成本，企业就会对创新投资。创新会产生溢出效应，后一代创新者会从前一代创新者的努力中获利。赫尔普曼(Helpman)也认为，创新的过程是一种"创造性的毁灭"，高质量的产品夺取了旧的、低质量的产品的市场份额，因此经济增长的常态是非均衡的。由于知识的积累带来了外部性，产生了递增的收益，抵消了资本积累中的边际收益递减。按照这种推断，经济增长自然不再"趋同"而是出现贫富差距拉大现象。[③] 卢卡斯以人力资本内生化的方式将经济增长模型中的生产率增长内生化，其关注的是人力资本积累中的外部性问题。他将人力资本产生的效应分为内部效应和外部效应两

---

① 转引自刘剑：《内生增长理论：综合分析与简要评价》，《贵州社会科学》2005年第4期。

② 参见[美]罗默：《高级宏观经济学》(第四版)，吴化斌、龚关译，上海财经大学出版社2014年版，第189页。

③ 参见[以色列]赫尔普曼：《经济增长的秘密》，王世华等译，中国人民大学出版社2007年版，第65页。

种，认为人力资本的外部效应使生产具有递增收益，而正是这种源于人力资本外部效应的递增收益使人力资本成为经济增长的“发动机”。[①]

(二)罗默-卢卡斯Ⅱ代增长模型

罗默-卢卡斯Ⅱ代增长模型真正突破完全竞争的假设条件，在不完全竞争(垄断竞争)条件下考察了经济增长的因素与机制问题。这类模型还有罗默技术进步内生增长模型、格罗斯曼和赫尔普曼(Grossman and Helpman)等产品质量阶梯内生增长模型。

由于受熊彼特创新思想的影响，罗默将研发(R&D)和不完全竞争整合进技术进步内生增长模型，第一次在理论上把经济增长建立在作为内生变量的技术进步上。新增长理论认为，技术进步并不像新古典增长理论所解释的那样是“天外来客”，而主要是经济当事人从事研究和开发的结果。基于对技术进步与经济增长的内在化关系考虑，罗默在《内生的技术变化》(1990)一文中，提出了专业化投入增长模型或 R&D 增长模型。罗默指出，专业化投入不是企业投资的附加产品，而是一种需要特别付酬的活动。技术进步与创新应归结为厂商有意识地旨在获取垄断利益的活动，技术的非竞争性与排他性决定了生产的规模收益递增；同时，从事 R&D 的厂商也将获得激励。由此，以 R&D 为基础的增长模型主要有两类：一类是将技术进步理解为产品种类的增加(如新行业开辟)，另一类是将其理解为产品品质的改进(如同类产品升级换代)。这两类模型的主要区别在于后者引入了“创造性破坏”的概念，即新产品的出现往往意味旧的产品被破坏。在该增长模型中，罗默将经济分成三个部门，即 R&D 部门、中间产品部门和最终产品部门。R&D 部门使用人力资本和现有的资本存量生产新的知识，其产品形式是用于生产新资本品的设计，并把这种新设计出售给中间产品部门；中间产品部门利用这些新设计和一部分过去的最终产品生产出大量新资本品，卖给最终产品部门；最终产品部门使用劳动力、人力资本和一组资本品生产最终产品，其产出用于消费和生产新的资本品。由此可见，政府的适当干预，尤其是对 R&D 部门新知识的保护有助于促进经济增长。罗默Ⅰ代增长模型与Ⅱ代增长模型一样，认为即使不存在外生技术进步和人口增长，只要知识能够持续积累，长期经济增长就能够实现。而二者的不同在于，后者把垄断与技术扩散(知识的部分排他性)结合起来，而前者并没有考虑技术扩散的情形。

熊彼特认为创新竞争比价格竞争更有价值，并且创新是一个非连续的过程。企业进行创新活动是受到对新产品暂时性垄断的吸引，但竞争对手技术创新的超越，最终会使得垄断产品遭到淘汰，从而出现所谓的“创造性破坏”。基于中间

① 转引自孙芳：《浅析经济增长理论模型内生化历程》，《北方经济》2004 年第 7 期。

产品多样化方法面临的局限，随着新产品的增加，原有的产品会被替代或淘汰，垄断租金收入流最终会被后来的新产品所截断，由此会导致对新产品研究投入不足，进而导致经济不能持续增长。因此，格罗斯曼和赫尔普曼以阿洪和哈威特把“创造性毁灭”因素引入进来，构建了产品质量阶梯模型，又称之为“熊彼特式增长模型”。在模型中，最终产品的生产依赖于中间投入品的质量，新的中间产品比原有产品质量高。企业对自己创造的中间产品拥有专有权，能获取垄断租金直到被更新的产品所取代。其中，新产品的创造具有双重效应，正面效应是对未来的创新活动具有正的外部性，负面效应则是创新者使现有产品过时，攫取了现有垄断者的租金，这种社会损失并没有被创新者承担，因而是负的外部性。他们在质量创新活动中引入了不确定性，因而稳态增长也具有随机性，且能与经济周期联系起来。但平均增长速度既可能高于也可能低于最优增长速度，其最终结果取决于正负效应中的竞争程度。

综合看来，新经济增长理论的突破性在于将技术内生化，故而又称之为内生经济增长理论。这一理论与新古典经济增长理论的区别还体现在，它并不是由一个为多数经济学家所共同接受的基本理论模型构成的，确切地讲，新经济增长理论是由一些持相同或类似观点的经济学家提出的诸多增长模型组成的松散集合体，构成集合体的各种模型之间既存在明显的差别，又包含一些有别于其他增长理论并体现内生增长理论特色的基本思想。除了前文介绍的典型经济学家代表之外，新经济增长理论中还包括以查尔斯·琼斯(Charles Jones)、塞缪尔·科特姆(Samuel Kortum)和西格斯托姆(Segerstrom)等为代表的“半内生”增长模型，以及以阿伦·杨格、皮里托(Peretto)、阿洪和哈威特、迪诺普洛斯和汤姆森(Dinopoulos and Thompson)等为代表的“完全内生”增长模型。[①] 鉴于篇幅限制，这里仅仅介绍以罗默、卢卡斯等为代表的内生经济增长理论。

相比较而言，新经济增长理论将技术进步和人力资本等要素引入经济增长模式中，提出了要素收益递增假定，对新古典增长理论进行了全面的修正和发展。它强调经济增长是经济内部力量作用的产物，重视对技术进步、“干中学”、知识积累、人力资本、政府支出等新问题的研究。从新古典增长理论中储蓄率、资本产出比、劳动生产率和人口增长率的外生化，到新经济增长理论中各变量的内生化，现代经济增长理论经历了从技术外生增长到内生增长，市场结构从完全竞争到不完全竞争(垄断竞争)的演变过程。尽管新增长理论在新古典增长理论的基础上前进了一步，但是由于新增长理论依然采用动态一般均衡方法构建模型，因此这种进步也是有限的。随着经济增长理论的发展和大量实证文献的涌

① 转引自彭国华:《内生增长理论发展综述》,《经济前言》2009年第2～3期。

现，人们把越来越多的因素考虑进增长模型中，其中包括技术进步与人力资本积累的关系、技术变化的方向、R&D 的周期性、一般技术与专门技术的不同作用以及制度政策、外贸方式、国外援助等。这些不仅可以用来解释一个国家时间序列的增长历史，进而尝试解释国家之间的截面增长差异，而且会使得经济增长模型与经济发展理论更加紧密结合，进一步丰富增长模型的多样化特征，从而继续对内生增长理论产生重要的推动作用。

综观整个经济增长理论的演化发展历程，可以看出在经济增长和经济发展过程中，技术、物质、人才、市场、产业结构调整等均是决定经济增长的重要因素，它们相互制约、相互促进。因此，对我国而言，不仅需要在转变经济增长方式过程中，大力提高和普及教育水平及程度，不断提高科技人员水准和国民整体素质，加快经济体制及制度改革步伐，健全制约引发粗放型增长的制度机制；还需要建立相对完善的法律法规，制定严格的宏观经济政策及完善知识产权保护的监管政策；同时积极培养高素质科技创新人才和技术管理人才，把人力资源的开发摆到优先地位，着力提高全民族的思想道德素质和科学文化素质，真正发挥我国巨大人力资源潜在优势对经济增长和经济发展的重要作用。

本章小结

本章从知识产权保护与经济增长的理论依据入手，通过分析介绍知识产权及其经济属性的特点、现代产权演化理论以及传统经济增长理论、现代经济增长理论，为进一步深入分析知识产权保护与一国或地区经济增长关系提供了重要理论依据。

长期以来，究竟是什么因素推动了一国或地区经济持续增长，各种因素在经济增长中的贡献重要程度如何，产权的界定对于经济增长、经济发展的作用如何，诸如此类的问题始终是现代经济增长理论和产权理论研究中的核心议题。本章首先从现代产权理论角度出发，围绕产权概念的界定和产权理论的演化主线进行简要介绍。同时，以时间历史发展顺序及对推动经济增长核心要素——技术进步的重视认知程度为依据，将现代经济增长理论的发展演化过程划分为新古典经济增长理论、外生经济增长理论以及内生经济增长理论进行分析介绍。一般而言，现代经济增长理论始于 20 世纪 50 年代，到 80 年代之后进入新的发展阶段。该理论在分析研究和解释市场经济国家的宏观经济、财政政策在世界新一轮经济快速增长中的作用方面发挥了重要作用，已被公认为现代宏观经济理论的主流内容。到目前为止现代经济增长理论主要经历了三个发展阶段，它们分别是以哈罗德-多马为代表的新古典经济增长理论、以索洛-斯旺为代表的外生经济增长理论以及以罗默-卢卡斯等为代表的内生经济增长理论。尽管哈罗德-多马经济增长理论考虑到了技术进步变量，但对技术进步在经济增长中所发挥的重大作用没有给予足够的重视，诸多缺陷的存在决定了该模型拥有了进一步向前推进和发展的可能。相对哈罗德-多马经济增长理论而言，索洛-斯旺外生经济增长理论，不仅避免了哈罗德-多马增长模型的“刀刃”性质，还改进了对经济增长过程中技术进步对于资本积累作用的解释，扭转了经济理论界的悲观情绪，成为多数政府作为制定经济增长政策的理论依据。但不足之处在于模型中最重要的增长源泉，即技术进步仍是外生给定的因素。在以罗默、卢卡斯等为代表的内生经济增长理论中，则将技术进步和人力资本等要素内生化到经济增长模式中，提出了要素收益递增假定，对新古典增长理论进行了全面的修正和发展。它强调经济增长是经济内部力量作用的产物，重视对技术进步、“干中学”、知识积累、人力资本、政府支出等新问题的研究。

综观整个经济增长理论的演化发展历程，可以看出在经济增长和经济发展过程中，技术、物质、人才、市场、产业结构调整等均是决定经济增长的重要因素，它们相互制约、相互促进。因此，对我国而言，需要在转变经济增长方式过程中，通过一系列改革措施，比如大力提高和普及教育水平及程度，不断提高科技人员水准和国民整体素质，加快经济体制及制度改革步伐，健全制约引发粗放型增长的制度机制，建立相对完善的法律法规，制定严格的宏观经济政策及完善知识产权保护监管政策等各项措施，努力提高各种经济要素尤其是科学技术和知识产权因素在现代经济增长中的核心作用，使其真正成长为促进我国经济持续增长的长久优势动力因素。

第二章　知识产权保护与经济增长的经验总结和文献综述

根据绪论确定的总体研究思路和结构安排，本章主要从两部分内容进行展开。第一部分立足于现有研究文献，从总体上阐述知识产权保护与经济增长之间关系的主流观点。具体而言，知识产权保护与经济增长之间呈现正向效应（知识产权保护水平的提高会促进一国或地区经济增长）、负向效应（知识产权保护水平的提高会阻碍一国或地区经济增长）、条件效应（知识产权保护水平的变化对一国或地区经济增长的影响效果，需要借助于一定的条件才能体现出来）以及模糊效应（知识产权保护对一国或地区经济增长的作用不确定）等主要观点。第二部分围绕知识产权保护与经济增长之间的关系，从研究视角、研究思路和研究方法的不同角度对国外、国内理论和实证研究文献进行综述。同时，在对国内外研究文献进行梳理的基础上得出总结性评论，指明现有文献研究中存在的不足及尚待改进之处，从而为本书后续章节研究内容的逐步开展奠定基础。

第一节　知识产权保护与经济增长的经验总结

在知识产权保护与经济增长之间关系的问题上，尽管诸多理论视角和实证分析方法存在较大区别，但大量的理论和实证研究主要归结为以下几种观点。这里，仅对诸多研究内容及研究观点进行粗略的概括总结。

一、知识产权保护与经济增长的正向效应

新经济增长理论认为，知识创新和技术进步是一国经济持续增长的核心动力，国家间经济增长水平差异的原因在于其知识创新和技术进步水平的差异。知识创新和技术进步水平提高的关键因素则取决于东道国自主创新能力和对外部技术溢出的吸收能力。基于此，知识产权保护不仅可以直接激励知识创新和技术发明，而且还可以通过对外贸易促进技术扩散，促进信息的传播和获取，并

进而最终实现促进经济增长的目标。因此,此种观点认为,知识产权保护对经济增长具有显著正效应。古尔德(Gould)与古罗本(Gruben)对知识产权保护在经济增长中的作用做了实证研究,发现知识产权保护是经济增长的一个重要决定因素。[①] 一般来说,市场结构也会影响到知识产权保护和经济增长之间的关系,通常市场竞争程度越充分,知识产权保护促进经济增长的作用越强。杰拉德和帕克通过对不同收入层次国家的“G-P 指数”进行分析发现,知识产权保护强度在高、中、低收入国家之间表现出不同特点,发达国家的 G-P 指数较高且国家差异较小,随着人均收入的增加,知识产权保护强度的增加越来越快,这反映出平均 G-P 指数与人均 GDP 之间存在明显的正相关关系。所以,加强知识产权保护可以促进经济增长。[②] 但更多的研究立足点却有所不同,例如曼斯菲尔德(Mansfield)通过对美国 6 个制造业 100 家主要企业的调查研究发现,这些企业更倾向于对知识产权保护较强的国家进行直接投资;[③]汤姆森(Thompson)和拉欣(Rushing)的研究明确指出,在经济发达国家,专利保护可以有效地促进全要素生产率的增长;[④]马库森(Markusen)也认为,东道国加强知识产权保护能够有效地促进 FDI 流入,对进口贸易产生正面影响;[⑤]杨(Yang)则采用美国跨国公司的数据分析证明了这种积极影响的存在;[⑥]伽沃瑞斯克(Javorcik)通过将前苏联和东欧国家的 FDI 数据依照其技术含量进行行业细分后发现,技术密集度越高的 FDI,对东道国的知识产权保护的依赖性越强。[⑦] 当然,众多经济学者实证分析所选取的或者是发达国家数据,或者是分析知识产权保护对 FDI 输出国的影响,而发达国家是 FDI 的主要输出国。因此,有人认为这种观点更准确的表述应该是:知识产权保护对发达国家的经济增长存在正效应。

---

① 转引自余长林、王瑞芳:《知识产权保护与国际技术转移的关系研究进展》,《财经问题研究》2009 年第 3 期。

② Juan C. Ginarte, Walter G. Park, “Determinants of patent rights: a cross-national study,” *Research Policy*, 1997, Vol. 26, pp. 283-301.

③ 转引自王林等:《发展中国家的知识产权保护与经济增长——基于跨国数据的实证分析》,《世界经济研究》2009 年第 5 期。

④ 转引自吴汉洪、杨鑫:《知识产权制度与经济增长:综述与比较》,《国家行政学院学报》2011 年第 2 期。

⑤ 转引自余长林:《发展中国家知识产权保护与经济增长》,经济科学出版社 2010 年版,第 130～132 页。

⑥ 转引自王林等:《发展中国家的知识产权保护与经济增长——基于跨国数据的实证分析》,《世界经济研究》2009 年第 5 期。

⑦ 转引自杨全发、韩樱:《知识产权保护与跨国公司对外直接投资策略》,《经济研究》2006 年第 4 期。

二、知识产权保护与经济增长的负向效应

在正常条件下，知识产权保护必然能给经济增长带来潜在的长期收益。但是，短期内过强或过弱的知识产权保护也会引发经济和社会成本的变动，对经济增长具有一定负面影响。这种负面影响既可以通过给予权利人较强的市场地位，易于形成垄断价格，从而造成短期内社会消费水平的下降和消费者福利损失的恶化；同时，还可以通过对技术模仿、复制等行为的限制，造成模仿者使用技术成本的提高，进而阻碍了信息技术的有效传播。当然，在某种程度上，知识产权保护对经济增长的负面影响还有可能导致权利人管理和执法成本的增加，以及劳动力就业机会的减少、知识产权滥用等。这种负面影响对发展中国家而言尤其明显，这也是在发展中国家难以推行强知识产权保护政策的重要原因之一。钦(Chin)和格罗斯曼(Grossman)通过使用一个简单的双寡头模型分析发现，对于来自发展中国家和发达国家的两个企业而言，若发展中国家完全没有专利保护，则其可以无成本地复制来至发达国家的技术创新，从而导致两者之间贸易的减少，最终将使得双方的福利都会下降。若发展中国家采取完全的专利保护制度，那么太强的知识产权保护会导致市场竞争程度的降低，当垄断成本超过了强保护刺激创新所能带来的贡献时，将会对经济增长产生不利的影响。① 同样地，格罗斯曼和赫尔普曼利用类似模型得出结论，若南北方发展差距小，则北方国家会阻止技术流向南方国家，从而造成南方国家获取技术溢出的困难增大。② 斯格斯特罗姆(Sergerstrom)则通过建立动态的一般均衡模型研究发现，由于R&D受专利保护长度的影响，专利时间长度的增加可能反而会使R&D规模下降，从而不利于经济的长期稳定增长。③ 马佐莱尼(Mazzoleni)和尼尔森(Nelson)的研究也表明，现在正在进行的加强知识产权保护的趋势会阻碍而不是促进技术进步和经济增长。④ 世界银行(WBG)在1999年报告中也指出，无论是发达国家还是发展中国家，一再强化知识产权保护会对后续的创新起到反面效果，尤其是对于那些还没有过期的专利发明而言更是如此。这也就是说，过强的知识产权保护事实上会降低整个世界的创新率和经济增长。综合看来，这类观点认为知识产权保护可能会提高模仿成本，使知识产权所有者居于垄断地位，进而

---

① 兰发文：《知识产权保护与技术转移——基于中国的经验分析》，厦门大学硕士学位论文，2007年。

② 转引自夏珣：《经济发展水平与TRIPS协定下知识产权保护》，复旦大学硕士学位论文，2010年。

③ 转引自熊红轶：《知识产权保护对经济增长的影响——来自中国1979～2005年的经验证据》，合肥工业大学硕士学位论文，2007年。

④ 转引自吴汉洪、杨鑫：《知识产权制度与经济增长：综述与比较》，《国家行政学院学报》2011年第2期。

限制知识的传播和扩散，从而阻碍知识创新，最终对经济增长造成不利影响。

三、知识产权保护与经济增长的条件效应

与上述两种观点不同，大多数理论和实证研究均强调指出，在不同经济发展水平下，知识产权保护对经济增长的作用是存在区别的，即知识产权保护对经济增长的影响受到一定条件的限制，与各国的具体经济、制度环境存在紧密联系。马斯库斯（Maskus）和拜奴巴蒂（Penubarti）利用99个国家的横截面数据研究指出，知识产权保护与经济发展水平之间关系是非线性的，当经济从最贫穷的阶段过渡到有一定技术模仿能力的中等收入阶段时，其专利保护的强度随着经济的增长而下降。[①] 汤普森和拉欣实证研究表明，普遍施加的最低专利保护标准不可能有助于提升发展中国家的经济增长。但是，一旦该国取得特定发展水平之后，更强的专利保护能够有助于经济增长。[②] 马斯库斯经过研究发现，当其他变量不变时，知识产权强度与人均GNP之间存在着类似倒"U"形的函数关系。在经济发展初期时，由于最不发达国家没有知识产权需要保护，这时其保护政策容易受国际市场力量的左右，因此保护水平较高；但当人均收入有所提高时，国家通常处于产业转型时期，企业之间的学习和模仿活动开始增加，市场上充斥着大量质量较差的复制品，这时国内的技术扩散和经济发展都十分迅速，市场偏好降低保护程度；当经济发展较为成熟，一国的技术能力也逐渐提高，同时经济中对更高质量和差异化产品的需求也在增加，整个社会对较高知识产权保护的要求也会逐步提高；一旦当收入达到最高水平时，由于企业具备了在技术前沿领域的研发和创新能力，这时知识产权保护水平随经济发展急剧上升。因此，一国或地区知识产权保护与经济发展水平之间关系是非线性的。[③] 对不发达国家来说，库马尔研究发现，当经济发展由贫穷阶段转向中等收入阶段时，由于其拥有更大的新技术模仿能力，故而专利保护强度是倾向于下降的。[④] 相对于不发达国家而言，有专家也通过对发达国家自身发展的历史经验研究表明，强知识产权保护也并非是其经济发展的基本条件。在发达国家经济发展初期，其施行的也只不过是很不完善的、弱的知识产权保护，这种状态一直持续到这些国家发展阶段的

---

① 转引自许春明：《知识产权制度与经济增长的机制研究》，同济大学博士学位论文，2008年。

② 转引自陈晓阳：《知识产权对经济增长贡献的测度研究——以江苏省为例》，江苏大学硕士学位论文，2010年。

③ 转许春明、单晓光：《知识产权制度与经济发展之关系探析——兼论我国知识产权战略的背景和原则》，《科技进步与对策》2007年第12期。

④ Nagesh Kumar, "Intellectual property rights, technology and economic development: experiences of asian countries," Study Paper1b.

晚期，比如美国和英国也只是在19世纪中叶才建立起强的知识产权保护制度。[①] 阿道夫(Adolf)则从国际协定的角度强调指出，对于大多数发展中国家而言，由于TRIPS协定是一个相对新的领域，发展中国家并没有从实质上把知识产权视为对其社会经济发展有显著影响的重要因素。因此，他主张知识产权对于任何国家都应该可以低成本地获得以促进其经济增长。[②] 但是这一点又与发达国家主张强知识产权以转嫁开发和应用新技术所面临风险相矛盾。施耐德(Schneider)研究进一步证实，知识产权保护对发达国家国内创新有着更强的影响，但对发展中国家的创新可能产生负面影响。因为大多数发展中国家的创新可能本质上是模仿或适应性的，提供更强的知识产权保护实际上是保护外国企业而牺牲本土企业。因此，将发达国家和发展中国家混在一起来谈知识产权保护对经济增长的影响很可能得出错误的结论。[③] 法尔维(Falvey)、福斯特(Foster)和格里纳韦(Greenaway)也认为，一国知识产权强度与经济增长率之间的关系是不明确的。较强的知识产权保护对不同国家间的影响很可能会存在较大差别，这种影响主要取决于其经济发展水平，同时也反映在其创新和模仿能力上。而经济增长率的高低又受制于技术创新率和知识存量的大小。因此，强知识产权保护未必总是能够产生更高的创新和经济增长。[④] 有学者结合中国自身的发展特点研究预测指出，在未来某一时点上，中国经济的发展将达到一个转折点，中国将逐渐摒弃过去的盗版转而成为知识产权保护的捍卫者。[⑤]

四、知识产权保护与经济增长的模糊效应

除了知识产权保护与经济增长之间的正向效应、负向效应以及条件效应之外，还存在着第四种观点，即模糊效应。从理论上讲，知识产权保护对经济增长的影响具有两面性，既具有积极的正向效应，又具有消极的负向效应。因此，有些学者强调指出，知识产权保护对经济增长的影响是不确定或不明显的，其最终影响取决于正向效应与负向效应的综合结果。谢雷尔(Scherer)和维斯布尔斯特(Weisburst)通过对意大利1978年以来机械制造业加强专利保护的影响分析

---

① 参见陈春晖、曾德明、朱丹:《知识产权与中国经济增长的协整关系研究》,《湖南大学学报(自然科学版)》2007年第7期。

② 转引自黄梅波等:《南北国家的知识产权之争与中国的知识产权保护——基于TRIPs的分析》,《科学管理研究》2010年第3期。

③ 转引自李平:《基于区域产业创新的知识产权战略研究——关于深圳实践的考察和分析》,电子科技大学博士学位论文,2006年。

④ 转引自余长林:《知识产权保护与发展中国家的经济增长》,《厦门大学学报(哲学社会科学版)》2010年第2期。

⑤ 转引自俞飞:《知识产权保护》,厦门大学出版社2007年版,第68～70页。

指出，知识产权保护强度的变化对R&D的支出影响很小，甚至没有影响。[①] 这一结论对发展中国家而言，可能更具有代表性和说服力。对此他们对与贸易有关的知识产权协议（TRIPS）提出的强化知识产权保护能够显著提高创新活动表示怀疑。厄斯特高（Ostergard）通过使用不同公式对知识产权保护进行测算，测算结果表明并没有一致的证据显示知识产权保护会显著地促进跨国间经济增长。[②] 法尔维、福斯特和格里纳韦也认为，一国知识产权强度与经济增长率之间的关系是不明确的。较强的知识产权保护对不同国家间的影响很可能会存在较大差别，这种影响主要取决于其经济发展水平，同时也反映在其创新和模仿能力上。而经济增长率的高低又受制于技术创新率和知识存量的大小。因此，强知识产权保护未必总是能够产生更高的创新和经济增长。[③]

综上所述，基于知识产权保护与经济增长之间的复杂关系，除了二者之间的负向效应之外，其他的无论是正向效应问题，还是条件效应问题抑或模糊效应问题，均强调了知识产权保护对一国或地区经济增长的积极影响。如果考虑到国内外学者在知识产权保护与经济增长关系的研究分析中，所选取的样本数、独立变量数以及知识产权保护指数等也存在一定差异的实际情况，其实诸多研究的结论基本是趋于一致，即强化知识产权保护可以促进经济增长，但其作用发挥的程度取决于一国或地区具有的特定经济特点和条件。相对而言，在其他条件不变的情况下，处于开放经济条件下的知识产权保护更能对经济增长发挥促进作用。

第二节　知识产权保护与经济增长的文献综述

从20世纪80年代开始，有关知识产权保护与经济增长之间关系的研究文献日趋增多，众多研究文献的涌现不仅反映出知识产权保护与经济增长之间关系研究的日趋升温，同时由于不同研究方法、不同研究视角的选取又使得国内外文献资料呈现分散复杂化特点。而且大多数研究均是围绕衡量经济发展水平的指标——经济增长与知识产权保护的关系入手的。因此，本节将对主要的国内外研究文献进行梳理总结，为后文知识产权保护与经济增长的阶段关联性以及二者相互影响的传导机制路径提供逻辑分析思路。

---

① 转引自吴汉洪、杨鑫：《知识产权制度与经济增长：综述与比较》，《国家行政学院学报》2011年第2期。

② 转引自张伟、刘东：《影响知识产权保护的经济因素定性分析》，《科技进步与对策》2010年第16期。

③ 转引自余长林：《知识产权保护与发展中国家的经济增长》，《厦门大学学报（哲学社会科学版）》2010年第2期。

一、知识产权保护与经济增长国外文献综述

有关知识产权保护与经济增长关系的国外文献，主要围绕知识产权保护对经济增长影响方面来进行的，这些研究文献通过概括分析主要体现在研究路径、研究方法等方面。

(一)从技术进步视角分析知识产权保护与经济增长的关系

不论是索洛的外生经济增长理论，还是卢卡斯、罗默等人为代表的内生经济增长理论，都在很大程度上解释了技术创新和技术扩散是经济增长的主要动力之一，特别是罗默在《内生的技术进步》(1990)中强调指出，知识的增长而不是要素的积累才是经济增长的重要源泉，这就为有效的知识产权保护提供了最直接的激励制度安排。而阿罗在信息不完全专有性的分析中强调指出，作为典型的非排他性的公共产品，竞争性的市场是无法为其提供有效激励使其从事高风险R&D投资的。① 对此，盖斯福特和理查德森(Gaisford and Richardson)也强调了对信息实施产权保护的必要性。② 但同时他们也认识到，知识产权保护会提高模仿的成本，允许知识产权所有者的垄断性行为，对知识的传播造成限制，减少知识创新散播，从而对经济增长产生不利影响，这一点与格鲁斯曼和赫尔普曼及罗默的观点是相反的，即知识产权保护能够鼓励知识创新、增加知识存量，从而促进经济增长和提高社会福利水平。③ 而斯格斯特罗姆运用一个动态一般均衡模型分析指出，知识产权保护对技术创新和扩散的潜在收益和损失依赖市场结构和相关法律政策的实施效率，特别是竞争政策和技术发展政策。④ 因此，合理的知识产权保护政策对于技术创新和扩散有利性平衡点的选择就显得更加重要。⑤

当然，在封闭经济条件下，格鲁斯曼和赫尔普曼以及罗默的研究结论是毋庸置疑的。但是在开放条件下，经济学家一般则认为技术的跨国溢出是促进经济增长主要因素之一，而这种技术跨国溢出的程度又取决于技术溢入国的知识产权保护水平。因此，迪安和罗迪克(Diwan and Rodrik)、巴鲁和戴维(Basu and David)以及马库森(Markusen)等从技术适应性角度出发，强调了加强发展中国家知识产权保护对于提高发达国家的创新水平和促进向发展中国家技术转移，

---

① 参见王海萍：《软件业盗版的博弈分析及其防范对策研究》，江西财经大学硕士学位论文，2008年。

② 转引自申屠晓娟：《知识产权战略与经济发展关系研究综述》，《商业时代》2010年第11期。

③ 转引自庄子银：《知识产权、市场结构、模仿和创新》，《经济研究》2009年第11期。

④ 转引自兰发文：《知识产权保护与技术转移——基于中国的经验分析》，厦门大学硕士学位论文，2007年。

⑤ 转引自杜碧辉：《知识产权保护的效应分析及中国的政策选择》，湖南大学硕士学位论文，2007年。

进而提升世界总体技术水平的重要性。[①] 迪尔道夫(Deardorf)、赫尔普曼、巴罗和萨拉·马丁(Barro and Sala-I-Martin)以及罗默、克鲁格曼(Krugman)则与此观点相反,他们认为,加强发展中国家知识产权保护将强化发达国家的垄断市场力量,提高产品在发展中国家的价格,损害发展中国家福利。因此发展中国家知识产权保护宜松不宜紧,发展中国家通过引进和模仿发达国家的先进技术,就能够缩小与发达国家之间经济发展水平的差距,甚至于通过发挥技术后发优势超越发达国家,从而实现技术水平与经济发展水平的"完美"超越。

(二)从对外贸易视角分析知识产权保护与经济增长的关系

知识产权保护不仅能够通过技术进步间接影响一国或地区经济增长,而且还会通过对外贸易直接对一国或地区经济增长产生重要影响。对此,一些学者则从 FDI 流入、国际贸易和技术许可角度探讨知识产权保护对经济增长的影响。邓宁(Dunning)强调指出,跨国公司对于 FDI 流入、国际贸易以及技术许可的选择依赖于各种方式的交易成本和东道国市场的区位特点,特别是东道国知识产权保护状况。如果东道国拥有足够的优势(较低的工资水平或较完善的知识产权保护制度),而且海外投资的收益超过技术许可的收益,跨国公司将进行直接海外生产(FDI)而不是技术许可或者商品贸易。[②] 当然,以舍伍德(Sherwood)等人为代表的经济学家更强调知识产权保护对于鼓励 FDI 流入的间接作用,即知识产权的信号指导作用。较强的知识产权保护或者向潜在投资者发出了一个信号,表明一个国家承认和保护外国公司的知识产权,或者向国外的投资者传达出市场体制转变的"软性"承诺,即从不透明过渡到透明的法律制度、从腐败行为转向专业化的公共管理等。[③] 尽管这种间接作用难以通过数据来证明,但现实中这种信号作用确实鼓励了跨国公司增加对强知识产权保护国家的 FDI 投入力度。

从对外贸易角度探讨知识产权保护对经济增长影响的模型中,较早的模型是由赫尔普曼提出的。在该模型中,赫尔普曼借助于一个关于创新、仿效和知识产权保护与经济增长的分析框架指出,知识产权保护通过四种不同的渠道(贸易条件、地区间制造业的分配、产品的可得性、R&D 的投资模式)来影响发达国家和发展中国家之间的双方贸易。其结论是强的知识产权保护使发展中国家蒙受

① 转引自蒋诗:《从模仿看知识产权保护对发展中国家经济增长的影响》,哈尔滨工业大学硕士学位论文,2008 年。

② 转引自杨伟、熊红轶:《知识产权保护自主创新和外商直接投资:一个理论模型分析》,《贵州商业高等专科学校学报》2007 年第 1 期。

③ 转引自林守生:《知识产权保护与外商直接投资的跨国经验研究》,《中州大学学报》2011 年第 3 期。

损失是确定的，但发达国家是受益还是受损则视情况而定。[①] 而埃德温・L-C・莱(Edwin. L-C. Lai)利用一个包含产品生命周期的一般动态均衡模型研究发现，发展中国家加强知识产权保护所起的作用严重依赖于技术从发达国家向发展中国家转移的渠道方式。如果技术转移是通过 FDI 途径实现的，那么强知识产权保护会增加发展中国家产品创新率，反之如果技术转让是通过模仿、仿效实现的，则强知识产权保护所起的作用恰恰相反。[②] 尽管杨桂芳、马斯库斯也作了类似的研究，但与埃德温・L-C・莱技术转移模型的区别在于，在杨桂芳、马斯库斯的模型里，从发达国家向发展中国家的技术转移是通过技术许可证来实现的，而不是通过 FDI 和模仿的途径进行的，这样较强的知识产权保护就会增加技术转让者的租金份额，减少转让和约的成本，尤其是当用于 R&D 的资源更多时，技术转让和创新的回报都将上升，因而创新和技术转让都将增加。[③]

（三）从实证检验视角分析知识产权保护与经济增长的关系

除了从理论方面进行了大量的研究之外，很多学者也从实证研究角度阐述了知识产权保护对经济增长影响。大卫・M・古尔德(David M. Gould)、威廉・C・古罗本(Willian C. Gruben)使用 95 个国家从 1960～1988 年间跨国数据对知识产权保护在经济增长中的作用作了实证研究，其研究结果显示知识产权保护制度比较健全的国家，经济增长率一般都比那些保护制度不完善的国家更高。另外，他们还指出一国市场结构和经济开放度可能影响知识产权保护、创新和增长之间的关系。一般而言，市场竞争程度越充分，知识产权保护促进创新和经济增长的作用越强；经济开放度越大，知识产权保护与新知识的产生存在越强的联系。[④] 曼斯菲尔德通过对美国 6 个制造业中 100 家主要企业的调查发现，一国弱的知识产权保护会阻碍美国对其 FDI 或联合投资，而强知识产权保护的东道国更能吸引 FDI 流入。[⑤] 马库森、拜奴巴蒂等则在采用美国跨国公司

---

① Elhanan Helpman, "Innovation, imitation, and intellectual property rights," *Econometrica*, 1993, Vol. 61, No. 6, pp. 1247-1280.

② 转引自赵伟、吕盛行、管汉晖：《知识产权保护与外国直接投资——基于中国的实证检验》，《价格理论与实践》2005 年第 3 期。

③ 转引自曲建忠、张红霞：《知识产权保护对国际贸易的影响及中国的对策》，《国际经贸探索》2005 年第 6 期。

④ 转引自叶静怡、陈凤仙：《开放条件下知识产权保护和社会福利效应》，《财经理论与实践》2011 年第 3 期。

⑤ 转引自王林等：《发展中国家的知识产权保护与经济增长——基于跨国数据的实证分析》，《世界经济研究》2009 年第 5 期。

数据分析的基础上也得出了类似的结论。[①] 而曼斯菲尔德、杨桂芳、马斯库斯、伽沃瑞斯克等学者的实证研究还发现,以行业标准考察 FDI 流入对知识产权保护的要求存在较大差异。即对于技术含量较低或者难以模仿的行业,对知识产权的保护要求较低;对于易模仿的产品和技术含量较高的行业,对知识产权保护的要求就相对较高。[②]

与上述关于知识产权保护与经济增长的必然结论不同,有些实证研究则发现,知识产权保护对经济增长的影响存在复杂化趋势。汤普森、拉欣通过使用 112 个国家 1970～1985 年间的数据研究发现,在相对富裕国家知识产权保护对全要素生产率(TFP)存在正面影响,但对发展中国家经济增长则影响不显著。[③] 帕克通过研究也发现,知识产权保护对经济增长没有直接影响,但在发达国家,知识产权保护通过基本建设投资和 R&D 投资对经济增长产生正的间接影响。[④] 马斯库斯使用 72 个国家数据研究知识产权保护和经济增长的关系,其基本结论是知识产权保护与人均国民收入之间呈"U"形关系。[⑤] 法尔维、福斯特、格里纳韦使用 80 个国家 1975～1994 年间面板数据研究发现,知识产权保护对高收入和低收入国家经济增长产生正面影响,但对中等和低收入国家经济增长没有影响。[⑥] 普特迪拉姆(Puttitanun)等人运用发展中国家的数据实证表明,知识产权保护对技术革新率的影响并不是线性的,知识产权保护对技术革新的影响可能与一个国家的原有的技术水平存在紧密联系。[⑦]

二、知识产权保护与经济增长:国内文献综述

有关国内知识产权保护与经济增长关系的研究文献,大多均遵循国外类似的研究方法和研究思路。对此,国内研究文献主要从模型构建、测度方法等方面

① 转引自熊红铁:《知识产权保护对经济增长的影响——来自中国 1979～2005 年的经验证据》,合肥工业大学硕士学位论文,2007 年。

② 转引自方宝等:《发展中国家知识产权保护的经济效应分析——以特许转让为技术溢出途径》,《商场现代化》2008 年第 3 期。

③ 转引自熊红铁、杨伟:《知识产权保护对经济增长的影响研究综述》,《重庆工商大学学报》(西部论坛)2007 年第 2 期。

④ 转引自熊红铁、杨伟:《知识产权保护对经济增长的影响研究综述》,《重庆工商大学学报》(西部论坛)2007 年第 2 期。

⑤ 转引自熊红铁:《知识产权保护对经济增长的影响——来自中国 1979～2005 年的经验证据》,合肥工业大学硕士学位论文,2007 年。

⑥ 转引自彭民安:《知识产权保护影响经济增长方式转变的实证研究》,湖南大学硕士学位论文,2012 年。

⑦ Yongmin Chen, Thitima Puttitanun, "Intellectual property rights and innovation in developing countries, "*Journal of Development Economics*, 2005, Vol. 78, pp. 474-493.

进行概括综述。

（一）从模型构建上分析知识产权保护与经济增长的关系

与国外研究内容不同，国内对知识产权保护与经济增长关系的研究起步较晚，这不仅跟中国知识产权保护制度的普及和完善有关，也与中国的经济发展程度有关。但国内学者均从不同角度分析了知识产权保护与经济增长之间的可能关系。首先，从技术创新和转移的角度研究知识产权保护对经济增长的影响。韩玉雄在垂直创新的思想下构建了一个内生增长的技术扩散模型，其研究结果表明：加强技术跟随国知识产权保护力度将降低技术领导国的创新速度和技术跟随国的模仿速度，从而降低稳态经济增长率。所以，就稳态均衡而言，加强技术跟随国知识产权保护力度对技术领导国经济、技术跟随国经济都会产生负面影响。[①] 朱东平建立的由发达国家企业和发展中国家企业所构成的修正的寡头垄断产量竞争模型，并运用均衡分析得出结论：在发达国家企业的R&D具有溢出效应的情况下，发达国家企业是否对发展中国家选择对外直接投资，取决于发展中国家生产成本优势和知识产权保护力度的权衡比重。[②] 杨全发通过构建一个三方参与的两阶段动态博弈模型，来分析东道国的知识产权保护政策对于FDI的影响，其分析结果表明，对于东道国政府而言，提供适度且有效率的知识产权保护政策，不仅可以增加FDI的流入量，而且可以引进较为先进的技术，从而通过降低成本和提高产量，实现东道国社会福利最大化。[③] 许春明、单晓光通过建立一个包含内生创新的知识产权经济增长动态模型，揭示了知识产权制度作用于经济增长的内在机制，实证分析了知识产权制度对于我国技术创新、技术扩散的影响。[④]

（二）从测度方法上分析知识产权保护与经济增长的关系

对于知识产权保护水平的测度问题，国外较早采用的是曼斯菲尔德和舍伍德的问卷调查法，即以对经理和专利律师等从业者意见的调查为基础进行评分，进而得出知识产权保护力度的结论。[⑤] 除了通过问卷调查法对知识产权保护水平进行测度之外，由拉普-罗泽克和杰拉德-帕克创立的立法评分法（简称“G-P

① 参见朱东平：《外商直接投资、知识产权保护与发展中国家的社会福利——兼论发展中国家的引资战略》，《经济研究》2004年第1期。

② 参见韩玉雄、李怀祖：《知识产权保护对经济增长的影响：一个基于垂直创新的技术扩散模型》，《当代经济科学》2003年第2期。

③ 参见杨全发、韩樱：《知识产权保护与跨国公司对外直接投资策略》，《经济研究》2006年第4期。

④ 参见许春明、单晓光：《中国知识产权保护强度指标体系的构建及验证》，《科学学研究》2008年第4期。

⑤ 转引自张伟：《知识产权保护行为的经济均衡分析》，《科学学与科学技术管理》2010年第10期。

方法”)，主要以国家的知识产权立法文本为基础进行评分，进而核定该国的知识产权保护力度。[①] 鉴于G-P方法较与其他方法的比较优势，既有效地避免了问卷调查法的主观随意性，又充分体现了知识产权立法保护的国际化趋势，因此G-P指数方法逐渐得以被广泛使用。但是G-P指数方法仅仅强调立法因素对知识产权保护力度的影响，并没有顾及各国执法强弱因素问题。考虑到各国司法制度健全体系的完善程度存在较大差异性，对于司法制度比较健全的西方国家而言，采用G-P指数方法所度量出来的知识产权保护力度与实际的保护强度基本一致，但是对于司法体系正在完善的转型期国家(主要是发展中国家)，单纯采用G-P立法指标所度量出来的知识产权保护强度与实际的保护水平则存在较大差异。基于此，国内学者韩玉雄、李怀祖修正了G-P方法，测算出从1984～2002年中国知识产权保护的执法力度及修正的知识产权保护水平(简称H-L方法)。[②] H-L方法在引入“执法力度”因子的基础上进一步完善了原来G-P方法对于国内法律环境考虑缺失的问题，将知识产权保护力度的测量更向前推进了一步。在此基础上，沈国兵和刘佳、许春明和陈敏对H-L方法中所采用的具体指标(0.5‰律师比例标准、人均GDP标准等)又进行了进一步修正，从中国经济发展水平、法治水平和知识产权执法水平三个方面对基于G-P方法、H-L方法测算的中国知识产权保护水平进行重新测算，得出了更接近中国实际的知识产权保护力度数据。[③] 而在影响知识产权保护的经济增长因素方面，李雪茹则采用德尔菲法和问卷调查法，并借助解释结构模型法(Interpretative Structural Modeling，简称ISM模型)进行分析，结果显示在影响知识产权保护的诸多因素中，经济因素始终排在第一位。[④]

三、知识产权保护与经济增长文献评析

由以上的研究综述可见，诸多国内外研究对于知识产权保护与经济增长的关系已进行了较为深入的研究，且均认识到知识产权保护是影响经济增长的重要因素之一，并通过不同研究方法对此进行理论分析和实证分析。这些研究成果主要体现在对知识产权保护强度的测算、知识产权保护影响经济增长途径的提出以及知识产权保护对技术创新、对外贸易等影响关系方面。但是从国内外研究现状中也可以发现，现有的研究仍存在一些不足之处：第一，对知识产权保

---

① 转引自韩玉雄、李怀祖：《关于中国知识产权保护水平的定量分析》，《科学学研究》2005年第6期。

② 参见韩玉雄、李怀祖：《关于中国知识产权保护水平的定量分析》，《科学学研究》2005年第6期。

③ 参见沈国兵、刘佳：《TRIPS协定下中国知识产权保护水平和实际保护强度》，《财贸经济》2009年第11期；许春明、单晓光：《中国知识产权保护强度指标体系的构建及验证》，《科学学研究》2008年第4期。

④ 参见李雪茹等：《基于ISM的知识产权保护影响因素分析》，《情报杂志》2009年第6期。

护与经济增长的分析主要集中在顺向效应方面，即知识产权保护对经济增长的影响，而经济增长带来的一系列变化，比如人力资本存量的增加、国民收入水平提升、经济开放度的扩大、法律法规制度的完善、社会基础设施的增多、执法人员队伍的壮大、打击侵权力度的加大等等因素，又反过来影响着一国知识产权保护水平的调整。对这一问题，大多数文献研究涉及较少。第二，目前对知识产权制度与经济增长的分析主要集中在对发达国家的研究，尤其是实证研究多选取发达国家为样本，至多以发达国家与发展中国家的混合样本为研究对象，单独从发展中国家特别是中国的视角进行研究的则很少。与大多数研究所倡导实施严格的知识产权保护制度不同，由于发展中国家与发达国家的经济发展水平、创新能力、经济环境等情况存在较大差异，因此要求发展中国家与发达国家“共享”知识产权保护的国际标准，对发展中国家的经济发展是极为不利的。

除此之外，围绕知识产权保护与经济增长二者之间究竟是如何相互影响的问题，以及对这一问题的研究及其相互之间产生作用的内在机理也还有待进一步揭示。基于此，本研究通过理论分析和实证分析相结合的方法，围绕知识产权保护与中国经济增长之间的互动影响机制问题进行初步探讨和分析，希冀能够得出一些对我国知识产权政策的制定和积极促进经济增长的有益启示。到目前为止，中国为适应加入 WTO、全面履行 TRIPS 协议规定的义务，对知识产权保护制度不断进行修改和完善，使得知识产权保护水平得到有效提升，为我国的自主创新提供了进一步的激励，为国际技术扩散创造了有利的外部条件。但作为发展中国家，我国知识存量的水平还很低，研发投入、专利创新的水平还相对有限，技术发展处于以技术引进和模仿开发为主的阶段，如果建立过于严格的知识产权保护体系，不但提高了中国利用国际技术扩散形成技术创新能力的成本，同时发达国家的企业也会利用知识产权进行技术垄断，使得国内企业进行技术模仿的难度进一步加大。因此考虑到我国所处发展阶段的具体特点，在满足最低保护标准的前提下，给予相对宽松的知识产权保护环境，加快对扩散技术的吸收，以较低成本尽快形成技术创新能力，是现阶段中国摆脱技术比较劣势的重要举措。同时，结合中国经济发展的阶段性特点，制定和实施适合中国自身的知识产权保护政策是实现中国经济转型升级和良性发展的重要保障。

本章小结

本章首先从总体上围绕知识产权保护与经济增长之间关系的不同观点，即知识产权保护对经济增长的正向效应、负向效应、条件效应和模糊效应等进行总括分析，其中知识产权保护对经济增长的条件效应占据主流观点位置。诸多研究表明，强化知识产权保护可以促进经济增长，但其作用发挥的程度取决于一国或地区具有的特定经济特点和条件。

在此基础上，本章从技术进步、对外贸易、实证检验、模型构建以及测度方法等不同视角对国外、国内理论和实证研究文献进行梳理。诸多国内外研究文献充分表明，知识产权保护是影响经济增长的重要因素之一，但现有的研究成果仍存在一些不足之处。比如对知识产权保护影响经济增长的主要传导路径缺乏条理化和明晰化，而且仅是从知识产权保护对经济增长的顺向维度分析问题，并没有提到经济增长因素对知识产权保护的反作用机制问题等。通过对相关文献研究及各国具体知识产权保护演化发展过程的综述比较，不仅为本书的后续章节的具体研究奠定了理论基础，同时对制定与我国经济增长水平相适应的知识产权保护政策提供了重要经验借鉴。

第三章　我国经济转型与知识产权保护的历史演进过程

本章将围绕我国经济转型、知识产权保护以及二者之间内在的关系进行分析论证。通过对经济转型的特点及我国知识产权保护历史演变进程的简要介绍，不仅可以为整篇文章的基准范畴进行研究定位，而且为后续内容研究分析提供了理论支撑和佐证材料。本章主要包括两部分内容：第一部分是对我国经济转型与知识产权保护的内在关系考察，主要包括经济转型的基本理论问题、我国经济转型特点及其与知识产权保护的内在关系分析；第二部分是对我国知识产权保护历史起源及演进过程的梳理介绍。以时间界限为划分依据，概括而言我国整个知识产权保护历程基本可分为四个阶段，即知识产权保护空白阶段、知识产权保护萌芽阶段、知识产权保护初创阶段和知识产权保护发展阶段，每个阶段我国知识产权保护均体现出不同的特点。

第一节　经济转型与知识产权保护的含义、特点及关系考察

有关学术研究中，原苏联学者布哈林在研究计划经济向市场经济的转型过程中曾首先使用了“经济转型”的概念。在经济转型的研究文献中，很多学者都特别研究了中国和一些东欧国家的经济转型过程。但是经济转型并不是社会主义社会特有的现象，任何一个国家在实现现代化的过程中都会面临经济转型的问题，即使是市场经济体制很完善、经济非常发达的西方国家，其经济体制和经济结构也并非完美无缺，也存在着现存经济制度向更合理、更完善经济制度转型的过程，也存在着从某种经济结构向另一种经济结构过渡的过程。正如匈牙利经济学家科尔奈(Kornai)所说，转型“是一个大概念，不能仅仅简单归结为从计划经济到市场经济的转轨。转型并不仅仅只包括经济的转型，还包括了生活方

式、文化的转型，政治、法律制度的转型等多个方面，因此必须多维度地考察转型”。[1]

一、经济转型的含义及其分类

在现代经济学文献中极少有经济学家从理论上专门系统地研究经济转型或升级的问题，对经济转型或升级内涵的界定也缺乏统一标准。对于经济转型，学者们一开始都习惯上将其理解为从计划经济向市场经济的转变、转轨或改革。但随着经济转型不断深入，学者们提出了“双重转型”观点，即体制转型和经济发展方式转型。对于升级而言，则主要围绕产业结构调整与优化来展开的，配第和克拉克曾提出产业结构升级至少包含产业结构的高度化和高效化两种层次，而格瑞费(Gereffi)则认为产业升级是一个经济体迈向更具获利能力的资本和技术密集型经济领域的过程。[2] 因此，从学术严谨性角度来看，经济转型升级实际上包含经济转型和产业升级两个方面：一方面，经济转型的实质是转变经济发展方式，即主要通过科技进步和创新，在优化结构、提高效益和降低能耗、保护环境的基础上，实现速度、质量、效益相协调，投资、消费、出口相协调，人口、资源、环境相协调，经济发展和社会发展相协调；另一方面，产业升级是三次产业结构不断优化调整、产业内不断向附加值较高的价值链攀升，促进工业结构向新型化和高端化发展，服务业向现代化和高效化推进的过程。由此可见，当今我国经济学界乃至政界习惯上表述的经济“改革、转变或升级”等，实际上与“经济转型”具有相同或相近的含义。

在当前的学术研究之中，对经济转型或升级的内涵表述及研究的侧重点均有不同，其中最具有代表性的主要有三种观点：第一种观点，即生产力转型说。就是从较低层次的经济发展阶段向较高层次的经济发展阶段的转变。它具体包含两层含义：(1)从传统农业社会向现代工业社会的转型。例如在1949年10月新中国成立后，为了摆脱贫穷落后的面貌，中国政府制定方针路线，走工业化道路，开始从农业社会向工业社会转型。(2)从工业社会向后工业社会或信息社会转型。这是人类社会经历了农业革命、工业革命之后出现的第三次产业革命，它从根本上改变着工业化以后形成的社会形态，塑造着新社会的面貌。第二种观点，即经济制度转型说。它也包含两个维度的含义：(1)从资本主义向社会主义的转型。1949年新民主主义革命胜利之后，在中国共产党的领导下，中国社会开始从半殖民地半封建社会经济形态向社会主义的计划经济过渡。这种转型是

---

① 转引自陈甬军：《国际经济转轨理论与中国改革实践》，《政治经济学评论》2006年第2期。

② 转引自岳芳敏：《产业集群升级机制及政府的作用》，《广东商学院学报》2009年第1期。

传统社会主义政治经济学中所讲述的转型。(2)从社会主义向资本主义的转型。捷克的克劳斯认为，这种转型是从社会主义经济向资本主义经济、从供给约束型经济向需求约束型经济、从地区经济向独立的国家经济的转变过程。克罗地亚经济学家D.沃伊尼奇(D. Wojnicz)在其论文《转型的政治与经济》中提到，这种转型要实现三化，即所有制多元化、市场多元化和政治体制多元化。科尔奈认为，这种过渡历史过程的完结，取决于社会主义的经济特征和政治体制被资本主义的经济与政治制度取代的过程。[①] 第三种观点，即资源配置转型说。这种观点主要是指传统的计划经济向市场经济的转型，也就是通常所说的市场化过程，它强调的是制度和机制的变化，起点是以计划手段进行资源配置的计划经济，终点是以市场手段进行资源配置的市场经济。国际上通常把东欧和中国经济称为"转型经济"，把上述国家也统称之为"转型国家"。由此看来，我们这里所指的经济转型更倾向于上述第3种观点，当然第3种观点也隐性或内在地囊括了第1种观点。它更注重强调一个国家或地区经济结构和经济体制在一定时期内发生的根本且显著的变化。很显然，经济转型并不是单纯某一领域、某一产业、某一指标等要素的简单调整，而是一项具有整体性、动态性、全面性及长期性的经济体制运行变化过程。

1996年，世界银行的发展报告《从计划到市场》把转型的长期目标说成是"建立一种能使生活水平长期得到提高的繁荣的市场经济"。该发展报告认为只有"当改革达到与他们收入水平相当的、建立市场经济很久的国家差不多程度的时候"，这一转型过程才算基本完成。一般来说，从计划经济向市场经济转型完成的标志可以具体细化为三个阶段性目标：(1)即市场机制调节的比重基本达到了市场经济国家水平，一般为70%左右；(2)计划经济体制遗留的问题得到基本厘清和转化，主要表现为国有企业的改组和改造以及国有银行债务重组的基本完成；(3)保证市场经济稳定有序运行的社会基本条件得以形成，主要包括市场本身的条件和法律法规、管理系统的完善程度以及社会主义民主的发展水平得到显著改善。

谈到经济转型的分类方法，一般是与经济转型含义的不同理解而紧密联系在一起的，大多数学者还是从上述经济转型的第一种观点和第三种观点角度出发进行分类的。综观比较多种多样的不同分类方法，较为常见的则有两种划分方法：

第一，根据经济转型的状态划分，可以分为经济体制转型和经济结构转型。经济体制转型是指从计划再分配经济体制向市场经济体制转型。经济体制转型

① 转引自陈甬军：《国际经济转轨理论与中国改革实践》，《政治经济学评论》2006年第2期。

的主要目的是实现制度体制的创新。我国的经济转型最早就是指经济体制的调整和转变。经济结构转型是指从乡村的、农业的、封闭的传统社会向城镇的、工业的、开放的现代社会转型。经济结构转型的根本目的是实现经济结构的调整和经济增长方式的转变，促使社会经济资源的重新分配以及国家与地区的经济地位调整。而通常意义上的经济结构包括产业结构、技术结构、市场结构、供求结构、企业组织结构以及区域布局结构等。因此，经济结构转型又包括产品结构调整、技术结构调整、市场结构调整、产业结构调整、区域布局结构调整和企业组织结构的调整等。当然，也有些学者把经济转型的状态划分为四类，即经济体制转型、发展战略转型、经济增长方式转型、经济结构转型等。但综合看来，无论怎样划分，经济转型都脱离不开体制转型和结构转型两种类型。

第二，根据经济转型的速度划分，可以分为经济激进式转型和经济渐进式转型。经济激进式转型是指通过实施激进而全面的改革计划，在尽可能短的时间内进行尽可能多的改革。目前大多数学者均将俄罗斯和东欧“休克疗法式”的经济改革称之为激进式转型。经济激进式转型注重的是改革的终极目标的快速实现。而经济渐进式转型则是指通过部分的、局部的或分阶段的改革，在尽可能不引起社会震荡的前提下循序渐进地实现改革的目标。对此，多数学者则把中国“摸着石头过河式”的经济改革称之为渐进式转型。相比较而言，经济激进式转型强调的是改革结果，而经济渐进式转型注重的是改革过程。由于生产力与生产关系之间矛盾运动规律，以及经济基础与上层建筑之间矛盾运动规律的综合作用结果，决定了人类社会的发展进程必将是潜移默化式的、逐步向前推进式的长期过程。因此，单纯从经济转型的速度角度来看，经济渐进式转型更加适合个体社会的稳定、良性发展要求。

二、我国经济转型的过程及特点

正如前文所述，经济转型或经济转轨是指一种经济运行状态转向另一种经济运行状态的过程，在这种转变过程中涉及到诸多的关键要素，比如转型目标模式、转型初始条件、转型过程方式以及转型终极条件等等。从国际经验来看，不论是发达国家还是新型工业化国家，无一不是在经济转型升级中实现经济持续快速发展的。因此，有必要通过熟悉和了解我国整个经济转型的历程及其特点，对当前我国经济运行总体状况进行准确定位。

（一）我国经济转型的历史进程

改革开放之前，我国实行计划经济体制，经济状况的困窘更突出地暴露出经济和政治体制的弊端。十一届三中全会以后，我国开始了改革开放的历程，经济体制开始逐步由计划经济向市场经济转变，这是我国经济转型的发端。1992 年中共十四大明确提出我国经济体制改革的目标是建立社会主义市场经济体制。1995年"九五"规划首次提出要从根本上转变经济增长方式,即从粗放型向集约型转变。2005年"十一五"规划鉴于从1995年以后经济增长方式尚未实现根本性转变,在重新强调转变经济增长方式的同时,把其作为五年经济工作的关键部分,但内涵有所扩展,提出要从"高投入、高消耗、高排放、低效益"的粗放型扩张,转向节能降耗性集约型增长,着力自主创新,大力发展循环经济,建设资源节约型和环境友好型社会等具体目标。到2007年党的十七大进一步提出转变经济发展方式,意味着转变经济增长方式已为转变经济发展方式所取代,其内涵也从一个转变扩展为三个转变,即"促进经济增长由主要依靠投资、出口拉动向依靠消费、投资、出口协调拉动转变,由主要依靠第二产业带动向依靠第一、第二、第三产业协同带动转变,由主要依靠增加物质资源消耗向主要依靠科技进步、劳动者素质提高、管理创新转变"。在2010年"十二五规划纲要"中重点强调加快转变经济发展方式,指出国际金融危机爆发后,转变经济发展方式显得刻不容缓,因为外需萎缩后,内需更显不足,产能过剩,增速下滑;中国碳排放迅速增加,保护生态和环境的压力越来越大;收入分配差距过大而且不断恶化,必须让多数民众分享发展成果。至此,国家在经济发展的同时强调经济结构的转型、收入分配方式的改革和高新、环保、新能源产业的发展。之后2012年党的十八大报告中,提出加快完善社会主义市场经济体制和加快转变经济发展方式,把推动发展的立足点转到提高质量和效益上来,指出发展的核心目标是推动经济发展方式转型。其中提到的经济发展方式转型,主要是实现两个转变,即从投资驱动向消费驱动转型,从制造向创新转型。从上述经济转型或升级的含义界定及其分类方法等角度来看,经济转型主要概括为经济体制转型、产业结构调整以及经济发展方式转变等内容。因此,自新中国成立以来,按照时间发展历程,大致可以将我国的整个经济转型历程划分为四个阶段。①

(1)新民主主义经济向高度集中的计划经济体制转型阶段(1957～1978)

1956年社会主义改造基本完成后,中国经济体制由新民主主义经济向高度集中的计划经济体制转型,其实质表现为资源配置方式和经济运行方式转轨,是一种经济制度的转轨。这一时期的经济转型相当于是将半市场经济直接转向计划经济。在经济发展方式上受苏联模式以及赶超经济发展战略影响,中国经济发展走上了主要依靠外延扩大再生产、追求数量和不注重效率的典型粗放型发展道路。这一阶段虽然推行的是重工业优先发展战略,但工业和农业的生产方式仍然比较落后,产业结构比例严重失调。

① 参见唐辉亮等:《中国经济转型升级的历史沿革与理论创新》,《商业时代》2014年第7期。

(2)计划经济体制向有计划商品经济转型阶段(1979～1992)

1978年党的十一届三中全会之后,我国逐步确立了改革开放的战略思想,并把工作重心转移到经济建设上来,这一历史性的决策开启了中国经济转型发展的新时期。但实际上直到1980年12月的中央工作会议之后,我国才明确提出要走一条经济效益较好的新路子,由此标志着中央对经济发展方式转变的初步探索取得了重大进展。1984年中共中央提出"商品经济是社会经济发展不可逾越的阶段",经济体制改革进入了以城市为中心的全面改革探索阶段,这也标志着中国经济体制改革开始进入全面启动阶段。1984～1992年这一阶段则开始了打破计划经济体制并逐步确立社会主义市场经济体制的改革目标,是经济转型启动和程序设定以及转型道路确认的阶段。虽然在这一时期已经提出转变经济增长方式的战略思想,但在党的相关文献政策中却没有明确提出过"转变经济增长方式"的概念。

(3)社会主义市场经济体制发展转型阶段(1993～2006)

1993年末,党的十四届三中全会通过了《中共中央关于建立社会主义市场经济体制若干问题的决议》,提出了社会主义市场经济体制的基本框架,从此奠定了从计划经济向市场经济转型的里程碑。1995年中共中央提出了"实行两个根本性的转变",即从传统的计划经济体制向社会主义市场经济体制转变与从粗放型经济增长方式向集约型经济增长方式转变,这是在党的文件中首次正式使用"转变经济增长方式"这一提法,标志着中国经济转型进入一个新阶段。1997年中共十五大再次明确提出了"转变经济增长方式,改变高投入、低产出,高消耗、低效益的状况",2002年中共十六大进一步提出了"全面建设小康社会、走新型工业化道路、坚持和完善基本经济制度"。然而在这些方针实施多年后中国粗放型扩张的经济增长方式仍未实现根本性转变。因此,在2005年中共十六大五中全会又一次重申了加快推进粗放型经济增长方式转变的重要性。相对20世纪80年代而言,这一阶段经济增长方式转变的关注点提升到了体制构架的高度,主要以推动转变经济增长方式的宏观调控方式、市场运行机制和现代企业制度为主线进行的转型发展。同时,在总结经验的基础上,对经济发展开始注重由数量型增长向质量型增长转变,并提出了增强由粗放型经济增长向集约型经济增长转变的内在驱动力问题。

(4)加快经济发展方式转变为主线的阶段(2007年至今)

2007年党的十七大报告中将"转变经济增长方式"改为"转变经济发展方式",开创性地提出了"加快转变经济发展方式"的新要求。2010年2月胡锦涛在中央党校举办的"省部级主要领导干部深入贯彻落实科学发展观、加快经济发展方式转变"专题研讨班上就加快经济发展方式转变的重点工作提出了"八个加快”的意见，使得中国经济转型升级进入历史性新阶段，特别在“第十二个五年规划”中进一步明确了坚持把经济结构战略性调整作为加快转变经济发展方式的主攻方向，坚持把科技进步和创新作为加快转变经济发展方式的重要支撑，坚持把建设资源节约型、环境友好型社会作为加快转变经济发展方式的重要着力点，坚持把改革开放作为加快转变经济发展方式的强大动力。这一时期是在科学发展观指导下，开始更加强调要素驱动与创新驱动的“双轮”驱动来促进经济结构优化和产业升级的经济转型升级，更加注重以人为本和民生改善的经济发展方式，并把自主创新、循环经济的发展、环境保护提到了较高的地位，通过提高自主创新能力促进科学技术对经济的带动作用，实现速度、质量与效率的统一，人口、资源与环境相协调的经济发展模式。由此也标志着我国经济转型升级进入全面攻坚阶段。

总体而言，如果仅仅是将我国的经济转型看作是从计划经济体制向市场经济体制转型过程的话，我国的经济转型历程表现出了不同的维度特征：其一，经济自由化过程。纵向来看，我国的经济改革经历了一个从农村到城市的渐进式过程。以家庭联产承包责任制为核心的农村改革，使农民获得了土地使用权，以放开国有企业自主经营权为核心的改革，使国有企业初步摆脱了计划经济体制的束缚，同时也使非国有经济得到了迅速发展。其二，经济市场化过程。即国营企业被推向市场后与其他所有制企业展开竞争。其三，经济民营化过程。承认与强调了产权的重要性，在强调产权明晰化基础上允许更大程度上的经济自由，各种所有制的竞争，使非公的民营经济成为中国经济不可或缺的重要力量。其四，经济国际化过程。在经济全球化背景下，经济转型使得我国经济在加速工业化、城市化和市场化的同时能够面对世界新经济的挑战，逐步向国际经济一体化过渡，更加积极主动地融入到世界经济一体化中。

(二)我国经济转型的特点

综观我国经济转型升级的整个历史演进过程，并结合当前我国经济发展的现状，可以看出我国经济转型已不能简单地理解为产业升级与经济增长方式的转变等内容，其中涉及到的领域和方面已变得更加广泛和深刻。另外，考虑到我国经济转型的总特征也必将会通过经济增长的阶段性特点体现出来。因此，有必要简单介绍一下我国经济增长的阶段性特点。根据相关数据统计分析，截至2010年，我国经济增长的阶段性特点表现得愈发突出和明显，其具体体现为以下三个方面：

第一，经济导向的调整，即以经济总量转向以国民收入为导向。在改革开放初期，国家尚处于贫穷落后的状态，以GDP为主要表现的经济总量导向，对解决温饱问题是必需的。但随着整个国家贫困局面的改观，经济总量导向已产生了能耗、环境、内需不足等一系列问题，而以国民收入为导向不仅能扩大整个社会的总需求，而且还能把13亿人的消费需求释放出来。这一导向性的调整还有助于逐步缓解能耗、环境等现实矛盾问题。当然，要实现以国民收入为经济导向，原来的“国富优先”战略将调整为“民强优先”战略，在国民收入的分配结构调整环节中，个人收入比重将逐步加大。与此同时，教育、医疗、养老、住房等社会公共产品与服务将会得到进一步强化，公共服务的再分配功能也将进一步释放公众的消费潜力。

第二，经济动力的调整，即以投资驱动转向以消费驱动为动力。长期以来，在拉动国民经济增长的传统“三驾马车”中，投资始终是我国经济增长的第一引擎。我国经济增长过分依赖投资和出口，尤其是在经济增长的低迷期，这种倾向更加突出。比如，为了应对2008年国际金融危机对国内实体经济的冲击影响，以及保证国内经济增长目标的实现等，2009年的固定资产投资就较正常水平多出1万亿元左右，相当于当年GDP的3%，而仅中央政府投资就高达9080亿元，政府投资导向十分明显，这也对国内经济复苏起到了积极作用。但不可否认，消费低迷抑或不足，则始终是我国经济运行中的主要问题。仅以2009年为例，从三大需求对经济增长的贡献率来看，最终消费支出对GDP的贡献率为45.4%，拉动GDP上升4.1个百分点；投资对GDP的贡献率则为95.2%，拉动GDP上升8.7个百分点；而净出口对GDP的贡献率为－40.6%，使得GDP下降了3.7个百分点。这使得2010年投资对GDP贡献率偏高的格局也没有得到根本改变。从需求结构来看，投资率偏高而消费率偏低的状况始终没有得到改观。近年来，我国消费GDP的比重不断下降，消费率由1992年的62.4%下降到了2009年的48%，其中居民消费率由1992年的47.2%下降到了2009年的35.1%，成为历史最低水平。与此同时，消费对经济增长的贡献率也在下降，由1992年的72.5%下降到2009年的45.4%。从我国与国际社会的比较来看，我国经济运行中长期存在着以下问题：(1)消费率长期偏低，甚至低于中等收入和低收入国家平均水平。从2001～2009年，我国最终消费率仅处于48%～61.4%之间，而高收入国家的平均消费率为78.4%，中等收入国家的平均消费率为73.5%，低收入国家为81.2%。(2)我国居民消费水平总体不高。据世界银行统计，2007年我国居民消费支出总额为1.2万亿美元，居世界第7位，而GDP总量却居世界第4位；人均居民消费支出为882美元，而人均国民收入(GNI)为2370美元。从1990～2007年，我国居民消费支出总量和人均水平年均增长率分别为7.6%和6.6%，比同期GDP和人均GDP年均增长率低2.4个百分点。可以明显看出，我国居民消费支出水平低、增长缓慢，对经济增长的拉动作用逐渐减弱。(3)我国人口占世界总人口与消费总量的比重失衡。我国人口占世界总人口的1/4，但消费总量却只占世界的4%，人均消费水平明显处于较低水平。从2010开始，排除掉我国经济复苏的政府理性作用之外，我国经济运行中既有的重投资、轻消费的状况已引发了资本流动性过剩、能耗增加与环境污染、产能过剩等一系列矛盾问题。因此，调整经济结构、拉动消费已成为我国未来保持经济又好又快发展的长久之策。可以预见，我国未来的经济转型必将以消费为主导，消费动力也会逐渐成为改善我国经济增长稳定性和安全性的必然选择。

第三，经济目标的调整，即以经济增长转向以经济发展为目标。从1995年中共十四届五中全会提出的"经济增长方式"由粗放型向集约型转变，到2010年中共十七届五中全会提出要加快"经济发展方式转变"，虽然仅是从"增长"到"发展"字面表述的改变，但却更多折射出关于两者内在本质区别的新思考。首先，两者的理论基础不同。"增长"是在改革开放后，"以经济建设为中心"指导思想下对我国经济运行的基本要求，而"发展"显然是在此基础上的进一步升级，它是以科学发展观为指导，以加快转变经济发展方式为主线，把加快转变经济发展方式贯穿于经济社会发展全过程和各领域。其次，两者的外延不同。原来所说的经济增长方式转变主要是指通过生产要素结构的调整，实现经济增长由粗放型向集约型转变。而经济发展方式的转变则至少扩大至需求结构、供给结构和生产要素结构等诸多方面。最后，成果考量的视角不同。"增长"主要强调速度快慢与规模大小，往往会存在"一时得失"。而现在所谓的"发展"，更强调以人为本，必须具备提高发展的全面性、协调性和可持续性等特点。

当然，从广义角度理解，"发展"概念本身具有辩证特质，经济转型可以在发展中改革，也可以在改革中发展。因此，"发展"概念可以包括更具体、更多元的经济运行或增长方式的转变，比如从资源消耗型向资源节约型、环境友好型转变、从技术引进型向技术创新型转变，从外需拉动型向内需主导型转变，从资本引进型向资本输出型转变，从倾斜型发展战略向均衡型发展战略转变等。综合来看，通过与当前我国经济增长的阶段性特征相比较，从过去到现在乃至将来而言，我国经济转型或升级均会呈现出较为明显的主导特征。一方面，我国经济转型升级必将是阶段性和长期性相统一的过程。在谈及经济转型时，我们往往把某个时期经济在体制和结构方面的变化称为经济转型。因此在制订转型计划时往往会以时间多长、经济发生什么样的变化来衡量是否完成经济转型。其实，这只是阶段性的经济转型。但是从长期经济发展实践来看，经济本身时时刻刻都在追逐着质和量的提高，这种质和量的缓慢变化本身就是经济转型。另一方面，我国经济转型升级必将是渐进性和激进性相交叉的过程。在整个经济转型期间，无论是经济体制的改革还是经济结构的调整，抑或是产业结构的重新布局等等，有时候表现得会较为激进，而有时候又会表现得较为缓慢；在某些领域表现得会激烈一些，而在另外一些领域则表现得较为温和一些。除此之外，在我国的整个经济转型期中，还会体现出一些其他方面的特征。比如：(1)结构转型和体制转型的同步性，即经济体制的变化必然带来经济结构的调整，而经济结构的调整也需要经济体制的创新。(2)政府行为和企业行为的互动性。在经济转型中，政府和企业是推进经济转型的两股不同的力量。企业是推进经济转型的基本动力，而实现经济转型又离不开政府作用的发挥。前者是经济转型升级的内因，后者是经济转型升级的条件。只有两种力量结合，双方互动，才能更加有效地实现经济转型。(3)区域化和国际化的交融性。一般而言，经济转型通常是体现为区域性经济发展的具体措施，而区域性的经济发展又不得不考虑国际经济发展潮流。在全球经济一体化的时代，经济转型必须紧跟当前科技发展步伐，把握世界经济发展动向。两者之间的交融必将伴随整个经济转型的全过程。

综上所述，未来我国经济转型将是全方位、宽领域、深层次的过程，既包含了导向性、驱动力的改变，又体现了由“增长”向“发展”转变的特点。我国未来经济发展的潜力将在很大程度上取决于经济转型的成功与否，即中国能否从贸易大国转变为贸易强国(掌握定价权和规则制定权)，从制造大国转变为消费大国，从生产型经济转变为服务型经济(特别是金融大国)，从世界制造工厂转变为世界创新策源地，从依赖外资(代工)转变为自主发展。目前，我国经济尚处于继续转型的历史攻坚时期，尽管还不能对我国未来的经济转型和结构调整赋予较为精准的概括称谓，但中共十七届五中全会已对我国“十二五”经济社会发展的主要目标作了明确界定，即“实现经济平稳较快发展，经济结构战略性调整取得重大进展，城乡居民收入普遍较快增加，社会建设明显加强，改革开放不断深化，使我国转变经济发展方式取得实质性进展，综合国力、国际竞争力、抵御风险能力显著提高，人民物质文化生活明显改善，全面建成小康社会的基础更加牢固”。另外，中共十八届四中全会通过的《中共中央关于全面推进依法治国若干重大问题的决定》，不仅总结了中国改革开放35年来的历史性成就和宝贵经验，而且提出了到2020年全面深化改革的指导思想、总体思路、主要任务、重大举措。这为我国下一步经济结构调整布局提供了全面深化改革的纲领性文件，也标志着从1978年开始的中国改革开放进入到全新阶段。由此可见，我国经济社会全面发展与经济转型、结构调整，二者之间不仅具有内在连续性，而且具有长期统一性。

三、经济转型与知识产权保护的内在关系考察

众所周知，所谓知识产权是指工业、科学、文学和艺术等领域内来自智力活动所取得的一种具有财产属性的权利。进入21世纪以来，随着经济全球化进程

的不断加快和科学技术的迅猛发展，知识产权已成为经济社会发展的重要战略资源。[①] 当今时代，知识产权对于经济发展的重要性日益显现。一方面，知识产权作为企业之间竞争的重要手段，已成为企业获取与保持市场竞争优势、谋求最佳经济效益的重要法宝；另一方面，知识产权保护、利用与开发的程度及拥有量已成为衡量一个国家经济、科技实力的重要因素，成为世界各国参与经济全球化竞争、融入世界经济体系的重要砝码。当前，我国正处于经济转型的关键时期，发挥知识产权激励创新从而引领产业发展与经济转型的制度功能，是建设创新型国家的内在要求，也是未来赢得竞争优势的重要基础。在向经济强国迈进过程中，我们要加快完善中国特色的知识产权保护机制，推动我国综合实力再上新台阶。

（一）经济转型与知识产权保护的理论阐释

无论从国家自身层面的经济发展，还是从国际舞台层面的国家优势地位而言，知识产权保护的重要性都已经成为不容忽视的重要环节。进一步明确现阶段我国知识产权保护的发展现状以及知识产权保护对我国经济发展的实际作用，不仅能够找出知识产权保护发展过程中存在的问题和瓶颈，为其所处阶段作出理性判断和合理解释；同时，也更有利于在了解现状找出问题的前提条件下制定出更加有效合理的知识产权保护战略和政策，从而在实现知识产权健康发展的前提下更快更好地实现我国产业竞争力的提升和经济发展方式的转变。概括起来，在经济转型过程中，二者之间呈现出相互促进、相互影响的内在关系。

第一，经济转型升级是强化知识产权保护的客观要求。经济发展方式转变的相对滞后性是现阶段我国经济发展中存在的主要矛盾。正是由于企业和社会公众缺乏创新意识、创新能力不强、知识产权综合能力相对较弱等因素，直接或间接制约了我国经济发展内在动力的发挥，阻碍了核心竞争力的培育。因此，实现经济转型升级，加快转变经济发展方式，就必须由传统的主要依靠物质资源的消耗发展经济转变为主要依靠公众智力和知识资源来发展经济，依靠创新驱动力来发展经济。[②] 而在这个过程中，知识产权保护在提升企业的核心竞争力、提高资源利用率、培育新兴产业和加强国际技术交流等方面会发挥着至关重要的作用，且其能够有效地促进经济转型升级。经济转型升级对知识产权保护的客观要求或者内在牵引作用，主要是通过实现经济转型升级的具体环节体现出来的。

① 参见孙赫：《发展中国家知识产权保护的经济效应研究——以外商直接投资为技术溢出途径》，《世界经济研究》2007 第 2 期。

② 参见贺京同、万志华：《知识产权保护力度与经济发展的关系研究》，《社会科学辑刊》2008 年第 1 期。

首先,技术创新需要知识产权保护。所谓技术创新是一种以市场为导向,将科技潜力转化为技术和经济优势的创新性活动。它不仅仅是一个单纯的技术概念,而是从创新设想到研究开发到工程化再到商业化生产直至到市场应用化的一系列动态过程,甚至还包括制度创新在内的一系列科技与经济活动的相互交叉和融合,其最终的目的在于实现创新成果的市场价值,并使其创新主体的市场竞争力实现大幅度提升。[①] 但是,倘若要想推动技术创新,就必须为技术创新提供一种内在的动力机制,需要创造一个保护技术创新、维护公平有序竞争的外部法律法规的政策环境。相应地,知识产权保护制度就自然而然地成为这样一种机制和制度。知识产权保护制度的建立和实施,对技术创新具有重要的促进和激励作用。

知识产权保护制度是鼓励技术创新过程的一个持续、不间断活动的制度设置,通过规定相关的技术交易制度,例如,技术授权使用、法定许可使用、强制许可使用和合理使用等法律规定来实现对科技资源的有效合理配置。知识产权制度保护功能能否有效发挥关系到能否为知识产品的生产、实施、推广提供一个良好的法律环境,而这种法律环境正是创造发明能否有效占领市场、保持竞争力的基本前提,也是科技发展能否实现公平竞争的重要保障。当今世界,随着知识经济和经济全球化的深入发展,知识产权日益成为各国发展的战略性资源和各国间国际竞争力的核心要素,已成为建设创新型国家的重要支撑和掌握发展主动权的关键所在。由此看来,知识产权保护制度作为一种创新激励机制,通过依法有效地保护创新者的合法权益,激发人们的创新热情,业已成为推动经济发展方式转变的内在要求和重要保障。

其次,产业升级需要知识产权保护。我国经济转型的最大突破口在于建立新的经济产业体系,要把提高科技创新能力与完善现代产业体系紧密地结合起来,大力发展战略性的新兴技术产业,引领产业结构的不断升级和优化,促进经济结构的创新和调整,从而使其取得长远发展。现如今,众多新兴产业是建立在知识产权基础上的新产业。换言之,没有知识产权就没有新兴产业的大量出现和蓬勃发展。与传统产业或成熟产业相比,新兴产业更需要知识产权制度的保护,其中具体原因在于:新兴产业是原始性的创造活动,难免会遇到困难和挫折,甚至是会和现有的传统观念及生产方式发生冲突和摩擦,它们更需要坚持不懈的探索和长久的积累,其整个过程都充满了不确定性因素,因此更需要知识产权法律制度的"保驾护航"。

对于新兴产业而言,知识产权保护的作用和功能更为突出。一方面,知识产

① 参见王华:《更严厉的知识产权保护制度有利于技术创新吗?》,《经济研究》2011 年第 S2 期。

权保护能够有效地激励新兴产业的自主创新，从根本上调动技术研发人员进行技术创新的积极性，从而促使新兴企业更多地将资金投向新技术的研发领域，以便创造出新的知识产权资源优势，最终形成良性的循环互动。实际上，恰恰是知识产权制度促成了新兴企业的二次创新。另一方面，知识产权保护制度有效地增加了新兴企业的无形资产。对于新兴企业来说，知识产权这种无形资产有时可以占据总资产份额的80%以上。根据有关统计资料显示，美国具有代表性的500家上市公司的无形资产包括知识产权、专利和商标等，其占全部资产的比例份额从1982年的38%增长到2002年的87%，而且这一趋势在新兴产业方面表现得更为明显。除此之外，知识产权保护制度还有助于进一步规范市场竞争行为。知识产权保护制度能够为新兴企业在技术创新过程中可能出现的创新纠纷提供明确的解决方案，从而进一步规范整个市场竞争秩序。在未来社会发展中，技术创新必将成为新兴企业的常态行为，在研发过程中企业与企业之间相互处于保密状态，有可能会出现竞争创新或模仿创新、重复创新等纠纷问题，知识产权保护制度犹如一道屏障，能够有效地阻止其他企业的“搭便车”行为，赋予创新主体一定时期内的垄断权利来获取市场价值，从而使新兴企业收回前期投入和获得应有的利润。同时，知识产权保护制度也有助于防范和解决纠纷，保护知识产权主体的合法权益，进一步规范企业间的市场竞争行为。

第二，知识产权保护是实现经济转型升级的内在动力。一般而言，知识产权保护对一国经济体经济转型升级的作用，主要表现为以下几个方面：

首先，知识产权保护有助于提升企业的核心竞争力。核心竞争力是一个企业是否能够获得长期竞争优势的关键，是企业所特有的、能够经得起时间考验并具有延展性的，无法被竞争对手所模仿的技术或能力。现代企业的核心竞争力是以知识、创新为基本内核的，是企业的关键资源和关键能力的组合。当今时代，知识产权保护制度能够促使企业在一定时期内保证其所拥有技术的先导性。例如，在专利权保护制度下，倘若企业自主开发的某一项创新技术在一个国家经过批准成为了专利，则该企业就相应地取得了此项技术的垄断性权利，并据此可以获得专有权。企业可以以此为基本专利，通过研发将其技术升级以及通过研发外围相关技术申请专利，形成一个由基本技术同外围相关技术一起构成的专利网，从而形成企业强项技术的专利壁垒，使得竞争对手无法突破，进而在市场竞争中始终保持长久的核心优势。

另外，知识产权保护制度还能够保证企业品牌的独创性。综览现代市场的消费趋势，可以看出一个明显的特征，就是消费者的消费已由产品消费转为品牌消费。这种消费趋势体现在消费行为上就是崇尚品牌、追求品牌的品牌效应。

所以，提升品牌知名度和塑造良好企业形象是提升企业核心竞争力的重要措施。[①] 而知识产权保护制度中的商标保护制度，则有效地保证了企业品牌不受其他企业的干涉和滥用，并保护企业在遭受侵权时通过法律手段严厉打击侵犯他人商标专用权的违法行为，从而保护企业的合法正当经济利益。因此，现代社会的发展要求企业不仅需要切实增强运用知识产权保护制度的能力，将技术创新优势转化为知识产权优势，从而取得法律保障，而且需要加强企业合作与联合，组建产业集群知识产权保护联盟，共同实施知识产权成果，打造市场营销群体优势。同时，还需要主动参与行业标准制定，及时将关键核心技术上升为国家标准和国际标准，努力取得标准制定的话语权，增强参与国际竞争的能力。另外，在加强企业知识产权成果运作，推动知识产权成果的实施、转让和许可，实现企业效益的最大化内容方面，以及高度重视企业品牌建设，着力打造知名品牌等领域，也需要进一步加强知识产权管理保护，从而不断提升企业品牌市场价值。

其次，知识产权保护有助于节能降耗，提高资源利用率。转变经济发展方式，加快推进生态文明建设，不仅是落实节约资源、保护环境基本国策的现实和长远需要，而且是加快经济发展方式转变的关键举措。加强节能增效，不仅可以给企业带来可观的经济效益，而且可以减少资源消耗和污染排放，带来显著的社会效益和环境效益。节约能源资源，保护生态环境，离不开现代科技的支撑，离不开知识产权的法律保护。当今时代，低碳经济已成为建设生态文明、节约能源资源最有力的突破口。低碳经济以低能耗、低污染、低排放为基础，着眼于能源高效利用、清洁能源开发，从而追求绿色 GDP。低碳技术的热潮促使我国制造行业的再制造技术从幕后走到台前。我国是装备生产及使用大国，设备资产已达几万亿元，以往很多装备配件因达到使用寿命期限就直接被淘汰，而实际上这些设备可以通过较少的投入，采取再制造变废为宝，减少大量资源能源的消耗。低碳技术外延庞大，涉及温室气体的捕集技术、富氧燃烧技术、燃烧后脱碳技术、清洁汽车技术等各方面，应保障科技研究投入，加强科技交流，掌握自主知识产权，并将其尽快应用于生产实践。在这个过程中，知识产权及其保护将发挥着重要影响作用。

再次，知识产权保护有助于支持和培育文化产业的发展。文化产业作为文化与经济相互交融的集中体现，其不仅表现为科技含量高、资源消耗低的特点，而且表现出环境污染少、发展潜力大的优势。随着文化及文化产业全球化趋势的加快，国与国之间的实力较量已逐渐从硬实力扩展到软实力，文化产业竞争已成为当代国际竞争中新的发展态势。就现阶段我国而言，文化产业发展面临较

① 参见张茉楠：《提高消费率引导中国经济二次转型》，《中国物流与采购》2011 年第 6 期。

多的知识产权问题，主要表现为缺少自主文化品牌、本土文化精品严重不足、文化产品对进口的依赖性强、盗版侵权现象屡禁不止。当前，我国正处在产业结构调整、经济增长方式转变的关键阶段，文化企业能否在正确的产业政策指引和知识产权制度的庇护下，迅速成长，谋求发展的机遇，事关文化产品的国际竞争力及文化对经济增长的带动力。文化创意产业的健康发展，有赖于明确界定产权归属，规范文化产品市场，加强知识产权的保护与管理。知识产权不仅是文化产业发展的制度保障，同时也是世界市场经济体制的基本规则。无论国内市场还是国际市场，我国文化创意产业的发展都离不开对知识产权的有效保护。著作权法、商标法等法律制度有利于完善相关产权制度，保障知识生产、传播与利用的智力劳动过程，服务于文化成果社会化、产业化、产权化的发展目标。唯有以知识产权制度创新为后盾、营造文化创新社会环境，以制度运用为重点、增强文化创新能力和知识产权创造能力，才能提高文化产品的国际市场占有率和版权产业对经济发展的贡献率。

（二）经济转型与知识产权保护的经验总结

改革开放以来，在党和政府的高度重视下，知识产权各项事业取得重大进展，在全社会各领域和各项工作中的地位与作用大幅提升。近几年，全国范围内开展的打击侵犯知识产权和制售假冒伪劣商品的专项治理行动成效显著。至此，国家知识产权战略的实施已被列入国家重点工作，将全社会的创新活力和知识产权战略更加紧密地联系起来。综观现如今国际国内经济总体形势，我国经济若想保持长期良好快速的发展势头，必须尽快推进经济转型，加快经济发展方式的转变，将依靠自然资源和要素投入驱动的传统经济发展模式转变为更多地依靠提高资源配置效率和各类创新活动的现代经济发展方式，这是我国经济领域的一场深刻变革，它关系到改革开放和社会主义现代化建设的全局。虽然改革开放以来，我国经济取得了举世瞩目的成就，但经济结构不合理的矛盾仍长期存在，始终没有彻底转变“高投入、高消耗、高污染、低效率”的粗放型经济增长方式，从而导致了需求结构失衡、供给结构不协调、资源消耗偏高、环境压力加大、空间布局不够合理等一系列问题。同时，由于存在着法律实施手段和执行效率相对落后等问题，尽管许多研究认为中国的知识产权法律体系已经基本完善，甚至某些部分已经超过了 TRIPS 协议的要求，但学术界更普遍的观点则认为中国的实际知识产权保护程度依然偏低。

随着我国经济发展进入新阶段，知识产权保护促进经济转型的功能日益凸显。针对这一新特征，我们深入分析知识产权保护在国民经济发展中的战略作用，一方面着力深化各项制度改革，优化审查管理程序，不断扩大人员规模，提高专利审批能力；另一方面推动各项专利工程与产业促进试点相结合，积极引导知识产权服务业健康发展，发挥专利对产业的导航功能，帮助市场主体实施全球专利布局，着力提升我国的产业地位。2012 年，华为和中兴两家通讯企业在专利申请量上分居世界第一位和第三位，表现出了强劲的自主技术创新能力。这两家企业主要受益于国家知识产权保护体系，是我国较早实施知识产权试点示范的企业。华为公司近 10 年投入的研发费用达 1300 亿元，中兴通讯则在国内企业中率先尝试发明专利资产经营，开创了中国通信企业向跨国通信巨头进行专利许可的先河。正是在知识产权保护的激励下，我国涌现出越来越多的创新型企业，并正在汇聚成为推动我国迈向经济强国的中坚力量。

正如前文所述，中国的知识产权保护制度建设起步较晚，实际上直到 1985 年国家才颁布了第一部专利法，从此我国的知识产权制度建设才逐步发展起来。然而，由于当时法律明确规定发明专利为公有，且其使用权属于全社会所共有，这直接抑制了企业和个人的创新积极性，进而导致社会经济的发展迟缓。自改革开放以来，我国的经济体制从计划经济开始向市场经济转变，在这种转变形势之下，一方面由于国内企业出现了知识产权保护的内在需求，另一方面以美国为首的发达国家向中国施加了较大的经济和政治压力。在内外双重压力之下，中国政府才意识到知识产权的重要性，开始大幅度地改革知识产权制度，并由此取得了一定的成绩。从 20 世纪 80 年代起，中国制定和修改了关于知识产权的一系列法律，这些政策和法规的出台，在某种程度上是国际条约和国际协议的直接或间接的推动结果。譬如，与美国的三次相关备忘录的签署就是在外界压力下达成的。自 1990 年开始，中国相继修订和更新了版权、商标、专利、商业秘密以及“反不正当竞争”等一系列法律法规，并对集成电路、地理标识、植物多样性和制药业提供了相应的知识产权的保护。在这一时期，中国还签署了一系列国际性的知识产权协定。例如，1984 年的《保护工业产权巴黎公约》、1989 年的《马德里协议和华盛顿条约》、1993 年的《伯尔尼协定和世界版权协议》、1993 年的《日内瓦音像协议》和 1994 年的《专利合作协议》，同时也成为国际专利和商标分类及微生物存放协议的成员国家。2001 年我国正式加入世界贸易组织（WTO）之后，知识产权保护制度改革进入到了前所未有的高潮阶段。1997 年，政府颁布了植物新品种的相关法律法规。2000 年，中国颁布了修订之后的第二版专利法，并在 2001 年 7 月开始正式实施。这一版专利法完全按照国际贸易组织 TRIPS 协议的要求对各项条例进行了修改，更为重要的是，它还阐明了对相关管理和司法程序的重视和完善。2001 年 10 月，保护集成电路设计的一系列法规也相继出台。也是在这同一时期内，中国的知识产权法开始与 TRIPS 协议接轨。在当时情况下，由于我国商标和版权领域的法律规定与 TRIPS 协议的规定仍存在较大的分歧和差距，因此，为了与 TRIPS 协议的规定要求保持一致，全国人民代表大会于2001年10月27日颁布实施了新的商标法和版权法。新商标法明确了中国公民个人在申请注册商标时的各项权利，并对共同拥有商标、驰名商标、地理标识等问题一一作出了相应的规定，而版权法则针对互联网和数据库等信息技术新领域作出了相关扩展性的规定。在知识产权法律制度建设的同时，中国还积极推进相应的知识产权法律的管理和实施工作。例如，中国在8个城市建立了知识产权法庭；1997年中美合作建立了中国软件权利调查办公室，旨在调查中国企业和机构购买软件的合法性。另外，国内还加强了针对知识产权的宣传、教育和培训工作，并由政府牵头，在全国范围内，组织实施了多次打击盗版和侵权产品的活动。至此，中国在知识产权保护制度建设上作出了极大的努力并取得了显著的成绩，法律、法规的建设得到了进一步完善。

知识产权保护战略是国家经济和科技发展战略的重要组成部分，其发展战略需要与自身国家经济发展的实际战略状况相符。从制度立法来看，我国知识产权保护制度貌似发展迅速，用20多年的时间实现了与国际知识产权保护法的接轨。但实际上，我国是在“双轨制”的时代背景基础上制定并发展知识产权保护制度的，这与市场经济的发展要求是不相吻合的，由此必然会带来知识产权保护领域的诸多问题。

首先，专利申请量多质差，技术含量低。一般而言，自主知识产权的核心包括三个方面，即发明、实用新型、外观设计专利。其中发明“是指对产品、方法或者其改进所提出的新的技术方案”，发明专利包含了科技创新等内容，它是知识产权核心中的核心，它的授权量反映的是专利质量，发明专利数量的增加体现的是专利价值和市场控制力的提升。在我国，发明专利在三类专利中所占比例最低，恰恰说明我国专利质量并不如数量表现得那么乐观。与此同时，在专利申请授权中数量所占比重较大的实用新型专利的申请门槛过低，所以虽然数量多却存在着专利申请过滥、质量难以保障等现实困境。另外，我国知识产权保护领域的资金投入与使用不适应时代发展要求。国家或地区甚至企业需要提高核心竞争力，提升知识产权创新水平，其最基本的条件是提高研发投入能力。目前，尽管中国科研经费比重一直处于增长过程中，从1995年的0.5%上升到2011年的1.84%，国家投入力度不断加大且研发投入力度开始逐渐接近世界发达国家的水平（2010年日本研发投入占GDP比重为3.4%，美国研发投资比重为2.7%），更有预测2022年我国科研投入力度或将超越美国。但是，不容忽视的客观事实是，我国在科研经费的使用上却存在诸多问题，比如科研经费挤占、套取、贪污、挪用等违法违纪案件层出不穷，这不仅严重影响了科研领域的学术风气，而且也没有发挥出科研经费的使用效益，再加之缺乏合理有效的审查制度和科学的评价方法，科研投入与产出之间脱节现状使得我国的自主创新难以得到快速发展。

其次，理论与实践脱轨的知识产权保护政策。综观我国知识产权保护的整个历史过程，无论在理论研究层面还是实际操作层面均长期落后于西方发达国家。改革开放以后，我国知识产权保护开始进入快速发展完善阶段，有关知识产权保护的科研成果呈现逐年增长趋势，知识产权保护的立法、执法以及司法等环节得到了逐步改善。但在实际操作中却出现了诸多问题，理论或制度完善的知识产权保护政策在实践中难于得到实现，其真正发挥的作用有限。实际上，在我们眼力所及范围内，侵权现象泛滥，假冒伪劣横行，盗版山寨猖獗，品牌模仿遍地，地方保护盛行，甚至法律无法给予违法者有力惩处等等案例比比皆是。随着科技的发展以及生物技术的出现和普遍应用，外加网络的迅速普及，均为知识产权保护制度的有效执行增加了更大难度。如何应对这些挑战或者如何看待这些挑战？需要我们将理论研究和实际操作有机联系起来，正确看待法律的立而不用等问题。

最后，知识产权保护制度与经济发展阶段的不匹配。我国目前知识产权保护水平到底是“高力度”还是“低力度”？这种知识产权保护水平对我国经济增长、经济发展的实际作用究竟有多大？在过去很长一段时间内，诸多类似问题在理论界往往仅停留在学术争吵层面。目前看来，我国看似完善的立法制度与诸多知识产权被侵犯的问题同时存在，而这种状况甚至呈现愈演愈烈的趋势。究其原因，最根本的无外乎是知识产权保护制度与现阶段生产力的发展要求能否保持一致问题。从微观角度而言，无论科研论文还是技术创新，乃至项目申请，很多没有进行应有的专利检索，低水平的重复研究也充斥在技术创新活动中；从宏观角度而言，知识产权保护战略的制定忽略了经济发展阶段的实际要求，进而导致其与科技创新不相匹配，因而难以有效发挥自身作用就不难理解了。从我国知识产权保护现状来看，尽管我国知识产权保护水平随着经济的增长一直呈上升趋势，但在知识产权质量和核心技术方面与发达国家仍旧存在着较大差距，且与我国经济发展中科技支撑要求也不相符合，这些均归根于知识产权保护制度的具体环节与中国当下经济状况不协调以及与经济发展不相适应等原因。

总之，改革开放以来我国知识产权保护事业发展的实践证明，知识产权保护作为一种激励创新的政策工具，既是国家储备创新型战略资源的必经之途，更是未来中国赢得国际竞争优势的战略制高点。当前，我国应从自身发展阶段出发，加快完善有利于促进创新的知识产权保护制度和政策，努力实现创新投入与创新回报的良性循环，为建设创新型国家进而实现强国梦提供坚实基础。我国正处于从“中国制造”向“中国创造”的转型期间，在这一关键时期，我国劳动力、资本和土地资源等传统生产要素对经济增长的边际贡献率出现递减趋势，创新日益成为支撑和引领经济社会发展的主导因素。但与经济社会发展的紧迫要求相比，我国自主创新的现实情况远不尽如人意，关键技术自给率低，高新技术产业在整个经济中所占的比例不高，虽在少数科技领域达到了国际领先水平，但在整体上仍属于技术引进国和模仿国的事实不容忽视。缺乏自主创新的核心技术是我国经济发展的最大软肋。总结世界大国崛起经验，依靠知识产权保护激励创新活动，从而引领经济增长方式转变为主要依靠自主创新能力和科技进步上来，是这一时期推动经济社会又好又快发展的根本任务。

第二节　我国知识产权保护的历史起源及演进过程

随着近代商品经济的发展和科学技术的进步，知识产权制度也应运而生。早在17～18世纪，西方发达国家就已经迈出了知识产权的立法步伐。与之相比，中国真正意义上开始建立知识产权制度，对知识产权实施保护却是在19世纪80年代之后，比西方发达国家足足滞后了两三百年时间，即便是与印度、巴西之类的发展中大国相比，中国在知识产权及其保护的历程上也落后了将近百年。综览我国知识产权制度从无到有、从有到全的建立和发展历程，其本质上是理想和现实相互妥协的过程，也是基于国家利益层面上收益和成本反复考量的过程。[①] 因此，本章将对我国知识产权保护的历史起源及其演进过程进行总结梳理，从而对我国知识产权保护的整个历史现状拥有更加直接和具体的了解和认识，进而为后文分析我国经济增长与知识产权保护之间的互动关系提供理论支撑和实践经验。

一、知识产权保护的空白期(20世纪50年代以前)

早在20世纪50年代之前，由于我国整体国民经济的萧条和局势的不稳定，使得我国的知识产权保护基本上是一片空白。虽然有些学者指出，我国最早的知识产权法律制定始于清朝末年(1898年7月清朝光绪皇帝采纳维新派意见颁布了《振兴工艺给奖章程》，这是中国历史上第一部具有专利性质的法律法规。以后清政府在1904年、1910年还相继颁布了商标法和著作权法)，但是这些法律大多是清政府为了实行新政，向西方帝国主义列强"东施效颦"的时代产物，加之我国封建社会长期实行重农抑商政策，这些早期的法律大多伴随着清政府的灭亡而基本流于形式，并没有得到真正实施。

综观我国近代发展历程，西方列强的经济强势及制度被动移植的烙印仍旧

① 参见张斌：《我国知识产权保护的发展历程及展望》，《财政研究》2012年第4期。

清晰可见。早在两百年前，英格兰国王乔治三世(1736～1796)就曾提出要与中国发展外交和经贸关系。但是当时在位的乾隆皇帝在写给英王的信中却傲慢地表示，他的大清王朝对外国的产品和思想从来就不感兴趣。然而，一百年以后西方列强用他们的坚船力炮打开了中国的大门，中国不得不开始采用法律形式去为那些对中国人"毫无价值"的外国产品提供保护。在"强权就是公理"的海盗时代，中国的忍让并未换来西方国家的同情，相反，却使西方列强觉得中国软弱可欺，于是变本加厉地压迫中国。西方列强在 19 世纪下半叶侵略中国，就是以中国司法制度落后为借口来施加他们的"治外法权"。伴随西方列强的经济文化侵略，知识产权的保护理念开始逐步被带进中国。这也就是一般意义上认为的中国知识产权保护制度的初始时期——清朝末年。

1898 年，清帝在变法改革运动中颁布了我国历史上第一部专利法规《振兴工艺给奖章程》之后，便由于"戊戌变法"的失败而夭折。此后，清政府根据 1902 年《中英续议通商行船条约》、1903 年《中美通商行船续订条约》的知识产权条款，在外国人的帮助下制定了商标注册试办章程(1904)、大清著作权律(1910)等，这些法律自清末适用至民国初年。此后的北洋政府、国民党政府直接取材于外国法，先后制定了著作权法、专利法和商标法等。在国际范围内，被动移植并非是旧中国特有的现象，诸多发展中国家以往都有过此类经历。例如，以印度为代表的前英国殖民地在英国统治时直接适用英国版权法，以后的印度 1914 年版权法即是以英国 1911 年版权法为蓝本。对于发展中国家而言，知识产权制度往往建立的时间较晚，其实施的物质基础及社会环境等条件并不具备，在很大程度上受制于外来压力的影响。在这种情况下，相关法律很难体现出促进社会发展的总体目标，其政策效应一般也就很难发挥。

1928 年，国民政府颁布了中国第一部版权法。这部法颁布的主要原因，一方面是为了结束中国由于长期分裂和混乱而造成的法律废弛局面，另一方面则是想使西方列强相信他们在中国的"治外法权"已经不再有存在的理由。为了达到此目的，这部法律大量引进大陆法系德国和日本法的内容。但是由于法律规定与现实生活的距离太大，致使这部法律在实际运作过程中大打折扣。对此，著名法学家钱端升教授曾评价说，"就立法者而言，这些法典总的看来是不错的。然而，由于涉讼的难度、法官的素质、特别是司法行政机关以外的干预等原因，它们能否被适当地适用便成了问题"。① 为了适应形势发展需要，新中国成立以后制定了一些暂行条例。比如 1950 年的商标暂行条例、保障发明权与专利暂行条

① Duansheng Qian, "He gaue the couclusion cluring the last gears of the Nanjing Gouernmeat era," *Gouernment and Politics*, p. 249.

例等。但总体而言，在新中国成立之前完整意义的知识产权规范立法仍旧是处于空白阶段。

二、知识产权保护的萌芽期(20世纪50～80年代)

建国初期，我国急于摆脱贫困落后的面貌，并且受当时政治经济现状的影响，我国知识产权保护仍然没有受到足够重视。但在这一时期，对知识产权的保护已经进入人们的视野，我国的知识产权保护就此进入萌芽阶段。建国以后，由于我国实行的是公有制为基础的计划经济，这与本质上为了确立私人产权的知识产权保护是不相容的。因此，知识产权保护制度在当时是无法获得生存和发展空间的，取而代之的则是一种奖励制度。

1950年8月17日，我国颁布了《保障发明权与专利权暂行条例》，这是新中国成立以来第一部明确对专利权加以保护的法律条文。但保护专利权这种私有产权是与当时逐渐推行的社会主义改造目标背道而驰的，在私人所有的土地和企业都被国有化的大背景下，知识产权显然是无法获得其生存空间的，于是1954年的《保障发明权与专利权暂行条例》就被《有关生产的发明、技术改造及合理化建议奖励暂行条例》所取代。新条例的第十五条规定："凡已被采用的发明、技术改进、合理化建议或其他重大建议除发给奖金外，按其对生产作用的大小给予通报表扬，发奖章、奖状或其他荣誉奖励。"即新条例不再保障所谓发明者的权利，这种理念同社会主义改造时期的和平赎买私有企业是一脉相承的。1963年，我国又颁布了《发明奖励条例》，其中的第二十三条规定："发明属于国家所有，任何个人或单位都不得垄断，全国各单位(包括集体所有制单位)都可利用它所必需的发明。"这一规定明确否定了私有产权特有的属性之一——排他性的存在，进一步扼杀了知识产品成为私人财产的可能性。

从中华人民共和国成立之后，我国就开始在全国范围内建立适应社会主义的商标法律制度。1950年公布的《商标注册暂行条例》及其实施细则，是建国后最早的商标立法。1954年又公布了《未注册商标暂行管理办法》并开始实行商标的全面注册。凡未经注册的商标，一律不准使用。这些法规在建国初期多种所有制并存的情况下，对于建立和健全商标制度、巩固和发展国营经济、促进私营企业的社会主义改造起到了积极的作用。1963年，我国公布了《商标管理条例》，这个条例总结了建国十多年来商标管理工作的经验，包括全面注册、监督质量和简化审定手续等基本内容，有利于加强对商标的管理。同时，对外国商标注册也作出了新的规定，即按照对等原则办理外商的商标注册和授予商标权等。

在版权方面，1950年9月，由国家出版总署主持召开了全国第一次出版工作会议。会上通过了《关于改进和发展出版事业的五项决议》，决议对保护著作权有一些原则性的规定。1950年11月，新华书店总管理处制定并颁布了《书稿报酬暂行办法草案》，这部草案基本仿照前苏联的稿酬制度，实行定级、定额、递减稿费制度。1952年，国家出版总署还颁布了《关于国营出版社编辑机构及工作制度的规定》，规定中指出："根据选题计划向作者约稿应签订合同，合同的主要内容应当包括原稿字数，交稿日期。"1955年，国家出版总署为了起草版权法，由胡愈之负责，成立了版权法起草小组。由于1957年反右派运动的开始，起草版权法规的工作也随之停止。20世纪60年代，我国开始反对将作品作为作者的私有财产，否认版税存在的必要性和合理性，建议废除印数稿酬，只按字数付一次稿费，以后重印不再付酬，并且统一了全国报社、杂志社、出版社的稿酬标准。因此，作者的版权最终也归奖励体系管理。这种奖励制度实质上是国家通过收购实现财产权从私人向国家的转移，在当时的历史条件下，是符合其存在的历史背景的。只是现在看来，在现代知识产权制度建设的道路上是一种"开倒车"①。但这在当时的历史条件下确实是知识产权保护发展的一种萌芽意识状态，即人们已经意识到对知识产权的尊重和保护。在其后的若干年，我们的知识产权保护制度几乎处于一种停滞状态，特别是"文化大革命"时期，我国的科教事业受到了打压，知识产权保护机制彻底瘫痪。十年"文化大革命"使我国知识产权保护制度受到了极大的破坏，更没有充分发挥其应有的作用。

三、知识产权保护的初创期(20世纪80年代至20世纪末)

中国真正意义上的知识产权立法，实际上是随着改革开放的推进而逐步兴起的。1982年制定的商标法是中国第一部完整意义上的知识产权法，随后于1984年制定专利法、1990年制定著作权法，同时还制定了一些相关的实施细则，逐渐形成了我国较为完善的知识产权法律保护体系。

回顾以往，新中国第一次真正遭遇到现代知识产权的相关问题是在1979年的中美贸易协定的谈判过程中，由于双方对知识产权认识的分歧使得谈判一度陷入僵局。美国鉴于知识产权对其确立长期国家竞争优势的重要意义，强调任何有关科技、贸易双边条约必须包含保护知识产权的相关条款。而中国当时还没有严格意义上的知识产权保护法律，知识产权保护意识更是处于萌芽阶段。但鉴于改革开放初期，美国对于中国获得经济发展所必需的资金和先进技术的重要性，中国签署了包含未知知识产权条款的协定，即《中美贸易关系协定》中第五条规定，"缔约双方同意在互惠基础上，相互给予对方自然人或法人专利权、商标权及版权的保护"，这实质上也形成了中国保护知识产权的第一推动力。由

① 参见张斌:《我国知识产权保护的发展历程及展望》,《财政研究》2012年第4期。

此,“中国开始了一个革命性的转变”,即由没有任何知识产权保护的国家向开始保护知识产权的国家转变。

1980年3月3日,中国政府向世界知识产权组织递交了加入书。从1980年6月3日起,中国正式成为世界知识产权组织(WIPO)的成员国。由此进入20世纪80年代之后,我国知识产权保护进入到了一个初创期。80年代初期,中国再次掀起保护知识产权的热情,并开始法律重建工作。这次重建的理由,与其说是来自知识产权保护自身的需要,不如说是由于外来经济和政治压力的结果。亨瑞·威尔(Henry H. Weare)的一段话道破了问题的实质,“中国引进知识产权法的根本动机是来自对外开放政策的驱使,中国需要对外贸易、吸引外资以及从西方获取迫切需要的技术和设备。”①在这种背景之下,知识产权保护的建立与发展不可能不是被动的,且带有强烈的市场功利色彩。通过对这一阶段我国知识产权保护法律进程的细致梳理,其在法律制定上的特点便是显而易见的。

从20世纪80年代开始,我国在知识产权保护领域开展了广泛的国内重建和国际共建工作。1982年8月23日,第五届全国人民代表大会常务委员会第二十四次会议通过了《中华人民共和国商标法》,并于1983年3月1日起施行。这是中国开始系统建立现代知识产权法律制度的一个重要标志;1984年3月12日,第六届全国人民代表大会常务委员会第四次会议通过了《中华人民共和国专利法》,并于1985年4月1日起施行。《专利法》及其实施细则使中国的知识产权保护范围扩大到对发明创造专利权的保护。1984年12月19日,中国政府向世界知识产权组织递交了《保护工业产权巴黎公约》(简称《巴黎公约》)的加入书。从1985年3月19日起,中国正式成为巴黎公约成员国。1986年4月12日,第六届全国人民代表大会第四次会议通过了《中华人民共和国民法通则》,该法于1987年1月1日起施行。《民法通则》的颁布实施,使得知识产权作为一个整体首次在我国的民事基本法中被明确,并被确认为公民和法人的民事权利。该法也首次明确公民、法人等享有著作权(版权)。在此期间,中国政府积极促进建立集成电路国际保护的环境,并于1989年世界知识产权组织在华盛顿召开的外交会议上通过了《关于集成电路知识产权保护条约》,中国成为该条约首批签字国之一。1989年7月4日,中国政府向世界知识产权组织递交了《商标国际注册马德里协定》(简称《马德里协定》)的加入书。从1989年10月4日起,中国正式成为马德里协定成员国。至此,中国知识产权保护法律制度的总体框架基本完成。

---

① Herry H. Wheare, White Durrant, “Intellectual Property: Chma's Unrewarded Efforts,” *China Law and Practice*, 1996, Vol. 10, p. 38.

进入 20 世纪 90 年代以后，国际经济关系和环境发生了很大的变化，知识产权保护制度也进行了深入完善。1990 年 9 月 7 日，第七届全国人民代表大会常务委员会第十五次会议通过了《中华人民共和国著作权法》，该法于 1991 年 6 月 1 日起施行；1990 年 11 月，在关税与贸易总协定(乌拉圭回合)多边贸易谈判中，世界各国达成了《与贸易相关的知识产权协定》草案(简称 TRIPS)，它标志着崭新的保护知识产权国际标准的形成。中国政府积极参与了这一谈判进程，并为推动该协定的达成作出了极大的努力。为了适应这一世界各国遵守的共同标准，中国对自己的知识产权制度和法律作出了新的改革。1992 年 9 月 4 日，全国人民代表大会常务委员会第一次修正 1984 年通过的《中华人民共和国专利法》。新修订的专利法，从扩大对外开放和有利于科学技术、经济发展的需要出发，使中国对专利权的保护达到了一个新的水平。至此，中国的专利法同关税与贸易总协定达成的 TRIPS 协议实现基本接轨。1992 年 7 月 10 日和 7 月 30 日，中国政府分别向世界知识产权组织和联合国教育、科学、文化组织递交了《保护文学和艺术作品伯尔尼公约》(简称《伯尔尼公约》)和《世界版权公约》的加入书，且分别从 1992 年 10 月 15 日和 10 月 30 日起，中国正式成为伯尔尼公约和世界版权公约的成员国。1992 年 9 月 25 日，国务院颁布了《实施国际著作权条约的规定》，对保护外国作品著作权人依国际条约享有的权利作了具体规定。1993 年 1 月4 日，中国政府向世界知识产权组织递交了《保护录音制品制作者防止未经许可复制其录音制品公约》(简称《录音制品公约》)的加入书，从 1993 年 4 月 30 日起，中国也正式成为录音制品公约的成员国。1993 年 9 月 2 日，第八届全国人民代表大会常务委员会第三次会议通过了《中华人民共和国反不正当竞争法》，该法于 1993 年 12 月 1 日起施行。1993 年 9 月 15 日，中国政府向世界知识产权组织递交了《专利合作条约》的加入书，从 1994 年 1 月 1 日起，中国正式成为专利合作条约成员国。中国专利局也成为专利合作条约的受理局、国际检索单位和国际初步审查单位。1998 年 3 月，中华人民共和国专利局更名为中华人民共和国国家知识产权局(简称 SIPO)，并成为国务院直属机构。

在建立和完善国内知识产权法律体系的同时，我国已与世界知识产权组织密切合作，积极承担保护知识产权的国际义务。自 1980 年我国加入世界知识产权组织以后，在世界知识产权组织管辖的 24 个世界性知识产权国际条约中，我国已正式加入了 12 个最为重要的知识产权保护国际公约。作为国际知识产权主管机构的世界知识产权组织在与中国合作的过程中，不仅为中国知识产权保护制度的建立与发展做出了贡献，而且也为世界知识产权保护事业的健康发展做出了卓有成效的工作，共同为进一步在全球范围内加强对知识产权的保护起到了良好的推动作用。同样，我国在恪守保护知识产权有关国际公约方面的真诚态度和充分履行国际义务的能力，也得到国际社会的广泛赞誉和支持。

随着我国改革及世界经济一体化进程的加快，随之而来的知识产权侵权案例越来越多，我国政府也越来越意识到知识产权保护的重要性。中国政府开始意识到，知识产权保护制度对于促进科学技术进步、文化繁荣和经济发展具有重要意义和作用，它既是保证社会主义市场经济正常运行的重要制度，又是开展国际间科学技术、经济、文化交流与合作的基本环境和条件之一。至此，中国开始将保护知识产权作为改革开放政策和社会主义法制建设的重要组成部分，从20世纪80年代初着手制定有关法律、法规，同时积极参加相关国际组织的活动，加强与世界各国在知识产权领域的交往与合作。因而，中国知识产权保护制度的建设，在初始阶段就显示了面向世界、面向国际保护水平的高起点。在改革开放的推动下，在邓小平保护知识产权思想的指导下，中国知识产权立法速度之快，也是史无前例的。在知识产权保护制度建设的初创期，中国在建立和完善知识产权法律制度方面迈出了巨大的步伐，世界发达国家近200年知识产权保护制度之路，我国用了不到20年时间就完成了从零水平向世界水平的跨越，提前进入了知识产权大国的行列，这也为我国在世界高科技领域争得了一席之地。

四、知识产权保护的发展期(21世纪初至今)

进入21世纪之后，世界各国在广泛参与国际经济大循环的进程中面临更多机遇和挑战，科学技术迅猛发展，经济全球化进程日益加快，知识产权制度在经济和社会发展中的地位得到了历史性的提升，特别是在2001年12月11日，中国正式加入了WTO之后，面对入世后的机遇和挑战，如何更加有效地运用知识产权保护制度以应对复杂多变的经济全球化进程等问题引起了中央领导的高度重视。由此，我国的知识产权保护也进入到了深化发展时期。

2000年，中共中央、国务院《关于加强技术创新，发展高科技，实现产业化的决定》就以单独的条款对“加强知识产权的管理和保护”作出了明确规定，并提出了严格要求。紧接着又向全国人民发出了“建设创新型国家”的号召，并决定在实施“科教兴国战略”“人才强国战略”和“可持续发展战略”的同时，再增加一个“知识产权战略”。四个国家战略并驾齐驱，成为入世后中国在经济全球化进程中实现快速腾飞的有力翅膀。2002年11月8日，党的十六大报告明确指出，要“推进国家创新体系建设”和“完善知识产权保护制度”，“鼓励科技创新，在关键领域和若干科技发展前沿掌握核心和拥有一批自主知识产权”。2002年12月召开的中央经济工作会议也再次强调，“要实施专利战略，迅速提升我国拥有自主知识产权的能力”。2004年我国成立了以国务院副总理为组长的国家保护知识产权工作组，在国务院领导下组织协调全国知识产权保护工作。以此为契机，中国知识产权制度建设迈入了战略主动的新阶段。2005 年，国务院制定了《国家中长期科学和技术发展规划纲要(2006～2020 年)》，该《纲要》立足于国情，面向世界，以增强自主创新能力为主线，以建设创新型国家为目标，对未来 15 年科学和技术发展作出了全面规划与部署，是新时期指导我国科学和技术发展的纲领性文件。

2006 年 1 月 26 日，中共中央、国务院在《关于实施科技规划纲要增强自主创新能力的决定》中提出，“建设创新型国家，核心就是把增强自主创新能力，作为发展科学技术的战略基点，走出中国特色自主创新道路”。其指导方针是“自主创新，重点跨越，支撑发展，引领未来”，“重视自主知识产权的应用和保护”等。2007 年 10 月 15 日，胡锦涛在党的十七大报告的第五部分“促进国民经济又好又快发展”中强调指出，“‘实施知识产权战略’和‘提高自主创新能力，建设创新型国家’都是国家战略的核心，是提高综合国力的关键”。这一论断表明，中国已经站在战略全局的高度，重新审视知识产权保护制度在社会主义市场经济中的功能和地位。为了贯彻落实党的十七大报告精神，2007 年 12 月国家知识产权局印发了《关于贯彻落实党的十七大报告，做好地方知识产权战略制定工作的若干意见》，借以推动国家知识产权战略的贯彻落实。

2008 年 6 月 5 日，国务院发布了《国家知识产权战略纲要》，“按照激励创造、有效适用、依法保护、科学管理的方针，着力完善知识产权制度，积极营造良好的知识产权法治环境、市场环境、文化环境，大幅度提升我国知识产权创造、运用、保护和管理能力，为建设创新型国家和全面建设小康社会提供强有力支撑”。《纲要》中首次提出“到 2020 年把我国建设成为知识产权创造、运用、保护和管理水平较高的国家”的战略目标。诸多事实再次证明，知识产权已经成为维护国家利益和经济安全的最重要的战略资源之一，也已成为世界各国经济、科技、文化实力和国际竞争力的重要体现。

2009 年是中国国家知识产权战略实施全面启动和夯实基础的第一年，中国政府紧紧围绕经济建设这一中心任务，全力抵御国际金融危机，大力实施国家知识产权战略，扎实推进知识产权保护各项工作，取得阶段性成果。从 2010～2013 年期间，围绕“十一五”“十二五”规划的全面部署，中国政府以服务经济发展方式转变和创新型国家建设为主线，深入实施知识产权战略，加大知识产权保护力度。在知识产权制度建设、执法、司法、机制和能力建设、宣传、国际合作等方面均取得显著进步。

总体而言，我国知识产权保护工作，伴随着 21 世纪之后的第一个 10 年，在中央领导集体的关心和支持下取得了显著成绩，尤其在增强知识产权保护意识、扩大知识产权保护范围、强化知识产权保护力度、规范知识产权保护行为、完善知识产权保护制度、提高知识产权保护水平等方面已逐步接近和达到国际规范，为今后我国知识产权保护的进一步发展奠定了良好基础。但是，不可否认，由于我国知识产权的保护起步较晚，且是伴随着国外的压力和经济发展的需要而产生的，所以不可避免地会存在许许多多的问题。经过三十多年的快速发展，我国的知识产权保护工作取得了一定成就，但是伴随着我国经济在转型升级过程中进入减速运行，即经济增长实现常态化运转之后，更需要加快产业的转型升级，培育壮大新兴企业，诸多方面对知识产权保护的要求也会更加苛刻。由此而见，我国未来知识产权保护的道路仍旧任重而道远。

本章小结

本章首先介绍了经济转型的含义及特点，并分析了经济转型与知识产权保护的内在关系。综览当前学术研究之观点，对经济转型或升级的内涵表述及研究的侧重点均有不同，其中最具有代表性的主要有三种观点，即生产力转型、经济制度转型和资源配置转型。诚然我们这里所指的经济转型更倾向于上述第三种观点，而第三种观点也隐性或内在地囊括了第一种观点。它更注重强调一个国家或地区经济结构和经济体制在一定时期内发生的根本且显著的变化。在我国整个经济转型升级过程中，不同发展阶段也体现出不同的特点。

其次，本章不仅从理论层面阐释了我国经济转型升级与知识产权保护之间的内在关系，即经济转型升级是强化知识产权保护的客观要求，而知识产权保护是实现经济转型升级的内在动力。与此同时，结合我国三十多年的经济转型历程及改革开放经验，又从实践经验层面，总结了我国经济转型过程中带来的知识产权保护问题。从根本上看，经济发展的内核是持续创新，而持续创新的主要保障在于知识产权保护。综合分析国际国内经济形势，经济发展方式转变滞后是当前我国经济发展中的主要矛盾。知识产权保护综合能力较弱、产业升级缓慢、技术创新匮乏等都制约了经济发展内在动力和核心竞争力的培育。我国经济要想保持长期良好快速的发展势头，必须尽快实施经济转型升级，加快经济发展方式的转变，将依靠自然资源和要素投入驱动的传统经济发展模式转变为更多地依靠提高资源配置效率和各类创新活动的现代经济发展方式，这是我国经济领域的一场深刻变革，关系到改革开放和社会主义现代化建设的全局。

另外，本章在明确经济转型与知识产权保护的内在关系的基础上，对我国知识产权保护的历史起源及其演进过程进行了细致梳理，希冀从中吸取经验教训，为我国下一步知识产权保护工作提供全新思路和借鉴。从我国经济转型以及知识产权保护的发展历程来看，到目前为止，我国知识产权保护过程主要经历了空白期、萌芽期、初创期以及发展期四个主要阶段，每个阶段均体现出与我国经济发展相适应的不同特点。总体看来，我国知识产权的保护起步较晚，而且是伴随着国外的压力和经济发展的需要产生的，所以存在着许许多多的问题。虽然我国知识产权保护建设发展了三十多年，知识产权保护也取得了显著成就，但是未来中国特色的知识产权保护制度建设的道路仍旧任重而道远。

第四章　我国知识产权保护水平的重新测度与修正

探讨一国或地区知识产权保护与其经济增长的关系，首先必然涉及到知识产权保护水平的测度问题。所谓知识产权保护水平是指权利人的知识产权依法受到保护的程度或强度。尽管采取何种知识产权保护水平属于一个主权国家的内部事务，但随着世界经济一体化的发展，一国的知识产权保护水平往往取决于国内外各种因素的综合作用。对各国知识产权保护水平的比较和分析是进行实证研究的前提和基础，也对东道国具有重要的实践参考价值。考虑到知识产权的独特性及其与各国立法、司法、执法的相关性问题，使得对知识产权保护水平的测度也显得较为困难。首先，与个税、关税等直接以征收幅度计算不同，知识产权保护水平无法直接进行计量。其次，知识产权保护对商品价格的影响不明确，因此也无法以价格变化量进行间接度量。再次，虽然知识或技术溢出率也可以反映知识产权保护的强弱问题，但由于其"真实溢出率"难以定义和计算，使得此种方法也难以度量知识产权保护水平。最后，由于市场结构、消费偏好的不同以及各国资源要素禀赋、基础设施、司法体系的差异等情况，从整体上使得一个统一的、全面的、具有宏观性的知识产权保护国际衡量标准也较难以选取。因此，在大量有关知识产权保护水平的实证研究中，研究者大多从知识产权法律状况角度，通过建立各种定性评级指标来衡量知识产权保护水平。

第一节　基于G-P方法的知识产权保护水平测度和评价

最早对知识产权保护水平进行量化分析的是拉普和罗泽克建立的R-R指数，即立法评分法。[①] 该指数方法将各国有关专利法的法律条文与美国商会

---

① Rapp Richard, Richard P. Rozek, "Benefits and Costs of Intellectual Property Protection in Developing Countries," *Journal of World Trade*, 1990, Vol. 75/77, pp. 75-102.

(U. S. Chamber of Commerce)建议的最低标准的一致性进行比较,对每个国家的符合程度进行评级,给出从0(代表完全没有专利法)到5(代表完全符合最低标准)六个级别标准(见表4-1),进而在此基础上衡量一国知识产权保护水平。由于专利被普遍认为是最重要、最具代表性的知识产权制度,因此R-R指数为后续学者研究世界大多数国家知识产权保护问题提供了有价值的信息指导。除此之外,对知识产权保护的评价方法还有弗兰蒂诺(Ferrantino)的"成员国"测定法,[①]即以各国知识产权法律为基础,将一国是否是世界知识产权组织成员国作为衡量该国是否达到国际保护最低水平的标志。曼斯菲尔德[②]、舍伍德[③]的问卷调查法,即以对经理和专利律师等从业者意见的调查为基础进行评分,进而测定一国知识产权保护水平。但是R-R指数的缺陷一方面表现为仅从专利范围评价一国是否制定了知识产权保护的相关法律,即仅从静态指标方面衡量一国知识产权保护状况,并未充分考虑细化了的各国法律条文细则以及法律条款实施的效果情况;另一方面由于采用阶跃式的整数表示知识产权保护水平,既有可能把保护水平相差较大的两国纳入同一保护等级,又有可能把保护水平相差不大的两国分别纳入两个不同的保护等级。再加之其他指数评价方法的指标单一性或随意性等缺陷的存在,致使上述各类评价方法均需要在实际操作中得到进一步修正和完善。

表4-1　　R-R知识产权保护指数(1990)

等级	评定内容
0	无知识产权保护法律(No intellectual property protection laws)
1	法律保护不充分,无禁止盗版的法律(Inadequate protection laws; no law prohibiting piracy)
2	拥有相关法律,但存在严重缺陷(Seriously flawed law)
3	法律存在缺陷,但有一些执法严格的法律(Flaws in law, some enforcement laws)

① Ferrantino, Michael J, "The Effect of Intellectual Property Rights on International Trade and Investment," *Reviews of World Economics*, 1993, Vol. 129, No. 2, pp. 300-331.

② Mansfield, E, "Intellectual Property Protection, Direct Investment and Technology Transfer: Germany, Japan and the United States," World Bank, International Finance Corporation, 1995, Discussion Paper 27.

③ Robert M. Sherwood, "Intellectual Property Systems and Investment Stimulation: The Rating of Systems in Eighteen Developing Countries," *IDEA The Journal of Law and Technology*, 1997, Vol. 37, No. 2, pp. 261-370.

续表

等级	评定内容
4	法律总体上良好(Generally good laws)
5	法律保护和执行与美国商会的最低标准保持一致(Protection and enforcement laws fully consistent with minimum standards proposed by the U. S. Chamber of Commerce)

资料来源:Rapp Richard,Richard P. Rozek,"Benefits and Costs of Intellectual Property Protection in Developing Countries," *Journal of World Trade*, 1990,Vol. 75/77, pp. 75-102.

一、G-P 指数测度方法:基于细化的指标角度

杰拉德和帕克在拉普和罗泽克研究的基础上,提出了更加具体和深入的立法评分度量方法。① 他们也以专利法代表知识产权制度,但把度量知识产权保护水平的标准划分为 5 个一级指标,其中每个一级指标又包含 n 个二级指标(见表 4-2),满足其中 1 个二级指标则获得 $1/n$ 分。某一级指标下的二级指标均得以满足,则对应其一级指标得分为满分 1 分。以此类推,5 个一级指标得分的累加和即为总体的、量化的知识产权保护水平,即所谓的"G-P"保护指数。很显然,该指数总得分介于 0～5 之间,分数越高表示某一国家专利保护水平越高;反之,则其国家专利保护水平越低。其中,这 5 个一级指标具体情况为:

(1)专利保护范围。在这个一级指标中,具体需要测度 7 个方面的可专利性,即药品、化学品、食品、动植物品种、医用器械、微生物、实用新型。只要专利法中规定可以被授予专利且没有明确不授予专利的条款,即为符合该一级指标要求,据此可得 1/7 分,若全部 7 项均满足指标要求,则该指标得满 1 分。

(2)国际条约成员。是否成为国际条约成员对于衡量一国知识产权保护至关重要。在 G-P 指数中,该指标主要涉及 3 个国际条约,即《保护工业产权巴黎公约》(以及后来修订的文本)(以下简称 PC)(1883)、《专利合作条约》(以下简称 PCT)(1970)、《国际植物新品种保护公约》(以下简称 UPOV)(1961)。凡是加入其中一个条约的国家,该指标得 1/3 分,3 个条约均加入的国家,则该指标得 1 分。

① Juan C. Ginarte, Walter G. Park, "Determinants of patent rights: a cross－national study," *Research Policy*, 1997, Vol. 26, pp. 283-301.

表 4-2　　　　Ginarte-Park(简称 G-P)指数构成(1997)

专利保护范围	国际条约成员	权利丧失的保护	执法措施	保护期限
1. 药品专利	1. 巴黎公约	1. 专利的实施要求	1. 专利侵权的诉前禁令	
2. 化学品专利	2. 专利合作条约	2. 专利的强制许可	2. 专利侵权的连带责任	
3. 食品专利	3. 植物新品种保护公约	3. 专利的撤销宣告	3. 专利侵权人举证责任	发明专利(X/20)
4. 动植物品种专利				
5. 医用器械专利				
6. 微生物专利				
7. 实用新型专利				

资料来源:Juan C. Ginarte, Walter G. Park. "Determinants of patent rights: A cross-national study," *Research Policy*, 1997, Vol. 26, pp. 283-301.

(3)权利丧失的保护。该指标主要测评有无因三种情况导致的权利丧失的保护问题,即专利的实施要求、专利的强制许可、专利的撤销宣告。专利的实施要求是指国家主管机关可以根据规定,对于在一定期限内未曾实施或应用专利的,无须经过专利权人的同意,许可指定其他单位实施其发明专利;专利的强制许可是指国家主管专利的机关可以不经专利权人的同意,通过行政申请程序直接允许申请者实施发明专利或者实用新型专利,并向其颁发实施专利的强制许可;而专利的撤销宣告则是指在一定期限内,如果专利没有实施,国家主管机关可以完全宣告专利无效。如果一国在保护期内没有任何关于实施应用的要求,3～4 年内也没有强制许可规定且专利人不会因为专利未得到应用而被撤销,则该指标可得满分(即 1 分)。

(4)执法措施。没有一定执行措施的法律往往是无效率的。符合该指标的有关条件主要包括:专利侵权的诉前禁令;专利侵权的连带责任;专利侵权人举证责任。具备所有三个条件的国家,该指标得 1 分,仅具备其中一个条件则得 1/3 分。

(5)专利的保护期限。专利保护期限的长短是确保创新活动获得足够回报的重要前提。美国商会规定的专利权最少保护期限为自专利授权之日起 17 年或者自专利申请之日起 20 年。如果一个国家与美国商会规定的最少保护期限相等或超出最少保护期限则得 1 分,若保护期限低于这一最少期限的国家得分等于其与最少期限的比率。

二、基于 G-P 方法的中国知识产权保护水平测度评价

通过比较 G-P 评分法与其他度量方法，可以发现 G-P 方法不仅有效地克服了 R-R 指数法中存在的某些不足，即避免了由于阶跃式整数表示知识产权保护水平所带来的不同国家保护水平差异性混乱的问题，也有效地避免了曼斯菲尔德和舍伍德问卷调查法的主观随意性缺陷。[①] 因此，G-P 指数方法已被大量的研究者所采用，比如法尔维、福斯特、格里纳韦[②]，芬克和普利莫-布拉加(Fink&Primo-Braga)[③]，库马尔[④]，司马尔斯伊涅斯卡(Smarzynska)[⑤]，杨(Yang)和马斯库斯[⑥]以及徐 & 蒋(Xu & Chiang)[⑦]等等。

为了从立法角度测评中国知识产权名义保护水平[⑧]以及与其他国家之间的差距，本文首先结合中国的实际情况，运用细化[⑨]的 G-P 指数方法对我国 1985～2014 年之间的知识产权名义保护水平进行计算评定，其中各指标的详细统计(见本书后面附表 1)及计算结果列于表 4-3。考虑到各国之间名义保护水平的可比性问题，表 4-4 列出了欧美、亚洲、大洋洲部分国家及地区的知识产权保护水平(G-P 指数)。

---

① 张伟：《知识产权保护行为的经济均衡分析》，《科学学与科学技术管理》2010 年第 10 期。

② Rod Falvey, Neil Foster, David Greenaway, "Intellectual Property Rights and Economic Growth," Internationalization of Economic Policy Research Paper, 2004, No. 12, pp. 210-238.

③ Fink and C. A. Primo Braga, "How Stronger Protection of Intellectual Property Rights Affects International Trade Flows," in C. Fink and K. E. Maskus(eds.), *Intellectual Property and Development: Lessons from Recent Economics Research*, Washington, D. C. the World Bank/Oxford University Press, 2005.

④ Nagesh Kumar, "Determinants of Location of Overseas R&D Activity of Multinational Enterprises: The Case of U. S and Japanese Corporations," *Research Policy*, 2001, Vol. 30, pp. 159-174.

⑤ Smarzynska. B, "The Composition of Foreign Direct Investment and Protection of Intellectual Property Rights: Evidence from Transition Economies," *European Economic Review*, 2004, Vol. 48, pp. 39-62.

⑥ Guifang Yang, and K. E. Maskus, "Intellectual Property Rights and Licensing: An Econometric Investigation," *Weltwirtschaftliches Archiv*, 2001, Vol. 137, pp. 58-79.

⑦ Xu B. and Chiang E. P., "Trade, Patents and International Technology Diffusion," *Journal of International Trade and Economic Development*, 2005, Vol. 14, pp. 115-135.

⑧ 为了与后文中 H-L 方法测定的中国知识产权保护水平相区分，这里采用沈国兵、刘佳在《TRIPS 协定下中国知识产权保护水平和实际保护强度》一文中所采用的基于 G-P 方法测定的知识产权保护水平为"名义保护水平"的学术说法，这种说法也更加符合中国知识产权保护的实际。

⑨ 考虑到现时有关《专利法》的修正实际和专利类国际条约的重要影响，本书在 G-P 方法基础上将《世界知识产权组织公约》(WIPO)、《布达佩斯条约》《洛迦诺协定》《斯特拉斯堡协定》(IPC)和 TRIPS 协定等 5 个专利类国际条约添加到"国际条约成员"指标中，将"行政执法手段"添加到"执法措施"指标中，在细化的 G-P 方法上测算中国知识产权名义保护水平，其他指标内容与 G-P 方法原有指标保持一致。

表 4-3　中国知识产权名义保护水平(G-P 指数)时间序列(1985～2014)

年份	G-P 指数(NIPR)	年份	G-P 指数(NIPR)
1985	1.429	2000	3.316
1986	1.429	2001	3.940
1987	1.429	2002	3.940
1988	1.429	2003	4.273
1989	1.429	2004	4.273
1990	1.429	2005	4.273
1991	1.429	2006	4.273
1992	1.429	2007	4.273
1993	2.691	2008	4.273
1994	2.816	2009	4.523
1995	2.941	2010	4.523
1996	3.065	2011	4.523
1997	3.191	2012	4.523
1998	3.191	2013	4.523
1999	3.316	2014	4.523

表 4-4　欧美、亚洲、大洋洲部分国家及地区知识产权保护水平比较(G-P 指数)①

年份 国家/地区	1965	1970	1975	1980	1985	1990	1995	2000	2005	2010**
法国	3.10	3.24	3.24	3.90	3.90	3.90	4.54	4.67	4.67	4.74
德国	2.66	3.09	3.09	3.86	3.71	3.71	4.17	4.50	4.50	4.67
美国	3.86	3.86	3.86	4.19	4.52	4.52	4.88	4.88	4.88	4.88
荷兰	3.29	3.61	3.47	4.24	4.24	4.24	4.54	4.67	4.67	4.74
丹麦	2.66	2.80	2.80	3.62	3.76	3.90	4.54	4.67	4.67	4.74

① Juan C. Ginarte, Walter G. Park, "Determinants of patent rights: A cross-national study," *Research Policy*, 1997, Vol. 26, pp. 283-301; "International Patent Protection: 1960～2005," *Research Policy*, 2008, Vol. 37, pp. 761-766.

续表

国家/地区 \ 年份	1965	1970	1975	1980	1985	1990	1995	2000	2005	2010**
瑞士	2.71	3.14	3.14	3.80	3.80	3.80	4.21	4.33	4.33	4.39
瑞典	2.66	2.80	2.80	3.47	3.47	3.90	4.42	4.54	4.54	4.60
芬兰	1.99	2.14	2.14	2.95	2.95	2.95	4.42	4.54	4.67	4.80
意大利	3.32	3.32	3.46	3.71	4.05	4.05	4.33	4.67	4.67	4.84
奥地利	3.38	3.48	3.48	3.81	3.81	4.24	4.21	4.33	4.33	4.39
爱尔兰	2.56	2.99	2.99	2.99	2.99	2.99	4.14	4.67	4.67	4.94
加拿大	2.76	2.76	2.76	2.76	2.76	2.76	4.34	4.67	4.67	4.84
澳大利亚	2.90	2.90	2.90	3.23	3.23	3.32	4.17	4.17	4.17	4.17
新西兰	3.18	3.18	3.18	3.32	3.32	3.32	4.01	4.01	4.01	4.01
日本	3.18	3.32	3.61	3.94	3.94	3.94	4.42	4.67	4.67	4.80
韩国	2.80	2.94	2.94	3.28	3.61	3.94	3.89	4.13	4.33	4.55
新加坡	2.37	2.37	2.37	2.57	2.57	2.57	3.88	4.01	4.21	4.38
巴西	1.64	1.64	1.51	1.85	1.85	1.85	1.48	3.59	3.59	4.65
阿根廷	1.93	2.26	2.26	2.26	2.26	2.26	2.73	3.98	3.98	4.61
马来西亚	2.37	2.37	2.37	2.57	2.90	2.37	2.70	3.03	3.48	3.87
印度	1.85	1.42	1.62	1.62	1.62	1.48	1.23	2.27	3.76	4.30
泰国	1.51	1.51	1.51	1.85	1.85	1.85	2.41	2.53	2.66	2.79
以色列	3.37	3.57	3.57	3.57	3.57	3.57	3.14	4.13	4.13	4.63
中国香港	2.04	2.04	2.04	2.24	2.57	2.57	2.90	3.81	3.81	4.27

**从表4-4中可以看出，由于大多数世界其他各国在1995～2005年间知识产权保护水平的变化较为缓慢。为了便于分析比较，根据各国1995～2005年间的知识产权保护水平增长率的加权平均数推算出2010年知识产权保护指数。

通过比较表4-3和表4-4可以发现，在1985年《中华人民共和国专利法》实施之初，中国的知识产权名义保护水平(G-P指数仅为1.429)还比较低，不仅远远低于发达国家水平，甚至比发展中国家(比如巴西、印度、泰国等)还要低一些。但是，中国在第一次修订《中华人民共和国专利法》(1992)及加入PCT(1994)、《布达佩斯条约》(1995)之后，其知识产权保护水平有了较大幅度提高(G-P指数为 2.941)，已经超过部分发展中国家(泰国、印度等)和新兴发达国家及地区(马来西亚、中国香港)的保护水平，但与其他发达国家之间仍然存在较大差距。经过中国第二次修改《中华人民共和国专利法》(2000)以及加入世界贸易组织(WTO)(2001)之后，至 2005 年中国知识产权保护水平(G-P 指数为 4.273)已超过部分发达国家 1995 年的保护水平，即使与大多数国家 2005 年的知识产权保护水平相比较，中国知识产权保护水平也超过了绝大多数发展中国家和地区，与发达国家和地区之间的保护水平差距呈现逐步缩小趋势。在 2008 年对《中华人民共和国专利法》进行了第三次修改之后，至 2010 年，中国知识产权名义保护水平(G-P 指数为 4.523)与其他各个国家 2005 年保护水平相比较，已经进入世界前列，且大大超过部分发达国家和发展中国家及地区的保护水平。即使与经过测算的各个国家 2010 年保护水平相比较，也仅仅落后于美国、法国、德国和芬兰等国家。这充分表明中国的知识产权保护水平(G-P 指数)已经有了大幅度改善和提高。

但是，中国早在 1991 年、1994 年曾两次被列入美国"特殊 301 条款"重点监视国家名单，而 1994 年的中国 G-P 指数达到 2.816，已经超过加拿大、新加坡、中国香港等国家和地区 1990 年的 G-P 指数。在 1997 年美国发布的《特别 301 报告》中，美国还创设了疑似专门为中国量身定做的"306 条款监管国"名单，将中国唯一列入其中，其地位仅稍逊于"重点监视国家"，排在"重点观察国家"和"一般观察国家"之前。而从 2006 年开始，中国几乎每年都被列入《特别 301 报告》中"优先观察国"名单，2009 年、2010 年甚至连续"傲视群雄"，位居"优先观察国"名单榜首。与此同时，从 2001～2010 年，中国更是经历了 DVD 专利费风波、微软(中国)公司诉国家知识产权局发明专利无效行政纠纷案、(美国)摩托罗拉公司诉北京中天神舟通信公司专利侵权案、(日本)泉株式会社诉北京仁和世纪科技公司专利侵权案等诸多知识产权侵权案件，且至 2013 年底国内专利侵权案件就已累计高达 25043 件(见图 4-1)。这明显与经过细化测算出来的较高的知识产权名义保护水平不相符合，中国对知识产权的实际保护尚未达到 G-P 方法所测算出的较高的水平。

上述结果也只是说明，基于 G-P 方法之上的知识产权立法保护水平已经达到或者超过部分发达国家的立法保护水平，这与我国不断修订《中华人民共和国专利法》以及《中华人民共和国专利法实施细则》的实际也是完全吻合的。从立法层面上看，我国知识产权保护标准已经完全符合以 TRIPS 协议为核心的国际标准要求，但由于中国法律体系尚未健全，尤其是立法、司法与执法之间还存在着"断层"现象，再加之全民知识产权保护意识尚需进一步提高等外部因素的存在，使得中国的实际知识产权保护水平还徘徊在较低的水平。因此，准确度量我国知识产权保护的实际水平，需要采用更加符合中国实际的测度方法。

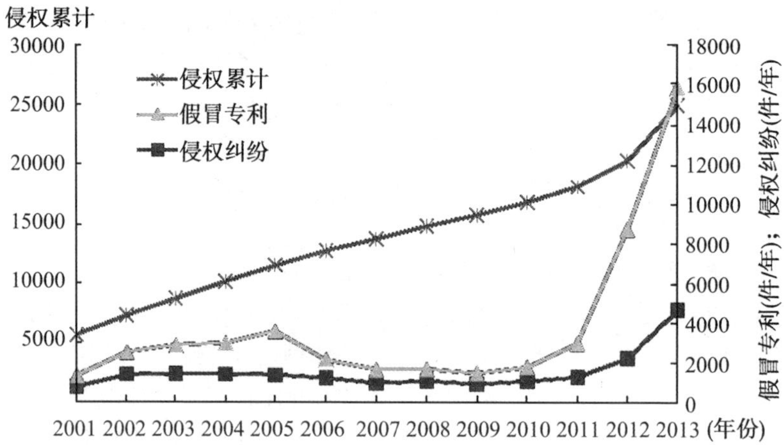

图 4-1 专利侵权纠纷、假冒专利统计(2001～2013)

第二节 基于 H-Y 方法的知识产权保护水平修正和分析

正如上文所述，尽管 G-P 指数度量方法有了较大改进，且已被大多数研究者所采用，但需要强调指出，与 R-R 评分法所存在的不足类似，G-P 评分法仍旧只是关注各国法律的制定问题，并没有将各国执法因素考虑进去。当然，对于司法制度比较健全的西方国家而言，采用立法指标所度量出的保护强度与其实际的保护强度不会出现显著差异。但是，对于司法体系尚未健全或正在完善的转型期国家，比如中国、印度等，由于立法、司法与执法尚未实现完全同步，仅采用静态的立法指标所度量出的保护水平与其实际的保护水平必然会出现不一致的情形，有时二者之间的反差还可能非常大。正如有研究者所强调的，在知识产权国际化背景下，特别是在 TRIPS 框架协议下，仅仅以一国或者地区立法中所体现出来的专利保护范围、参加国际条约数、权利丧失的保护、执法措施以及保护期限等因素对知识产权保护水平进行测度，已然不再具有可比性。①

一、知识产权保护修正模型：H-Y 测度方法

考虑到中国实际执法水平及其他相关法律实施效果对知识产权保护的重要影响，在 G-P 立法评分法的基础上，韩玉雄、李怀祖将“执法力度”因子考虑进来，并将其定义为“知识产权保护实际执行效果的影响变量”，其数值介于 0～1 之间(0 表示法律规定的知识产权保护条款均没有执行，1 表示法律规定的知识

① 参见许春明：《知识产权制度与经济增长的机制研究》，同济大学博士学位论文，2008 年。

产权保护条款均得到执行)。[①] 而许春明、单晓光[②]以及姚利民、饶艳[③]等则在韩玉雄、李怀祖研究的基础上,又进一步修正了涉及"执法效果"的各项指标。本研究也主要是基于以上研究方法的综合(以下简称 H-Y 方法)来修正影响中国实际知识产权保护水平的"执法水平"。设 $E(t)$表示一个国家或地区在 t 时刻的执法水平,$P^M(t)$表示一个国家或地区在 t 时刻的立法水平,即前文运用 G-P 指数方法计算出的知识产权名义保护水平。[④] 因此,一国或地区知识产权实际保护水平 $P^S(t)$便可以表示为:

$$P^S(t)=P^M(t)\cdot E(t) \tag{1}$$

为了与前面 G-P 指数法测度的知识产权名义保护水平(以下简称 NIPR)相区分,这里将 H-Y 知识产权保护测度模型得出的知识产权保护水平用 TIPR 指数来表示,即实际知识产权保护水平。在(1)式中可以清晰地看出来,一国或地区实际的知识产权保护水平不仅取决于该国或地区知识产权立法水平的状况,还取决于该国或地区法律规定的保护水平被实际执行的比例,即实际知识产权保护水平等于立法水平与执法水平的乘积。

二、H-Y 修正方法指标体系的选择和说明

通过综合运用 H-Y 测度方法,考虑到前人研究方法指标的相对合理性,以及本文研究知识产权保护水平与经济增长之间关系的内生性因素问题,与前人研究所采用的指标不同,本研究剔除掉了"经济发展水平指标",综合选取了与"执法水平"有更直接和关联关系的五个指标,来测度中国法律规定的保护水平被实际执行的比重情况。

(一)社会法制化程度指标及其测度

总体而言,一国社会法制化程度越高,人们思维习惯、行为规范越能以法律

---

① 参见韩玉雄、李怀祖:《关于中国知识产权保护水平的定量分析》,《科学学研究》2005 年第 6 期。

② 参见许春明、单晓光:《中国知识产权保护强度指标体系的构建及验证》,《科学学研究》2008 年第 4 期。

③ 参见姚利民、饶艳:《中国知识产权保护地区差异与技术引进的实证研究》,《科学研究》2009 年第 8 期。

④ 一般意义上,立法水平的度量不仅包括专利法,还包括版权法、商标法、商业秘密法以及集成电路布图设计、植物新品种等其他知识产权法律。为了便于国际比较,鉴于知识产权对一国经济发展作用主要体现在专利上,加之中国的各单行知识产权立法和修订基本保持同步,专利法立法水平随时间的变化与其他知识产权单行法立法水平的变化基本一致,比如 1992 年第一次修改《专利法》,1993 年修改《商标法》并颁布《反不正当竞争法》;2000 年第二次修改《专利法》,2001 年修改《著作权法》和《商标法》;2008 年第三次修改《专利法》,2009 年修改《商标法》,2010 年修改《著作权法》。因此,本研究以专利法立法水平代表整个知识产权立法水平,即运用 G-P 方法测算的知识产权立法水平。

为准绳,法律条款越能被人们所自觉遵守。因此,社会法制化水平是制约一国执法水平的重要因素。而完善的法律体系、高素质的司法人员则是知识产权法律良性运转和有效实施的重要保障。一般来说,律师人数占总人口的比例是衡量一个国家法制化水平的重要标志,英美等西方发达国家的律师人口占总人口的比重基本都超过了 1‰,而其他工业化国家也都超过了 0.5‰。一般认为,当一个国家的律师人口达到 0.5‰时,该国的法制化水平已达到较高水平。

本研究采用"律师比例"作为测度中国社会法制化水平的指标,当律师人口占总人口的比例达到或超过 0.5‰时,"律师比例"的分值为 1;当律师人口占总人口比例低于 0.5‰时,则以其实际比例除以 0.5‰作为"律师比例"的分值。

(二)政府行政保护指标及其测度

一般而言,一国或地区政府行政保护的贯彻力度是切实保障知识产权所有者的关键。高效、廉洁的政府机关是知识产权法实施的重要保证,而行政保护水平的高低取决于国家完善的法律体系建设。法律体系建设越完善,政府行政保护的职责越明晰,行政机关之间监督制衡力度越强,执法不力的腐败现象便越少。当然,任何国家的法律体系都是在长期的司法实践中逐步发展、完善的。西方发达国家在历经一百多年的司法实践后,其法律体系已经基本完备。而对处在转型时期的中国而言,虽然第一部宪法早在 1954 年就开始颁布实施,但现有的法律体系仍存在诸多漏洞,甚至伴随我国经济发展在某些领域仍就存在许多法律"真空"现象,国家和地方法律、法规条款之间相互冲突的地方依然存在。

本研究采用"立法保护时间"作为测度中国法律体系的完备程度指标,进而衡量我国政府行政保护水平。一般而言,一国或地区立法时间越长,其司法实践就越充分,法律体系也越完备。参照世界各国的立法史,假定一国法律体系的完善需要 100 年的时间,而中国立法的起点是 1954 年。当立法时间达到或超出 100 年时,"立法保护时间"的分值为 1,当立法时间小于 100 年时,"立法保护时间"的分值等于实际立法时间除以 100。

(三)执法机构效率指标及其测度

高水平的知识产权保护必然需要高质量的执法机制和执法效率。对于已经出现的知识产权侵权现象,只有对其采取及时、有效的执法措施,才能尽最大可能保护知识产权所有者的切身利益,从而真正发挥知识产权保护的实际效果,而无效或低效的执法措施往往不仅发挥不了应有的知识产权保护作用,在某种程度上甚至还会起到相反的作用。

本研究采用"政府监督效果"作为测度中国政府执法机构效率的指标,以"知识产权案件结案率”[①]进行衡量，即当年知识产权侵权结案件数与立案件数的比值，其中100%及以上结案率的分值为1，其他则以实际比值计量。

（四）公众保护意识指标及其测度

社会公众的知识产权保护意识不仅体现在公众自身的受教育程度方面，而且还体现在对专利作用的重视方面。正是由于社会公众知识产权意识淡薄，知识产权保护观念缺失，才使得我国侵权频发、盗版泛滥以及高水平立法形同虚设。因此，只有不断提高社会公众的受教育水平，增强对知识产权保护观念的重视程度，才能真正提升知识产权保护的实际执法水平。

本研究采用“公众保护意识”作为测度中国社会公众知识产权保护意识的指标。该指标具体由“人均专利率”，即每万人拥有专利的申请数量和“成人识字率”[②]两部分组成。由于发达国家的“成人识字率”均在95%以上，当“成人识字率”达到或超过95%时，“成人识字率”分值为1，当“成人识字率”低于95%时，则以实际比例除以95%。类似地，考虑到发达国家“人均专利率”大都保持在10件以上，因此，当“人均专利率”达到或者超过10件时，“人均专利率”分值为1；当“人均专利率”不足10件时，则以其实际数量除以10计量。在此基础上，我们以二者加权平均数作为“公众保护意识”最终指标得分。

（五）国际监督机制指标及其测度

知识产权保护不仅是一个国家或地区的立法问题，更是一个国际贸易公平问题。诸多有关知识产权保护的国际组织和协议，比如GATT、TRIPS、WTO等等，其目的均在于维护各成员国公平有序的贸易，其中WTO的争端解决机制是监督成员国知识产权保护执法水平的有力武器，任何成员国在执法水平上的偏差都能在WTO框架协议的争端解决机制下得到及时、有效的调整。

本研究采用“WTO成员国”作为测度中国知识产权保护执法水平的国际监督机制指标。如果一个国家加入WTO，则“WTO成员国”分值为1，否则为0。实际上，任何一个国家并非从一开始加入WTO，其执法水平就会突然出现一个质变。因此，在实际计算过程中，我们仍旧参照韩玉雄、李怀祖以及许春明、单晓光等的测算办法，即假设中国从1986年复关谈判开始至2001年加入WTO，“WTO成员国”指标从0均匀变化到1，这也体现了我国政府一直致力于知识产权国际保护而不断努力、不断适应的实际过程。

---

① 需要注意，这里的“知识产权侵权”不仅包括专利侵权纠纷，还包括其他侵权纠纷、冒充专利以及冒充他人专利等侵权行为。尽管以“知识产权侵权结案率”来衡量“政府执法效果”会涉及跨年度案件累积的“时滞”问题，但是测算结果并不会对知识产权实际保护产生明显差异。

② 所谓成人识字率，即15岁及15岁以上识字人口占15岁以上人口的比重。

三、基于 H-Y 方法的中国知识产权保护水平测度与分析

通过运用 H-Y 方法以及借鉴 G-P 指数法，本研究设定以上五个指标对执法水平的贡献比重是一样。因此，(1)式中 $E(t)$的“执法水平”得分就等于五个指标得分之和的加权平均值。基于此，我们测算出 1985～2014 年中国知识产权保护的“执法水平”(见本书后附表 2)，其中“律师比例”“立法时间”“知识产权侵权结案率”以及“人均专利率”“成人识字率”等各项指标均根据历年《中国统计年鉴》《中国知识产权年鉴》以及《国家知识产权局专利统计年报》中的数据计算而得。

表 4-5　　中国实际知识产权保护水平(H-Y 指标)(1985～2014)

年份	$P^M(t)$	$E(t)$	$P^S(t)(TIPR)$	年份	$P^M(t)$	$E(t)$	$P^S(t)(TIPR)$
1985	1.429	0.290	0.415	2000	3.316	0.571	1.893
1986	1.429	0.306	0.437	2001	3.940	0.584	2.299
1987	1.429	0.333	0.476	2002	3.940	0.606	2.387
1988	1.429	0.355	0.508	2003	4.273	0.600	2.564
1989	1.429	0.367	0.524	2004	4.273	0.621	2.654
1990	1.429	0.376	0.537	2005	4.273	0.638	2.724
1991	1.429	0.396	0.566	2006	4.273	0.639	2.731
1992	1.429	0.422	0.603	2007	4.273	0.625	2.673
1993	2.691	0.446	1.201	2008	4.273	0.636	2.716
1994	2.816	0.460	1.294	2009	4.523	0.648	2.931
1995	2.941	0.473	1.392	2010	4.523	0.676	3.059
1996	3.065	0.485	1.485	2011	4.523	0.765	3.459
1997	3.191	0.507	1.618	2012	4.523	0.762	3.447
1998	3.191	0.511	1.631	2013	4.523	0.771	3.489
1999	3.316	0.547	1.815	2014	4.523	0.786	3.554

数据来源：基于 H-Y 测度指标计算而得。

根据(1)式以及测算的“执法水平”，进而计算得出 1985～2014 年中国实际知识产权保护水平(见表 4-5)，为了更直观、更清晰地分析中国知识产权立法水平、执法水平及实际保护水平的变动情况，我们将表 4-5 转换成时间序列曲线图(见图 4-2)。

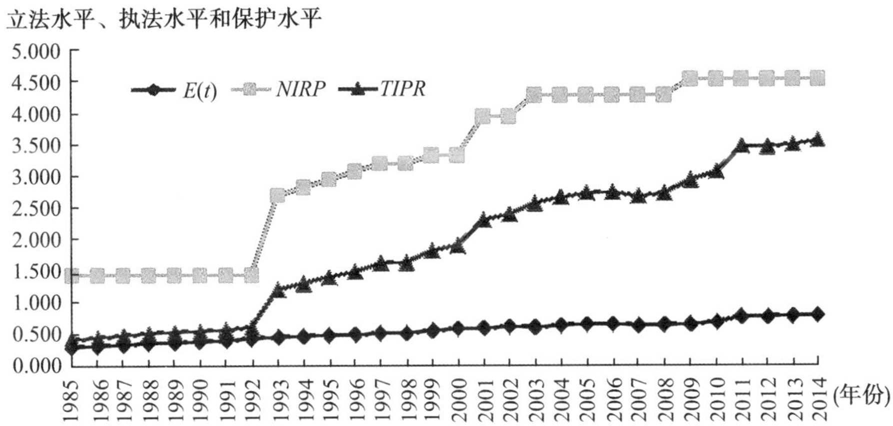

图 4-2　中国知识产权执法水平、名义保护水平及实际保护水平曲线(1985～2014)

通过表 4-5 以及图 4-2 可以看出，以 H-Y 指标方法测算的中国实际知识产权保护水平(TIPR 指数)也是呈现逐年提高趋势，其中在 1993 年、2001 年以及 2009 年分别出现显著上升的阶段，这与我国分别在 1992 年、2000 年以及 2008 年大范围修订知识产权法是保持一致的。相比较 NIPR 指数已接近甚至超过欧美发达国家水平的情形，由于中国知识产权执法水平建设落后，致使中国实际知识产权保护水平，即 TIPR 指数相比较 NIPR 指数有了大幅度下降。我国 1985 年的执法水平仅为 29%，到 1998 年提高到 50%以上，到 2010 年提高到接近 68%水平，2014 年更是提高到了接近 80%水平，这意味着知识产权立法水平被实际有效执行的比重越来越高，从而使得中国实际知识产权保护水平从 1985 年的 0.415 提高到 2000 年的 1.893，进而提高到 2010 年的 3.059，2014 年更是达到 3.554，年均提高幅度 10.46%。即便如此，我国 2014 年的知识产权实际保护水平也仅超过了 1990 年部分发达国家和地区(芬兰、爱尔兰、加拿大等)，与 2000 年欧美发达国家之间的差距仍然非常明显(见图 4-3)。① 这不仅与普通民众通过一定的法律现象所得出的感受相一致，也与中国真实的保护现状相符合，更为美国等发达国家屡屡指责我国知识产权保护不力的现状提供了有力解释。

当然，TIPR 指数的优点还在于有效地解决了 NIPR 指数中不合乎实际的明显缺陷，即一国的相关法律未作修改时，其名义保护水平显示无任何变化。在图 4-2 中可以明显看出来，1985～1992 年期间知识产权名义保护水平呈现水平

① 由于发达国家完备的司法体制、较高的法制化水平及良好的公众法制意识，使得其知识产权立法往往能够得到切实全面的执行，即知识产权执法水平 $E(t)\approx 1$。因此，一般认为发达国家知识产权立法水平与其知识产权保护水平近似相等。

线(NIPR 指数为 1.429),同样的情况也出现在 2003～2008 年期间(NIPR 指数为 4.273)以及 2009～2014 年期间(NIPR 指数为 4.523)。这与实际情况是不相符合的。实际上,我国一直致力于不断加强知识产权执法水平建设,知识产权执法水平的不断提高也是不争的事实。相对应知识产权立法水平不变的情况,我国在 1985～1992 年期间的知识产权执法水平逐步从 0.290 提高到 0.422,提高幅度达到 45.5%;在 2000～2008 年期间知识产权执法水平逐步从 0.571 提高到 0.636,提高幅度达到 11.4%;在 2009～2013 年期间知识产权执法水平逐步从 0.648 提高到 0.771,提高幅度达到 19%。截至 2014 年我国知识产权执法水平已经提高到 0.786。这实际上意味着我国所制定的法律被有效执行的力度得到了进一步提升。因此,本研究结果表明,在当前及今后知识产权执法水平建设的提升是有效加强中国实际知识产权保护水平的重要途径和手段。

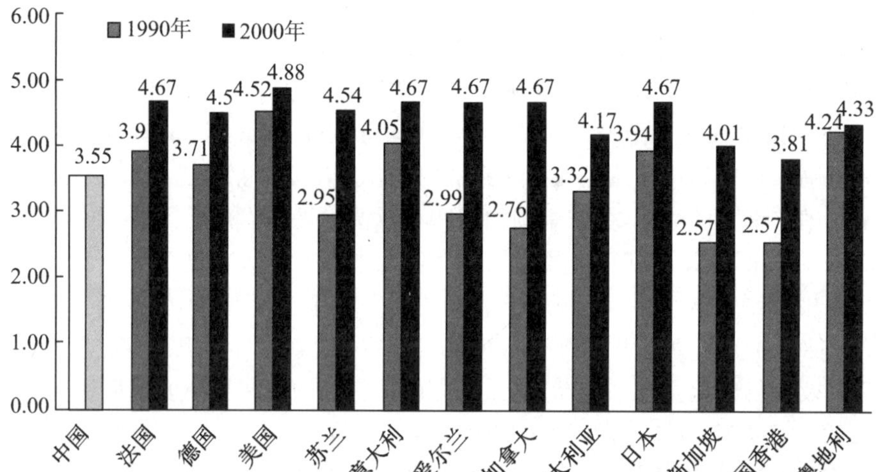

图 4-3　中国 2014 年知识产权实际保护水平与部分发达国家及地区比较(1990 年、2000 年)

另外,本研究修正的知识产权实际保护水平(即 H-Y 指数法)与韩玉雄、李怀祖(简称 H-L 方法)以及许春明、单晓光(简称 X-S 方法)修正的 1985～2002 年中国知识产权保护水平进行比较(见图 4-4)。尽管三种修正方法均采用加权平均的"执法效果"或者"执法力度"与立法水平乘积进行衡量,但三者既存在着相同之处,又具有明显不同点。其中共同之处在于经过修正的知识产权保护水平均呈现逐年增强趋势,在 1992 年、2000 年均表现出较大幅度的上升,其不同点也较为明显。总体看来,本研究修正(H-Y 指数法)的知识产权保护水平处于 H-L 方法和 X-S 方法的中间值,其原因除了可取性数据的处理方式差异会产生一定偏差之外,主要在于具体修正指标选择的不同造成的。通过综合选取影响知识产权执法水平的各项指标，不仅更全面地解释了长期以来导致我国执法水平偏低的内在原因，而且有效地避免了相对单一指标可能造成的较大测度误差问题，尤其是在指标选取中考虑到政府机构执法效率的高低、社会公众参与保护意识的强弱等实际问题，更真实反映了一国知识产权保护水平的实际情况，这也与大多数普通公众对整体社会知识产权保护状况的主观感受趋于一致。因此，我们分别增加了“专利侵权结案率”“人均专利申请量”等内容来修正“政府机构执法效率”“社会公众保护意识”指标，进而修正出中国实际知识产权保护水平。从 2001 年入世以来，我国执法效率的普遍强化以及社会公众保护参与意识的快速提升，便是中国实际保护水平迅速提高的有力佐证。

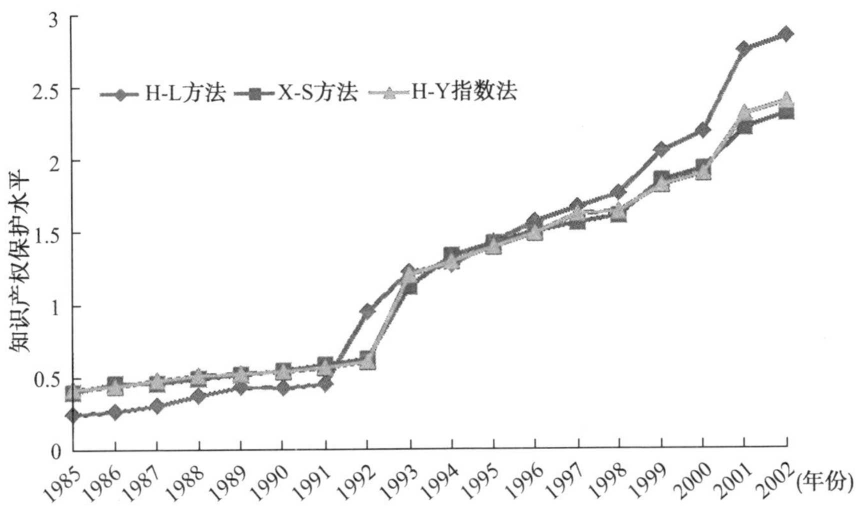

图 4-4　H-Y 测算方法与 H-L 方法、X-S 方法的比较(1985-2002)

本章小结

为了从总体上测度中国立法水平与国际水平的差距，本章首先对 G-P 指数方法进行细化，进而测算出中国名义知识产权保护水平，即 NIPR，通过 2014 年数据可以看出，经过细化的 G-P 指数仍然达到甚至超过发达国家水平，这在一定程度上说明中国的立法水平已经完全符合 TRIPS 协议框架下的知识产权保护立法要求。但是随着知识产权立法国际化趋势的逐步加强，仅仅以一国或地区的立法水平代表整体的知识产权保护水平进行测评，已然不再具有现实可比性。倘若在此基础上进行知识产权保护的国际比较研究，则必然会产生令人困惑的结果，同时也会影响到经济学实证研究的可信度。

因此,本章在借鉴前人研究方法的基础上进行修正和完善,强调一国或地区知识产权保护水平是知识产权立法水平与执法水平综合作用的结果。本研究选取 H-Y 指数修正法,综合选取社会法制程度、行政保护水平、政府执法效率、公众保护意识以及国际监督机制等指标测算中国的知识产权执法水平,进而修正出中国 1985～2014 年间(30 年)知识产权实际保护水平,即 TIPR。测算结果表明:中国的知识产权保护水平随时间逐年提高,中国的知识产权立法水平已接近或超过西方发达国家水平,但由于执法水平不足,致使实际的知识产权保护水平与名义保护水平差距明显。截至 2014 年,中国知识产权立法水平已高达 4.523,而同期的执法水平也达到 0.786,这意味着高水平的知识产权立法在较大程度上得到了有效执行,从而使得中国 TIPR 水平达到 3.554,但这也仅仅超过了 1990 年部分发达国家及地区水平,与 2000 年欧美等发达国家(比如美国、荷兰、瑞典等)相比还存在较大差距,这种结果与中国的知识产权保护现实状况是相符的,也为美国等发达国家屡屡对我国知识产权保护现状提出不满提供了有力解释。当然,基于前人的研究成果,本章也对不同的修正方法进行了比较,进而解释了本章修正方法(H-Y 指数法)的可取之处。

经过本章修正的中国实际的知识产权保护水平指标,不仅真实还原了中国与世界其他国家在知识产权保护水平上的现实差距,同时也为后面实证分析我国知识产权保护与经济增长的内在关系奠定了基础。

第五章　知识产权保护与经济增长阶段关联性的比较分析

在第四章中通过运用综合的 H-Y 指标测度法，得出了我国实际的知识产权保护指数，即 TIPR 指数。但对我国而言，这种实际的 TIPR 指数是否具有适度性，它与我国的经济增长水平之间是否存在内在关系，以及二者内在关系表现出什么样的特征，类似诸多问题还需要运用理论分析和实证比较等方法进行深入探讨和验证。本章围绕我国知识产权保护与经济增长之间关系的适宜性问题，首先通过介绍典型经济体知识产权保护与经济增长的演化历程，为我国正确处理知识产权保护与经济增长的内在关系提供经验借鉴；在此基础上，运用理论模型构建和推导出我国知识产权保护与经济增长之间的内在关联特点，同时结合不同国家数据组进行实证分析和比较，进一步验证我国经济增长与知识产权保护之间内在关系的适度性问题。

第一节　知识产权保护与经济增长的演化历程
——以典型经济体为例

根据知识产权保护与经济增长关系的主流观点，即不同经济增长水平的国家，知识产权保护对经济增长的影响是存在区别的。在这里，通过对所选取的英国、美国、日本、韩国及印度等典型经济体的知识产权保护发展演化过程进行比较分析，为我国经济增长和知识产权保护的良性互动提供较为直观的数据比较和经验借鉴。

一、英国知识产权保护与经济增长

作为老牌资本主义经济强国的重要代表，英国是世界上公认的最早实行现代专利制度和实施知识产权保护的国家。从 17 世纪早期第一部专利法的颁布实施，到 19 世纪中期专利局的正式成立，再到 21 世纪初专利法的修订完善，英国实现了从传统工业强国到现代新型工业国，再到现代技术信息强国的层级蜕变，并经历了数百年的经济持续增长历程。

17世纪初，整个英国正在经历大工业机器生产方式的转变，市场规模不断扩大，专业化分工逐渐明晰，技术作为资源产物对其自身发展创造了良好外部条件。又恰逢英国工业方兴未艾，发明创造呼之欲出，时代急需成熟的保护制度出台，以便改变原来授予形式的不规范、滥用等状况，形成具有法律效应的正规约束保护体系。1623年，英国颁布的《垄断法》(又称为《垄断权条例》)成为其时代进步和经济发展的必然产物。这是世界上第一部正式而完整的专利法，也成为世界各国现行专利法基本条款的雏形。《垄断法》的颁布和实施，标志着英国工业开始进入了崭新的历史阶段。一方面，它使得英国逐渐从原来技术落后，严重依赖国外进口技术发展，无法挽留技术人才，也不能将创新产品运用生产使用的状况，转变成为一个创新发明纷纷涌现，工业发展突飞猛进，国家财富快速积累的新型国家；另一方面，它也促使英国议会实现了对王室权力的约束，限制了王室权力的滥用对经济社会造成的损失，同时清理了王室腐败问题，对当时经济发展的大环境起到了良好的改善作用。《垄断法》颁布和实施所产生的内在调整和外部引致效应，使得英国工业经济得到了充分营养的培育土壤，刺激了英国17～18世纪大工业经济的迅速发展，同时繁荣了市场，推动了技术创新，实现了经济长期持续增长，促使英国逐步进入了世界强国之列，由此称霸欧洲百年。

1709年颁布的《安娜女王法令》是世界上第一部具有现代意义的著作权法。它的颁布也为英国奠定了世界知识产权保护制度鼻祖的地位，对后来资本主义各国的知识产权立法也产生了重要影响。其后在1875年，英国皇家委员会建议把《安娜女王法令》改进和强化成英美政府间的双边协议，对英美作者实行互惠保护。与此同时，英国在完善自身知识产权制度的过程中，也在不断推动世界知识产权保护制度的发展。当1886年世界上第一个国际著作权公约——保护文学艺术作品的《伯尔尼公约》通过时，英国的知识产权保护已经发展到较高的水平。经过400多年的发展，英国已形成了较为完备并具有英国特色的知识产权法律适用体系。英国参加了众多的保护知识产权的国际公约，其中包括1883年《保护工业产权巴黎公约》、1886年保护文学艺术作品的《伯尔尼公约》、1961年《罗马公约》、1970年《专利合作条约》、1994年与贸易有关的《知识产权协议(TRIPS协议)》等等。对于这些所参加的国际公约，英国先后通过相应的国内法予以实施。目前，英国法中有关著作权的内容主要规定在1988年《著作权、产品设计和专利法》之中，并且该法经过1995年《著作权期限及权利实施条例》、1996年和2003年《著作权及相关权利条例》、2005年《著作权令》、2005年《著作权和表演(适用于其他国家)令》等多次修正。1883年的《保护工业产权巴黎公约》是英国专利法和商标法的基础。英国在1977年通过了《专利法》，并于2004年对该法进行了修正；在1994年颁布了《商标法》。综合看来，近代英国之所以能够成为推行知识产权保护政策，并使之与经济增长实现良性发展的成功典范，很大程度上得益于英国不仅是传统知识产权制度（主要是专利法和著作权法）的发起者，而且是欧洲现代经济发展（源于早期工业革命）的起源地。

随着经济发展阶段的转变，英国逐渐从传统工业转向了现代新兴工业。19世纪90年代，英国政府逐渐认识到了产权专利带来的经济效应，是知识进步推动了工业和贸易发展并带来了经济繁荣，原来旧的垄断保护制度已经不再适应新的经济发展环境。因此，英国政府于1852年颁布了《专利法修正法令》，以此来修正原来1977年《专利法》中申请人申请程序，以便解决专利方面的纷争问题。这部法律为促进发明提供了有利依据，同时也是一套更有效的法律体系，使得英国专利体系适应了国际条约。因此，这部新法被命名为《2004年英国专利法》。同时，为了适应新型经济的发展和知识经济的到来，以及更好地服务专利制度并维护专利法的实施，英国政府除了在知识产权立法领域不断推陈出新之外，还在知识产权管理和保护机构设置方面不断地进行着全新的布局和调整。1852年颁布了《专利法修正法令》并同时设立英国专利局（UKPO），迄今已具有160多年的历史。1990年，UKPO正式成为政府机构，且隶属于英国贸易和工业部（DTI）。UKPO的主要职责包括：(1)专利、外观设计和商标等申请的受理和审批；(2)促进和支持知识产权法律及知识产权保护的相关活动；(3)执行专利法、外观设计注册法、商标法、著作权法及其他知识产权相关立法行为；(4)努力确保英国工商业特别是中小企业掌握和运用知识产权，提升其地位和竞争力；(5)努力保证学术界的研究活动能够获得应有的回报；(6)协调相关国际事务等。从英国专利局的6项职责可以看出，作为管理知识产权的官方机构，英国专利局不仅负责包括专利、设计、商标和版权等方面的申报、审核和批准，负责协调政府决策者、执法部门、企业等各方面的关系，还有对付知识产权领域的犯罪行为等多项事务。

由此可知，UKPO是一个综合性的知识产权保护机构。为了更好地保护知识产权，英国专利局制定了一系列详细的规则。该局每年发表年度报告和企业计划，前者是总结过去一年的业绩，后者是规划未来一年的工作。此外，对于各种知识产权项目的审批程序也都有详细的规定，甚至对如何处理各种项目还具有量化标准。比如3个月内审核95%的设计申请；4个月内发表90%的专利申请研究报告；两年半内批准90%的专利申请等等。尽管该局仅是一个管理机构，它并没有具体执法功能，但其在协调各方努力防范假冒盗版方面却扮演着重要角色。比如英国专利局组建了反知识产权犯罪小组，这是一个集合了政府、执法部门、企业等各方面代表的专家小组，目的是协调各方能力，严厉打击知识产权犯罪。2004 年以来，这种协调行动在制定反知识产权犯罪战略、组建资料库、打击犯罪等方面取得了良好的社会效果。为了真正反映知识产权服务的宽广领域，进一步消除消费者对概念的模糊和混淆，从而更好地应对经济全球化和 21 世纪出现的新挑战，为英国更好地利用知识产权保驾护航，英国专利局在 2007 年 4 月正式更名为英国知识产权局。

在新兴产业发展和国际交流合作领域，英国知识产权保护制度也发挥着重要的保障作用。综观英国的创意产业发展环节，从艺术品到音乐行业，创意产业从业人员接近 200 万人。英国创意产业的繁荣，知识产权发挥的作用功不可没。对大多数艺术家和从业者而言，知识产权保护制度能保障其作品是否能获得回报，以确定其能否得到赞助。因此，健全完善的知识产权保护制度给予了投资者和从业者足够的信心。对于数码行业等高新技术产业发展，版权制度能够促进新型商业模式的创新和发展。当然，英国知识产权制度也会充分考虑到知识保护制度与竞争的关系，它并不干预企业的运营，而是时常评估法律制度的实施，从而保证现行法律不会纵容企业削弱正常的调节作用，掌握好知识产权保护与竞争之间的平衡，防止对现有企业过度的知识产权保护，从而阻碍具有高附加值、高创意性和高技术含量的新小企业进入市场。与此同时，英国知识产权局重视开展国际交流与合作，通过制定在专利规章和语言要求上的相关协议，不仅促成了欧洲统一专利法院在伦敦落户，而且通过与世界知识产权组织开展合作，促进了管理和服务水平的不断提高。此外，英国知识产权局向各个有合作关系的国家派驻知识产权专员，比如在中国和印度建立了知识产权分支机构；知识产权局积极参与欧洲内部市场协调局在 2011～2012 年度创建的一系列合作基金协调项目以及基金集中项目等。总之，英国知识产权制度不仅推动了自身技术产业、创意产业的繁荣与强大，而且促进了欧洲以及全世界产权专利制度的发展。

另外，英国知识产权局在鼓励创新、推动技术成果转化方面也发挥着非常重要的作用。在英国，申请专利和商标、注册设计十分方便，官方网站向所有人开放，各种申请程序、表格以及收费标准都可以查询到，在审批和保护程序方面也非常公开透明。近几年，英国扩大了知识产权的保护范围，比如音乐、戏剧、录音、计算机软件等都在保护范围之内，但是前提条件必须是原创作品。另外，植物新品种、地理标志、基因、蛋白质、数据库、有艺术创意的广告、翻译过来的国外作品等等，也都被列入到英国知识产权保护范围之内。英国保护知识产权的目的很明确，就是保证创新者为自己的劳动获得经济回报，鼓励人们进一步创新，同时也让所有人受益。虽然保护范围的不断扩大引起了种种争议，但却实实在在地激发了全社会的创造积极性，促进整个国家更广泛和最大限度地利用这些创新成果使之迅速转化为生产力和其他社会效益，从而推动了社会经济和文化的长久发展。此外，英国还十分重视对专利、商标、版权管理人员的培训工作，对进入知识产权管理机构的人员都要求较高。例如，英国对版权及著作权许可机构的工作人员就要求较高。由于英国版权及著作权许可机构的职能是要广泛联系出版商协会和作者协会，收集国内外信息，把版权的使用权出售给学校和科研院所，然后根据再版数量的情况，把收取到的费用分配给版权所有人，因此，此项工作的开展要求管理人员要严格依法办事，尤其是在办理许可证和国际许可证的签发上，只有经过严格的法律和业务知识培训，才能进入这一机构开展工作。类似的培训不仅提升了知识产权管理人员的业务素质和能力，而且客观层面上还进一步完善和强化了英国版权及著作权的保护体系。

相比较而言，尽管经过三十多年的发展，中国在知识产权管理、保护方面取得了一些成绩。但是，我们应当清醒地认识到，中国知识产权工作总体状况还存在着与国家经济、科技和社会的发展要求不相适应，与面临的国际新形势的发展要求不相吻合等问题。这主要是由于当前中国正处于经济快速发展和结构调整转型时期，科技创新日益增多，文化创作日益丰富，尤其是加入世贸组织后，中国的国内环境已经发生很大变化。因此，随之而来的相关知识产权国内外纠纷逐渐增多，人们的知识产权需求与现实的保护和管理还存在差距。因此，学习和了解英国保护知识产权的成功经验，对于我国逐步完善知识产权保护制度具有非常积极的作用。

二、美国知识产权保护与经济增长

谈及知识产权及其保护，其在美国整个经济发展历史过程中所发挥的重要作用不容忽视。由于受到个人企业信念和社会收益最大化的驱动，美国早期的决策制定者已经开始预见到知识产权在市场经济中的重要性。早在 1787 年，整个美国仅有一个州没有通过版权法，且大多数州已开始授予发明家专利权。在 1787 年的美国制宪会议中，以詹姆士·麦迪逊(James Madison)和查尔斯·平克(Charles Pinckney)为代表的决策者就曾积极倡导，对产权法的保护不仅可以促进和保护作者和创新者的权利，而且有助于促进经济的增长。1789 年，乔治·华盛顿(George Washington)在其第一次就职演说中指出："知识产权的占有是鼓励发挥技能和才智来促进技术发展的必要手段。"1790 年 4 月，美国第一部专利法由华盛顿签署并在 5 月份通过了国会的最终审查。这一法案成为美国最初的联邦专利法。鉴于美国当时尚处于农业经济社会，丰富的自然资源是人们经济活动的主要对象，因而专利法在早期并没有能够发挥它应有的作用。及至南北战争前夕，美国制造业已占了整个国民经济 12.1%的市场份额。为适应工业革命的需要,1836 年美国对首部专利法进行了大规模的修订,颁发了大量的专利证书,这一举措极大地刺激了国民发明创造的积极性,对当时的农业机械化、工业的发展提供了强劲科技动力。实践也充分表明,19 世纪早期美国制造业生产力的稳固水平是与发明家的专利保护水平存在直接联系的。二战后,世界经济发展出现了新趋势,知识经济初见端倪,科技在推动经济发展中的作用日趋明显。随着美国国际贸易占经济总量的比重的增加,知识产权保护的范围也相应地从国内贸易领域扩展到了国际贸易领域。1952 年,美国对专利法进行了第三次修订,从而奠定了现行专利制度的基础。

除了专利法的修订完善之外,美国在知识产权保护领域中最重要的还包括著作权法。著作权法在欧洲很早就形成了基本框架,而在美国直到 19 世纪晚期关于著作权的立法和政策才开始成型。相比较美国知识产权专利法和商标法较早的立法时间而言,美国著作权法立法的重大事件却发生在 1965～1976 年间,1976 年美国国会的立法机关开始对著作权法进行重新修订,但美国 1976 年的著作权法并没有完全与伯尔尼公约相一致,这是因为美国当时还不是伯尔尼公约的成员国,直到 1989 年美国正式成为伯尔尼公约的成员国,1990 年美国的著作权保护法才与全球的伯尔尼公约更加接近。因此,直到 20 世纪末美国的著作权法才得到了最终的修改,这些修改在美国知识产权法中占据了相当大的比重。

到 20 世纪 80 年代中期,伴随美国专利体制和各项立法水平的不断完善以及对有效知识产权的许可,新技术得以迅速发展和传播,从而刺激了经济的增长和繁荣,尤其是电影、音乐、电脑和图书等行业增长速度非常迅猛。知识产权保护促使很多产业在规模、增长和出口等方面都拥有了相对竞争优势和市场贡献额度。1999 年美国知识智慧产权研究会的一份研究报告显示,以知识智慧为基础的产业不仅在美国国内占据了经济增长的较大部分,而且在出口部分也接近领先地位。根据斯蒂芬(Stephen. E.)在《增长的引擎:美国知识产权产业的经济贡献》(2005)中的描述,在 2003 年,美国知识产权产业的产值为 1.6 万亿美元,占当年国内生产总值(11 万亿美元)的 14.4%,知识产权支持产业的产值为 0.3 万亿美元,占国内生产总值的 2.9%。另外,美国商业公司的总资产价值可以从有形资产的价值、各种类型的知识产权价值及其他的无形资产中产生。知识产权大约占美国公司价值的 33%,其中软件和其他版权占 2/5,专利占 1/3。根据国际货币基金会、美国劳动局和《版权产业》(1998 年、2004 年)的研究,与知识产权有关的产业的增长速度已经超过了整个美国经济的增长速度,并且已成为美国生产力增长和各产业经济增长的重要贡献要素。以出口为例,从 1991～2002 年与版权有关的产业出口的平均增长速度大约超过了总出口增长速度的 6%,甚至在 2000～2001 年总出口为负的情况下,与版权有关的产业出口依然保持在3%～4%的增长速度，并且它已成为总出口增长中的重要组成部分。

如果说知识产权立法的不断完善是美国知识产权保护成功的前提，而高效率的法律执行体系及强有力的惩罚机制则是其知识产权保护成功的重要保证。首先，高效率的法律执行体系保证了侵权发生的低概率。到目前为止，美国在全世界的侵权盗版现象是最低的。例如在音像、计算机软件等方面只有5%，而一些发展中国家，比如印尼、中东和东欧国家则高达70%～80%。这一成绩主要得益于其高效率的法律执行体系。在美国，权利人可以诉诸不同的程序使自己的知识产权得到强制性保护，其中最为有力的属于司法程序。除此之外，权利人还可选择其他方式，如行政程序或其他替代争议解决方式等等。其次，以刑罚手段来打击侵犯知识产权的犯罪。在性质上，美国政府不仅将侵权者从事侵权所获利润全部抹掉，而且还将其列入严重犯罪的种类，并对侵权者进行严厉的刑事惩罚；在行动上，在美国知识智慧产权的执法统计中，经常可以看到警察对违法者的违法活动进行突然袭击、搜捕等行动，且法庭会在很短时间内对这些违法活动作出裁决。因此，在改善知识产权保护的环境方面，相比较过去对于知识智慧产权的处罚大都是通过行政法来解决，并不足以达到震慑犯罪的状况，美国知识产权法对知识产权犯罪的刑罚处罚，体现了其保护知识产权的力度和强度。比如美国《1984年商标假冒条例》规定，对于个人以盈利为目的而故意使用(假冒)他人注册商标的行为，一经查处应予以25万美元的罚金或5年的监禁或者是两者并罚；在美国法典第2318条和第2319条有关著作权犯罪刑事责任的条款中明确规定，侵犯著作权一旦出现重犯或再犯的侵权行为，最多可对侵权者判处10年监禁。

伴随20世纪70年代以来一批亚欧新兴经济国家和地区的迅速崛起，美国政府部门、企业团体等更加重视知识产权保护对美国经济发展以及实现其经济、技术“独霸”世界方面的重要作用。经过思考和调查，美国政府和产业界达成共识，即美国在全球竞争中的优势是科技和人才，而这些正是创造知识产权的关键要素。另外，针对国外知识产权保护不力，企业大肆模仿美国技术并且凭借其廉价的劳动力实现技术超越和经济腾飞的现实，美国在20世纪80年代即开始将知识产权作为抵御国外竞争、保住经济霸主地位的战略手段，并从法律和政策的层面完善知识产权制度，为在国外有效保护本国利益采取了一系列措施。比如美国政府竞争力委员会在1985年公布的一份报告中明确提出了强化知识产权的主张，即“在美国国内和国外强化知识产权保护是提高美国产业竞争力的重要措施”。进入21世纪之后，美国专利和商标局制定了面向21世纪的知识产权战略，围绕知识产权战略目标的实现，制订了若干具体步骤措施，比如：加强员工培训，提高专业人员素质；加强与欧洲、日本和其他国家知识产权机构的联系与合作，推动知识产权制度的全球化；强化知识产权事务的信息管理，实现专利和商标申请的自动化管理;等等。在这些措施和战略的推动下,美国不仅继续保持其在立法方面的传统优势,而且借助对外贸易对国外市场的控制能力也日趋增强。

三、日本知识产权保护与经济增长

除了英国、美国之外,在知识产权保护与经济增长的关系认识和处理方面,对我国而言,日本的演化发展经验具有更加可供参考的借鉴意义。经过一个多世纪的法律制度建设,目前日本已拥有较为完整的知识产权法律体系和实施、管理机构,成为世界上知识产权保护水平较高的国家之一。有关日本知识产权保护领域的历史可以上溯到19世纪末期。早在1885年,日本就通过吸收法国和美国有关专利法方面的经验,颁布并实施了《专卖专利条例》,从而确定了近代专利制度的基础。到1888年,日本在考察欧美专利制度及其专利局运转执行状况并结合本国《专卖专利条例》实施的基础上,公布了《专利条例》(Patent Ordinance)。该条例不仅进一步完善了专利行政管理,而且与《专卖专利条例》规定类似,继续将饮食物、嗜好物以及医药调理方法排除在专利保护范围之外,这项政策在日本以后的专利立法中一直保留。另外,《专利条例》还规定外国人不得享受日本专利权,直到1899年日本加入《保护工业产权巴黎公约》,并修订了《专利法》《外观设计法》以及《商标法》之后,外国人的工业产权才得到法律的承认。作为对专利法的有效补充,到1905年,日本又仿效德国建立了《实用新型法》,该新型法对生命周期较短的发明包括产品的外形、结构等提供了便捷的保护途径。随后日本又相继颁布了《外观设计法》《商标法》《著作权法》《不正当竞争防止法》和《种苗法》等,进一步强化完善了知识产权保护方面的法律法规体系。

进入20世纪之后,随着经济发展形势的变化,日本开始不断调整其知识产权保护策略,尤其是二战之后日本知识产权保护策略主要经过了三个阶段(见表5-1)。从总体上看,日本在其经济发展初期主要采取弱知识产权保护策略,但随着其经济的发展日本开始逐步实施较强的知识产权保护策略。

表5-1　　日本知识产权保护的发展阶段及其特征表现

时期	发展阶段	阶段特征
20世纪50～80年代	技术模仿立国阶段	在消化吸收引进技术的基础上进行自主技术创新(改进型创新)
20世纪80年代～21世纪初	技术创新立国阶段	以开发基础技术为主振兴国家(基础技术创新)
21世纪初至今	知识产权立国阶段	知识创造、知识产权保护及利用(技术创新、知识产权保护和利用)

由于第二次世界大战的创伤及战后经济危机的冲击，日本经济经历了一个相对较缓慢的发展时期。从20世纪50年代开始，日本意识到欧美国家对知识产权保护的不重视，开始致力于通过FDI来获取本国经济发展的动力。在这一时期，日本一方面放弃基础科学研究而致力于应用技术研究，另一方面采取引进、消化、吸收和提高技术的发展策略，重点强调对外国先进技术的引进吸收再创新。据统计，从1950～1970年期间，日本通过技术交易许可引进了3万多项先进技术，而在此基础上日本模仿和改进型创新则多达10万多件。通过大量引进和模仿美欧各国的先进技术，虽然在一段时间内，由于因剽窃发达国家的专利产品和科技成果，日本曾一度被世界冠以"小偷""拷贝猫"(Copycat)等绰号，但不可否认的是，日本实行技术模仿策略不仅确定了经济腾飞"技术立国"的主线，而且在消化吸收基础上实行技术再创新，大大加快了本国技术革新和技术进步。在此基础上，日本不仅迅速缩小了与欧美各国的经济差距，而且以加工组装型产业为中心，在"物品制造"方面形成了世界领先的技术优势。

20世纪80～90年代，在积累了一定技术基础之后，日本开始由简单的模仿"抄袭"转向基础技术的创新，在继续引进技术的基础上进一步加强自主研发。为此，日本在1985年制定了现行的工业产权法，包括专利法、实用新型法、商标法等。同时日本政府也在官方文件中首次提出"科学技术立国战略为中心，明确科学技术发展"的战略方针，强调在继续引进技术的基础上加强自主开发研究。伴随日本知识产权保护策略和技术创新立国策略的转变，日本政府的科研经费也由1971年的15320亿日元猛增到1982年的58815亿日元，超过当时的英国、法国和前联邦德国，仅次于美国。知识产权策略的调整和科技经费的巨大投入，不仅使得日本迅速摆脱了二战后的经济负增长，而且经济开始复苏并保持在4%以上的增长率。

由于日本在二战后的快速恢复和崛起，引起了国际社会的广泛关注，学术界和政府均普遍认为是"技术立国"战略在日本经济高速增长中发挥了重要作用。但进入20世纪90年代之后，由于结构调整的滞后以及泡沫经济崩溃、不良债权增加，再加上国内外经济社会环境的变化，日本经济开始陷入长期停滞之中。据统计，日本GDP的实际增长率由80年代的3.8%下降到了90年代平均水平的1.4%，而同时期的OECD国家整体上却由2.8%增长到了3.1%，美国更是从2.8%增长到3.9%。同时，由于产业竞争力出现持续下降，日本的劳动效率从80年代的3.3%迅速下降到了1.6%。相比较美国在技术竞争领域的绝对优势，日本在技术创新、技术转移和知识产权制度运用方面远远落后于西方发达国家，尤其是在重视知识产权方面，日本知识经济的落后造成了经济的长期低迷。

为了提高国际竞争力和重振日本经济，在21世纪之初，日本认识到必须彻底改变经济、社会体制,从以往赖以成功的发展模式中摆脱出来,积极探索新的经济发展模式。2002 年 7 月,日本知识产权战略会议正式颁布了《知识产权战略大纲》,并首次提出了“知识产权立国”的战略目标。所谓“知识产权立国”,就是确立国家尊重发明创造的方向,把知识创造作为国家战略。在提高产品制造技术的同时,将产业发展的根基建立在专利技术、设计和品牌等的知识创造上,从而实现日本经济社会的新发展。此后,在 2002 年 11 月日本第 155 次国会上通过了《知识产权基本法》。2003 年 3 月,日本政府依法设立了“知识产权战略本部”,并与当年 6 月研究制定出《有关知识产权的创造、保护及活用的推进计划》,果断实现了从“技术立国”向“知识产权立国”战略的转移。这标志着日本继“技术立国”后的又一次国家战略转移,即从“科技创新立国”到“知识产权立国”的战略转移。“知识产权立国”战略通过大学、公共研究机构和企业研究开发,共同推动知识产权创造活动;在对知识产权加以适当保护的基础上,有效激励知识产权的创造活动;同时,注重知识产权人才的培养和国民意识的提高,进一步明确人才是制度的保证。因此,为适应信息化和知识经济时代的发展要求,建立知识创造型发展模式逐渐转变成为重振日本经济的重大时代课题,而这一新时期的知识产权战略已经成为日本推进区域经济合作,提高国际政治地位的重要举措。

四、韩国知识产权保护与经济增长

相对于美国和日本而言,尽管韩国在经济发展上属于后起的、新兴工业化国家,但其在知识产权保护方面所形成的自身特点及积累的重要经验仍然为发展中国家树立了成功的典型示范。

韩国是一个自然资源贫乏、经济发展条件有限的国家,现代工业产权管理最早于 1946 年进入韩国,当时的商业与工业部(现已更名为商业、工业与能源部)成立专利署,专门处理所有与专利、实用新型、工业外观设计和商标有关的事务。1953 年朝鲜战争结束后,由于受国际势力的压制,再加之工业生产设施破坏殆尽,此前并非由韩国政府制定的专利保护体系建设一直停滞不前,直到 1961 年韩国才开始运行“自己”的专利法案。1961 年韩国实施《外观设计法》和《新专利法》,原有的《专利法》和《商标法》被分为四部更加专门化、具体化的知识产权法,即《专利法》《实用新型法》《工业设计法》和《商标法》,这也标志着韩国现代知识产权制度初步形成。1977 年,韩国专利署更名为韩国专利管理局,隶属韩国产业资源部。1979 韩国加入世界知识产权组织(WIPO),1980 年签署了巴黎公约,1984 年签署了专利合作条约(PCT),1986 年开始对化学物质授予专利权。伴随着韩国知识产权制度的逐步成熟完善,韩国的专利申请量也从 1986 年的

1.2759万件上升到1987年的1.7062万件，并以每年近2000～3000件的增量持续到1993年。1987年韩国专利管理局引入产品专利制度，专利期从12年延长到15年，并加大了对专利侵权的处罚力度。1988年韩国专利管理局更名为韩国工业产权局，同年签署布达佩斯条约，为植物和微生物提供专利保护。1992年韩国颁布半导体集成电路布图设计法，修改了《不正当竞争法》以加强商业秘密保护。随着1994韩国年加入TRIPS之后，韩国专利申请的数量由1994年的4.5712万件上升到1996年的9.0326万件。1998年韩国制定了涉及人类遗传基因的生物技术发明指南，至此动植物基因发明均可以被授予专利。2000年制定了关于实用新型的特殊指南。

由于韩国科技发展基础比较薄弱，自主开发能力较差，因此韩国政府选择了一条积极引进技术，以引进带动自主开发，形成产业优势的发展道路。从1962年开始，韩国通过技术贸易、吸收外资、与外国进行合作研究与开发等方式引进技术。20世纪80年代初，由于韩国与美国发生激烈的知识产权冲突，在受到美国经济制裁胁迫的压力下，韩国政府审时度势，采取果断措施，制定积极的国家知识产权战略，通过扶持本国企业建立自主知识产权品牌，特别是对重点产业领域进行引导并促其发展。同时，韩国特别强调对引进技术的消化、吸收和二次开发，鼓励企业走“引进—吸收—自主研发”的科技发展道路，有选择地引进关键技术和设备，严禁一揽子引进成套技术设备。这一系列措施均为韩国成为新兴工业化国家奠定了坚实的基础。比如20世纪70年代，韩国政府重点发展重化工工业，汽车业被列为优先发展的工业之一。韩国的现代公司自20世纪70年代末引进国外发动机技术后，又专门设立了60亿美元的开发基金，扩建了自身研究所。通过长期坚持不懈的努力，到1990年8月终于研发出自己的汽车发动机。

在“科技立国”战略的影响和科技政策的引导下，韩国企业经过引进、吸收技术，现在已逐步过渡到自主研发阶段。近年来，在市场竞争和利益的驱动下，韩国企业已开始主动加大研发投入，力争摆脱对国外技术的依赖，创造新产品，积极参与国际竞争。2001年韩国企业研发支出达到92亿美元，居世界第6位。与韩国突飞猛进的知识产权制度建设相对应，从20世纪80年代开始韩国国内的发明和实用新型专利申请也呈现快速增长态势，到1995年其发明专利国内数量已经超过来自国外的数量，到2000年时国内专利申请数量则大大提高，已经占到专利申请总量的近2/3。根据世界知识产权组织（WIPO）报告显示，2004年韩国知识产权局（KIPO）受理的专利申请数量已达14.176万件，高居世界第3位，仅次于日本和美国。这些数据足以反映出韩国知识产权建设领域的发展速度。从经济发展相对贫穷落后的国家，到知识产权领域中具有举足轻重地位的世界强国，韩国借助“科技立国”战略的不断转变，不仅成功摆脱了仅仅依靠技术引进和模仿谋求发展的道路，而且在此基础上开始走出一条属于自己的独特创新之路。

当然，韩国知识产权制度建设与经济增长之间的内在关系，也充分证实了知识产权制度的发展对经济增长的促进作用。根据数据表明，伴随韩国知识产权政策的不断调整和变革，韩国人均 GDP 由 1960 年的 80 美元攀升到 2001 年的 8918 美元（2001 年中国人均 GDP 为 911 美元），科技竞争力在 2001 年更是上升到世界第 10 位。但是，由于国内经济衰退以及国际金融危机的影响，韩国从 1997～2002 年经济一直处于低迷期，其中 1997～1998 年间 GDP 骤降至 1996 年之前水平，同样这段时间其专利申请量也爆跌至 1996 年之前水平。此外，韩国自 1988 年以来 R&D 投入一直保持快速增长，唯一的降低则出现在 1997～1998 年间。在应对 1997 年亚洲金融危机过程中，韩国政府充分意识到知识产权战略的重要性，仅用 3 年时间就率先实现经济复苏，其成功经验之一就是依靠技术创新快速步入知识密集型产业高速发展期，重点开发替代进口产品的技术和战略性出口产品的技术；同时更加重视产业技术开发，提出了以强化技术创新、提高产品附加值、刺激出口、增加就业为重点的产业技术支援政策，并将重点转向中小企业和风险企业。在这一期间，韩国 IT 产业附加值年均增长率达 16.4%，占 GDP 比重从 1997 年的 8.6%增加到 2000 年的 12.3%，对经济增长贡献率达 50.5%。这一策略的转变不仅使得韩国基础研究水平达到世界一流，而且其汽车、电子、冶金、造船、动漫甚至美容等产业均由于原创能力而走在了世界前列。

进入 21 世纪之后，韩国加快了知识产权制度建设的步伐。韩国政府把建设 21 世纪知识产权强国作为政府管理目标，并实施积极的知识产权发展战略。其战略核心是将知识产权制度发展成为对新技术的创造、产权化、商业化具有促进功能的系统化社会基础结构，强化韩国的知识创造力和知识产权竞争力。为此，韩国政府广泛地为技术知识的创造和商业化提供组织和法律保障。1994 年韩国政府颁布实施《发明促进法》，2000 年组织成立了专利技术商业化委员会，2000 年 6 月韩国工业产权局更名为韩国知识产权局（KIPO），2003 年建立知识产权服务中心，2004 年 3 月韩国知识产权局（KIPO）隶属科技部。这不仅体现出韩国政府知识产权管理机构职能的具体化和导向化，而且也使得知识产权更有利于促进科技经济的发展。同时，韩国还积极向知识产权自动化管理迈进，采取多项举措促进知识产权的产业化，以求创造更大的市场价值：(1)政府在增加研发预算的同时，尤其要增加技术转让和实施的预算比例，2008 年其技术转让和实施的预算比例仅占研发总额的 0.7%，以后逐年扩大，到 2013 年已经提高到 3%以上。(2)选择绿色、新增长动力的知识产权，在新技术产业化、走向市场之前提供资金支持，从现在以支援小型项目为主(7.5 亿韩元)，增加大中型项目(25 亿～100 亿韩元)。(3)充分挖掘知识产权的市场价值并促进运用。韩国政府规定对授权后 3 年内闲置的国家所有专利，任何人可以免费使用 1 年，之后 3 年享受 50%专利许可费的优惠政策。(4)加强大学、公共研究机构的知识产权力量，有效发掘有潜力的专利技术并实现产业化，建立“技术发掘—树立战略—市场分析—营销”全过程的支持模式，选派具有丰富知识产权管理经验的专家，帮助大学提高知识产权管理能力。这一系列的举措既为有效激励知识资产创造奠定了基础，也极大地促进了发明成果的商业化。

综合看来，韩国结合本国相关产业的实际需要及时调整知识产权发展战略的侧重点，使之与国家产业政策、经济体制以及企业的需求相匹配，从而成功实现促进本国知识产权创造、运用和保护的战略目标。韩国知识产权保护政策方面的诸多经验也值得我国学习和借鉴。

五、印度知识产权保护与经济增长

对于世界人口第二大国及代表南亚经济发展模式的印度而言，尽管其经济发展相对落后，但是知识产权制度建设起步较早，甚至比中国要早 100 多年，目前印度已经形成颇具本国特色的知识产权法律体系，尤其是在医药、电子软件等行业领域知识产权保护策略的变化，对其他发展中国家正确处理知识产权保护与经济发展的关系具有一定借鉴意义。

作为英国的前殖民地，印度的知识产权立法深受英国影响，甚至有些殖民时期英国统治者制定的法律仍沿用至 20 世纪 70 年代。印度最早的专利法出现于 1856 年。当时英国统治者制定专利法的目的是为了保护英国专利持有者的利益不受侵犯，从而控制整个印度市场。随后，英国殖民者又相继颁布了《1882 年专利及设计法》《1888 年发明及设计法》以及《1911 年专利及设计法》。其中，《1911 年专利及设计法》是印度第一部关于专利保护的综合性立法，该法一直实施至 1970 年才被《1970 年专利法》所取代。

随着国内政治、经济形势的变化，1947 年印度独立后开始着手制定自己的专利法。印度政府分别于 1948 年、1957 年成立了两个专门委员会对《1911 年专利法》存在的问题进行调查和研究，并分别于 1953 年、1965 年两次向议会提交《专利法草案》，但均遭议会人民院否决。直到 1970 年，印度议会才通过了独立后的第一部专利法，即《1970 年专利法》，该法主要基于昌德(Chand)等法官提交的立法建议报告制定而成，其特点主要包括：第一，授予专利的目的是为了鼓励发明，促进发明的商业化利用；第二，授予专利不是为了垄断专利产品的进口；第三，认可专利的两种形式，即产品专利以及方法专利；第四，药品、食品及农业化学品等产品本身不能授予产品专利，只对上述产品的生产过程授予方法专利。而正是该项专利保护制度的制定，不仅保护了印度脆弱的民族工业，客观上也为印度大型制药企业快速完成产业升级创造了条件，帮助他们在世界通用名药物的研发与市场开拓等领域取得优势地位。

印度在加入 WTO 之后，于 1994 年按照《1994 年专利修订法令》对《1970 年专利法》加以修订，此法令于 1995 年 1 月生效。为使专利法与 TRIPS 协议相关规定保持一致，印度通过了《1998 年专利修改法令》，并于 1999 年再次修订了《1970 年专利法》。此次修订对《1970 年专利法》所作的最大修改是除了对农用化学品的生产过程予以专利保护外，还允许对其产品予以专利保护。这些产品不仅包括杀虫剂、杀菌剂、杀真菌剂、除草剂和其他一切用于保护和保存植物的物质，也包括作为中间产品用于生产药品的所有化学品。根据 TRIPS 协议规定，印度最迟应于 2005 年 1 月 1 日起受理药品、农业化学品和食品的专利申请。因此，1999 年的专利法修订对印度自 1995 年 1 月 1 日至 2005 年 1 月 1 日 10 年过渡期内的义务作出了详细规定。根据修订，过渡期内印度建立邮箱系统开始受理对药品、农业化学品和食品的专利申请（自 2005 年 1 月 1 日开始处理）。修订法还对上述产品在印度市场销售、分发的专利销售权作出了过渡性安排。

2002 年，印度再次修订了《1970 年专利法》，将专利的保护期规定为 20 年，并规定因公共利益、国家安全、印度传统、公共健康等原因，国家可以对专利实施强制许可。2004 年 12 月，印度颁布了《2004 年专利（修订）条例》，规定自 2005 年 1 月 1 日起受理药品、农业化学品和食品的专利申请。同时，在最新修订的专利法中，不仅取消了不允许食品、药品等产品获得专利权的禁止条款，还对时间期限等方面作出了更明确、更完善的规定，比如专利申请必须在 18 个月期满之后的一个月内公开。如果属于应提前公开的情况，应在提交公开请求之日起一个月内公开。自此，印度专利法完全实现了与 TRIPS 接轨，这也标志着印度知识产权保护立法开始走向成熟完善。除了专利法之外，随着社会经济发展及国内、国际形势的变化，印度还对商标法、设计法、版权法、地理标志法等进行了不断修订完善。由于篇幅限制，这里只对专利法的修订发展过程进行梳理，其他法律法规修订完善过程不再赘述。

当然，对于发展中国家而言，知识产权保护立法的完善并不能完全代表其执法体系的成熟。在执法方面，印度警察局一直是知识产权保护执法的重要力量。根据印度法律规定，在侵权案件调查中副调查官以上的警官可以无需搜查证直接对侵权人住所实施突击搜查，并可没收侵权产品及用于侵权的工具等。印度知识产权保护的内容和措施主要包括：第一，司法保护。司法保护包括民事救济和刑事救济两种形式。民事救济是印度打击知识产权侵权的最有效手段，具体包括申请搜查令、申请临时性禁令①、损害赔偿、返还利润②等形式。除民事救济之外，被侵权人也可以同时向侵权人提起刑事诉讼，对侵权人的刑事处罚包括没收侵权产品、罚金（5万～20万卢比）和监禁（6个月以上3年以下）3种形式。第二，行政保护。行政保护主要由印度中央政府和各邦政府采取具体措施对知识产权进行保护，主要包括定期检查知识产权保护的执法工作，编写和分发《知识产权法手册》等资料，向政府执法官员提供知识产权法培训，加强知识产权执法机关的现代化建设，加大对知识产权保护资金的投入，制定详细的执法操作规程，不断充实知识产权管理人员队伍以及在地方警察局内设立独立的版权实施处，使用来源识别码（SID CODE）打击盗版等活动。第三，民间保护。为配合政府的知识产权执法工作，加强知识产权的集体管理和保护，印度一些知识产权组织成立了民间的行业管理社团，例如印度电影电视制作人版权管理协会（SCRIPT）、印度表演权协会（IPRS）等。

从2000年开始，印度联邦中央政府提出了建立"知识大国"和"知识社会"的主张，开始致力于通过"全球知识中心计划"和"全球专利防御计划"来系统推进其知识产权国家战略。2002年，印度计划委员会发表《印度2020年的展望》报告，科学阐述了印度发展知识经济的基本构想，正式确立了以知识资本驱动经济发展的知识产权战略。在此过程中，印度政府采取多方面措施完善其知识产权制度，遵从世界贸易组织规则，逐步减少在医药专利、作品版权方面与外国的纠纷，并不断加强知识产权保护，以保障自己信息产业的发展。其中从20世纪90年代中期之后得到迅速发展的印度软件产业是其突出代表。另外，印度在加强知识产权保护的同时还十分注重维护其本国的利益，积极立法保护自己的遗传资源、传统知识和民间文艺（主要是印度医药、瑜伽及印度民间文学艺术），并在国外监视侵害印度传统知识的任何活动。比如印度组织了专门工作组开展对有关外国专利、商标撤销或无效投诉等活动的调查，并建立起"印度传统知识图书馆"，将馆藏内容译成5种文字与世界各国专利审批部门联网，以求外国在行政审批中驳回申请者涉及印度传统知识的申请。通过一系列措施和政策的调整和

① 所谓临时性禁令是指法院在判决前，原告为了防止发生不可挽回的损失可以向法院申请临时性禁令，临时采取包括扣押、封存、冻结等措施，以保证最终判决之前维持现状，防止被告逃避法律责任。申请禁令的具体程序在《1908年民事诉讼法典》及《1963年特别救济法》中作了详细规定。比如1999年，印度电影协会曾申请法院对3家印度有线电视网实施禁令，禁令覆盖了印度48个城市、800万有线电视用户。根据印度电影协会估计，此项禁令的实施使有线电视网络中的盗版减少了一半。

② 所谓返还利润是指在一定情况下，即使侵权人不知道或无充分理由应知道自己从事的活动构成侵权，被侵权人仍可以向法院申请，责令侵权人返还所得利润或令其支付法定赔偿额。

转变,印度的知识产权投资环境、知识产权保护体系、药品保护、软件保护、知识产权执法等均得到有效改善和提高,印度正加快融入全球经济且越来越成为外商直接投资的首选目的地。

综观各个国家的知识产权保护演进历程,不管是老牌发达国家(英国),还是后起发达国家(美国、日本),以及新兴工业化国家(韩国)或者发展中国家(印度),它们在其经济发展的最初阶段大多是立足于技术的模仿和在此基础上的技术改进,进而在技术的模仿和创新结合的过程中实现技术赶超。当经济发展进入较高水平之后,伴随着技术水平的提升开始实施知识产权立国战略。总之,在各个国家的经济发展过程中,对于知识产权保护制度的建设均是围绕本国经济利益制定相应的知识产权战略性保护政策,在经济水平发展的不同阶段,采取不同的知识产权保护策略。在经济发展初期采取弱的知识产权保护,但随着技术水平的提高,技术贸易作用的显著提升,全球化的趋势日益明显,对于知识产权保护的力度则会不断加强。因此,对于发展中的大国而言,中国在经济发展的过程中不能盲目跟从发达国家经济和政治强势要求,建立全球统一的有利于发达国家经济发展水平的知识产权保护国际体系,而应该根据自身经济发展水平和特点来制定和实施相应的知识产权保护政策,即随着经济发展水平和技术水平的提高而逐步增强知识产权保护的水平。

第二节　我国知识产权保护与经济增长关联机理模型的构建与推导

近年来,以中国为代表的发展中国家知识产权保护问题已成为理论界研究的热点话题,但大多数研究往往将这一问题置于南北发展框架之内进行讨论,即占主导地位的北方国家或发达国家会在加强知识产权保护过程中受益,而处于被动地位的南方国家或发展中国家则会在此过程中受损。其依据主要在于:强化发展中国家知识产权保护力度,不仅会在静态中导致发展中国家模仿成本增加从而减少市场受益,而且还会增强发达国家创新企业的市场垄断势力并进一步提高其创新产品在发展中国家的竞争优势,从而增加其对发展中国家的贸易收益。但是,类似的讨论往往容易忽视发展中国家本身的内在创新问题,即发展中国家通过强化知识产权保护水平,虽然增加了技术模仿成本,但也会对本国自主创新产生激励作用。换句话来说,即使没有外部发达国家的竞争压力,为了自身经济增长,发展中国家也会逐步加强知识产权保护水平。其依据在于知识产权保护力度的强化,会激励本国自主创新活动,从而提升本国创新能力进而推动长期经济增长。

有学者提出，对于发展中国家而言，在理论上均应当存在一个最佳的动态知识产权保护水平，此最佳保护水平能够均衡模仿发达国家先进技术与激励本国自主创新之间的内在关系，从而有效实现与经济增长之间的长期适宜性问题。①因此，笔者在参考陈(Chen)和普特迪拉姆以及朱(Chu)、科齐(Cozzi)和加利(Galli)的理论模型基础上，建立了一个能解析中国技术模仿、自主创新与知识产权保护水平之间内在关系的一般理论模型，以期能作为研究中国知识产权保护与自主创新以及经济增长之间内在关联性的重要参考依据。

一、知识产权保护与经济增长关联机理模型的基本设定

对于知识产权保护与经济增长内在关联机理模型的研究，陈(Chen)和普特迪拉姆利用子博弈完美纳什均衡方法推导出发展中国家的人均 GDP 和知识产权保护强度之间存在“U”形关系，即在经济发展初期，伴随着经济增长发展中国家对知识产权实行弱保护；当发展中国家的经济发展超过某一临界点时，伴随着经济的增长知识产权保护强度会不断提高。② 而朱(Chu)、科齐和加利则通过熊彼特技术差距增长模型，假定发展中国家经济增长动力来源于本国创新和基于 FDI 基础上的技术模仿、技术转移等力量的推动，推导出发展中国家知识产权保护水平与经济增长呈现阶段依赖性特点，即对发展中国家而言，在经济发展初期应当实行弱知识产权保护，从而促进技术模仿；而在经济发展后期应当实行强知识产权保护，从而激发本国自主创新。③ 我们在后面的理论模型中也会证实这种关系的存在，并运用中国的具体数据对理论模型进行验证和分析。

(一)基本模型假定

为了简化研究和便于分析比较，首先对提出的理论模型进行基本条件设定，而由于这里重点分析中国的知识产权保护与经济增长的内在关联性问题，因此基本假定条件主要立足于中国(发展中国家)的现实角度来进行的。

基本假定之一：假定发展中国家的知识产权保护水平为 β，且 $\beta\in[0,1]$。其中 β 越接近 0，表示知识产权保护水平越弱，$\beta=0$ 表示完全没有保护；β 越接近 1，表示知识产权保护水平越强，$\beta=1$ 表示完全保护。

基本假定之二：假定发展中国家经济发展水平或技术能力为 ρ，且

---

① 转引自许春明、单晓光：《知识产权内生经济增长模型述评》，《科技进步与对策》2009 年第 14 期。

② Yongmin Chen, Thitima Puttitanun, “Intellectual property rights and innovation in developing countries,” *Journal of Development Economics*, 2005, Vol. 78, pp. 474-493.

③ Angus C. Chu, Guido Cozzi, and Silvia Galli, “Innovating like China: a Theory of Stage-Dependent Intellectual Property Rights,” http://mpra.ub.uni-muenchen.de, 2012-1.

$\rho \in (0,1]$。其中 ρ 越接近 0,表示经济发展水平或技术能力越低;ρ 越接近 1,表示经济发展水平或技术能力越高。

基本假定之三:假定发展中国家仅拥有两部门,即进口部门 A 和本土部门 B,其中进口部门拥有两家企业 C(来自于发达国家的进口企业)和 D(来自于发展中国家的本土企业);本土部门也拥有两家企业 E(致力于技术创新的本土企业)和 F(致力于技术模仿的本土企业)。

基本假定之四:在给定基本假定之三的前提下,假定发展中国家进口部门 A 和本土部门 B 中的消费者数量均具有连续性,其中每个消费者对本部门产品的消费数量与产品质量相等。进口部门 A 中消费者总量为 $N^A=1$,本土部门 B 中消费者总量为 $N=N^B>0$。

基本假定之五:在给定基本假定之四的基础上,假定发展中国家所有部门消费者的效用函数均满足 $U=\mu-p$,即对于不同部门产品而言,消费者具有同一偏好性。其中 μ 表示产品质量,p 表示产品价格。

(二)基本假定分析

根据以上基本假定一、二、三,对基本模型条件作进一步分析和说明。首先,对于进口部门 A 而言,由于 A 部门中的进口企业 C 拥有自主知识产权,因此 C 能生产出比本地企业 D 质量更高的产品,这里设定 C 生产的产品质量为 u^C。而本地企业 D 也在 A 部门中进行生产但没有知识产权,因此其产品质量的提升不仅依赖于 D 企业对 C 企业技术模仿的水平,而且还依赖于本国知识产权保护强度 β 的高低。很显然,D 企业生产的产品质量 u^D 是本国知识产权保护水平和经济发展水平的函数,即:

$$u^D(\beta,\rho)=u_0+u^C\varphi(\rho)[1-\varphi(\beta)] \tag{1}$$

在(1)式中,对于任意的 ρ,$0\leqslant\varphi(\rho)\leqslant1$,$\varphi'(\rho)>0$,且 $\varphi(\beta)\geqslant0$,$\varphi'(\beta)\geqslant0$,$\varphi(1)=1$,$0\leqslant u_0\leqslant u^C[1-\varphi(1)]$。同时,$\varphi(\rho)$ 表示本地企业 D 的模仿能力且随着 ρ 的提高而提高;$\varphi(\beta)$ 表示本地企业 D 的模仿难度且随着 β 的提高而提高,当 $\beta=1$ 时,其模仿难度最大,即当发展中国家实行完全知识产权保护时,本地企业 D 不能够再模仿进口企业 C 的技术;当发展中国家实行较弱的知识产权保护时,本地企业 D 可以通过技术模仿获得产品质量的提升。需要强调的是,即使没有知识产权保护,本地企业 D 也无法实现与进口企业 C 相同的技术水平,其原因在于知识产权或者技术差距的存在。在这里,假定消费者对进口部门 A 中的产品具有理性选择权,即更愿意购买质量高而非质量低的产品。另假定进口部门 A 中所有企业的单位固定成本均为 $c^A\in[0,u_0]$。

其次,对于本土部门 B 而言,由于本土企业 E 通过技术创新活动提高产品质量，这里特设定其产品质量为 $v^E=v(z,\rho)$，其中 $z\geqslant0$ 表示本土企业 E 在产品质量改进上的投入强度($R\&D$ 投入)。同时，对于任意的 ρ，$v_z'(z,\rho)>0$，$v_z'(\infty,\rho)=0$，$v_z''(z,\rho)<0$；$v_\rho'(z,\rho)>0$，$v_\rho''(z,\rho)>0$。即本地企业 E 的产品质量随着投入的增加而提高，但其提高的速率是递减的；产品质量随着技术水平的提高而提高，且其提高的速率是递增的。而由于另一本土企业 F 致力于技术模仿进行产品生产，因而其产品质量为：

$$v^F(\beta,\rho)=v(z,\rho)-\gamma(\beta)[v(z,\rho)-v_0] \tag{2}$$

在(2)式中，对于任意 ρ，$v_0\geqslant0$，$\gamma(0)>1/v_z'(0,\rho)$，$\gamma'(\beta)>0$，$\gamma(1)=1$，其中 $\gamma(\beta)$ 表示本地企业 F 的技术模仿难度，它随着 β 的提高而提高。当 $\beta=0$ 时，本地企业 F 的技术模仿难度最小，这里仅指技术本身存在的模仿难度 $\gamma(0)$；当 $\beta=1$ 时，本地企业 F 的技术模仿难度最大(这里的模仿难度不仅包括技术本身模仿难度，而且还包括由于知识产权保护水平的提高带来的模仿难度)，此时由于实行完全的知识产权保护，本地企业 F 不能再模仿企业 E 的生产技术，其产品质量仅为 v_0。在这里，为了研究分析的便利性和一般性，特假定 $v_0\equiv0$，因此本地企业 F 的产品质量简化为：

$$v^F(\beta,\rho)=v(z,\rho)[1-\gamma(\beta)] \tag{3}$$

当然，与进口部门类似，这里同样也假定消费者对本土部门 B 中的产品具有理性选择权，即更愿意购买质量高而非质量低的产品。另假定本土部门 B 中所有企业的单位固定成本均为 $c^B=0$。

二、知识产权保护与经济增长关联机理模型的均衡分析

对于发展中国家所有部门和企业的博弈过程可以描述为：首先，在政府选择既定的知识产权保护水平 $\beta\in[0,1]$条件下，本地企业 E 会根据保护水平选择其技术创新投入力度 z(R&D 投入)，进而所有企业的产品质量得以确定。其次，在产品质量确定条件下，博弈过程进入产品价格竞争阶段。即在进口部门 A 中进口企业 C 与本地企业 D 同时选择它们产品的价格进行竞争，在本土部门 B 中本地企业 E 和 F 同时选择它们产品的价格进行竞争。最后，在产品均衡价格确定的基础上，消费者对此作出相应的购买选择。

根据博弈论普通反向推纳法，在给定 $\beta\in[0,1]$和 $z>0$ 的条件下，可得到次博弈纳什均衡解，即对于进口部门 A 和本土部门 B 而言均存在唯一纳什均衡解。因此，在产品价格竞争阶段，企业 C、D 和企业 E、F 均衡价格分别为：

$$P^C=c^A-u_0+u^C\{1-\varphi(\rho)[1-\varphi(\beta)]\},P^D=c^A \tag{4}$$

$$P^E=c^B+\gamma(\beta,\rho)v(z,\rho),P^F=c^B \tag{5}$$

根据前文基本假定及均衡价格可知，在进口部门 A 中，所有消费者倾向于

从进口企业 C 中购买产品，在本土部门 B 中，所有消费者倾向于从创新型企业 E 中购买产品。另外，由于进口部门 A 中的进口企业 C 拥有独立于发展中国家之外的技术优势，本模型中不需再单独讨论。因此，这里只需要分析本地部门中的本地企业 E 的均衡情况即可。

(一)均衡结果分析一

根据已知条件，我们可得本地企业 E 的产品利润为：

$$\begin{aligned}\pi^E &= N^B\{[c^B+\gamma(\beta)v(z,\rho)]-c^B\}-z(\beta,\rho)\\ &= N\gamma(\beta)v(z,\rho)-z(\beta,\rho)\end{aligned} \tag{6}$$

对(6)式进行一阶微分求关于 $z(\beta,\rho)$ 的导数，可得出本地企业 E 利润最大化时的最优技术创新投入水平 $z^*(\beta,\rho)$，即 R&D 投入。

$$\frac{\partial\pi^E}{\partial z}=N\gamma(\beta)\frac{\partial v(z,\rho)}{\partial z}-1=0 \tag{7}$$

进而可得最优 $z^*(\beta,\rho)$ 的均衡条件为：

$$\frac{\partial v(z^*,\rho)}{\partial z}=1/N\gamma(\beta) \tag{8}$$

对(7)(8)式分别采用隐函数微分法则，进一步可得出：

$$z_\beta^{*\prime}(\beta,\rho)=\frac{\partial z^*(\beta,\rho)}{\partial\beta}=-\frac{\gamma'(\beta)v_z'(z^*,\rho)}{\gamma(\beta)v_{zz}''(z^*,\rho)} \tag{9}$$

$$z_\rho^{*\prime}(\beta,\rho)=\frac{\partial z^*(\beta,\rho)}{\partial\rho}=-\frac{v_{z\rho}''(z^*,\rho)}{v_{zz}''(z^*,\rho)} \tag{10}$$

在(9)(10)式中，由于 $\gamma(\beta)>0$，$\gamma'(\beta)>0$，$v_z'(z,\rho)>0$，$v_{zz}''(z,\rho)<0$；$v_{z\rho}''(z,\rho)>0$，$v_{zz}''(z,\rho)<0$，故而可得：

$$z_\beta^{*\prime}(\beta,\rho)=\frac{\partial z^*}{\partial\beta}=-\frac{\gamma'(\beta)v_z'(z^*,\rho)}{\gamma(\beta)v_{zz}''(z^*,\rho)}>0 \tag{11}$$

$$z_\rho^{*\prime}(\beta,\rho)=\frac{\partial z^*}{\partial\rho}=-\frac{v_{z\rho}''(z^*,\rho)}{v_{zz}''(z^*,\rho)}>0 \tag{12}$$

由(11)(12)式，我们可得：

结论之一：发展中国家本地企业的最优创新力度随知识产权保护水平和技术能力水平的提升而提升。具体而言，本地企业的最优创新力度 $z^*(\beta,\rho)$ 的大小不仅取决于自身产品质量提升的效果，而且还取决于竞争者的技术模仿能力大小，前者由技术能力水平 ρ 决定，后者则由本国知识产权保护水平 β 决定。一般而言，知识产权保护水平 β 越高，本地企业的最优创新力度 $z^*(\beta,\rho)$ 越大；经济发展水平或技术能力水平 ρ 越高，本地企业最优创新力度 $z^*(\beta,\rho)$ 也会越大。

（二）均衡结果分析二

由于发展中国家知识产权保护水平的强化，均会加大进口部门企业和本土部门企业的技术模仿难度，但是对整个发展中国家的社会福利影响却是有区别的。对于进口部门而言，知识产权保护水平的提高会减少本地企业的技术模仿，而这种模仿的减少意味着其产品质量的降低以及相对于进口企业更弱的市场竞争力和进口企业产品更高的价格水平，从而导致消费者剩余和本国社会剩余的减少，进而造成整个社会福利水平的降低；但对于本地部门而言，知识产权保护水平的提高所带来模仿的减少意味着对于致力于高质量技术和产品创新的本地企业的有效激励，这种有效激励会导致更多的有效投资和更多的社会剩余，进而使得整个社会福利水平增加。因此，发展中国家对于最优知识产权保护水平的选择依据取决于均衡进口部门的社会福利损失和本地部门社会福利收益的大小问题。

根据基本假定四、五及前文分析可知，基于知识产权保护水平基础上的发展中国家社会剩余为 $W(\beta)$，即：

$$\begin{aligned} W(\beta) &= u^C - \langle c^A - u_0 + u^C \{1-\varphi(\rho)[1-\varphi(\beta)]\} \rangle + N\{v(z,\rho) - c^B\} - z(\beta,\rho) \\ &= u_0 + u^C\varphi(\rho)[1-\varphi(\beta)] - c^A + Nv(z,\rho) - z(\beta,\rho) \end{aligned} \tag{13}$$

在(13)式中，$z(\beta,\rho)$表示本土部门中创新型企业 E 的技术创新函数，政府的目标就是选择合适的 $\beta=\beta(\rho)$ 以最大化本国的社会剩余，对于任意给定的经济发展水平或技术能力 ρ，可得知政府的最优 $\beta(\rho)$ 选择，即：

$$W'_\beta(\beta) = -u^C\varphi(\rho)\varphi'_\beta + z'_\beta(\beta,\rho)[Nv'_z(z,\rho) - 1] \tag{14}$$

通过(14)式可知，发展中国家本国社会剩余 W 受知识产权保护水平 $\beta(\rho)$ 变动的综合影响来自于两个方面：一方面是进口部门 A 中消费者剩余的减少。因为更高的 $\beta(\rho)$ 不仅会使本国企业模仿进口企业先进技术更加困难，从而降低了其与进口企业的市场竞争力。而且较高的 $\beta(\rho)$ 还会提高进口企业产品的均衡价格，从而导致本国消费者剩余的减少。另一方面是本地部门 B 中创新型企业 E 改进产品质量所获净收益的增加，这又会增加社会福利。因此，当这两方面的综合作用力量相等时，即实现了最优知识产权保护水平下本国社会剩余的最大化。

$$u^C\varphi(\rho)\varphi'_\beta(\beta^*) = z'_\beta(\beta^*,\rho)[Nv'_z(z,\rho) - 1]^{①} \tag{15}$$

① 对于均衡条件等式而言，Chen、Puttitanun 在"Intellectual Property Rights and Innovation In Developing Countries"(2005)一文中分别将 $u^C\varphi(\rho)\varphi'_\beta$、$z'_\beta(\beta^*,\rho)[Nv'_z(z,\rho)-1]$ 称之为 $\beta(\rho)$ 提高所产生的边际成本和边际收益。

其中,(15)式即为发展中国家政府实现最优知识产权保护水平选择的均衡条件 $W'_{\beta}(\beta^*)$。因为 $\beta^*(\rho)$ 是实现 $W(\beta)$ 最大化的均衡条件,故 $\beta^{*\prime}(\rho)$ 与 $W''_{\beta\rho}(\beta^*)$ 具有相同的符号,即:

$$\beta^{*\prime}(\rho)>0,\text{当 } W''_{\beta\rho}(\beta^*)=z''_{\beta\rho}(\beta^*,\rho)[Nv'_z(z,\rho)-1]-u^C\varphi'(\rho)\varphi'_{\beta}(\beta^*)>0 \tag{16}$$

$$\beta^{*\prime}(\rho)<0,\text{当 } W''_{\beta\rho}(\beta^*)=z''_{\beta\rho}(\beta^*,\rho)[Nv'_z(z,\rho)-1]-u^C\varphi'(\rho)\varphi'_{\beta}(\beta^*)<0 \tag{17}$$

在(16)(17)式中可以将 $u^C\varphi'(\rho)\varphi'_{\beta}(\beta^*)$ 看作为提高经济发展水平或技术能力 ρ 在进口部门 A 中所产生的模仿效应,将 $z''_{\beta\rho}(\beta^*,\rho)[Nv'_z(z,\rho)-1]$ 看作为提高经济发展水平或技术能力 ρ 在本土部门 B 中所产生的创新效应。至此,我们可得:

结论之二:当发展中国家经济发展水平或技术能力 ρ 较低时,提高 ρ 可能使模仿进口技术带来的收益影响要比促进本国创新带来的收益影响更大,即此时 ρ 提高所产生的模仿效应优于创新效应,因此应当弱化知识产权保护水平;当 ρ 高于特定水平时,其所产生的创新效应会优于模仿效应,此时应当实行强化知识产权保护水平;当 ρ 提高所产生的模仿效应与创新效应相抵消时,此时对发展中国家而言存在一个 $\beta^*(\rho)$ 由弱变强的拐点。

三、知识产权保护与经济增长关联机理模型的案例说明

为了更清晰和直观地揭示发展中国家最优知识产权保护水平与经济增长水平之间的关联性特点,根据前文基本假定和均衡结果分析,这里结合具体实例对此加以解释和说明。

假设 $\varphi(\beta)=1+\ln(\frac{1+\beta}{2})$,$\gamma(\beta)=\frac{1+\beta}{2}$,$u^C=1$,$u_0=0$,$\varphi(\rho)=\frac{1}{3}(1+2\rho)$,$v(z,\rho)=\frac{2\ln(1+z)}{1-\rho}$,$N=N^B=1$,$\rho\in(0,1)$,由此,进一步可知:

$$\varphi'(\beta)=\frac{1}{1+\beta} \tag{18}$$

$$v'_z(z,\rho)=\frac{2}{(1-\rho)(1+z)} \tag{19}$$

同样地,根据(8)式均衡条件,即 $\frac{\partial v(z^*,\rho)}{\partial z}=1/N\gamma(\beta)$,进一步可知:

$$z^*(\beta,\rho)=\frac{\beta+\rho}{1-\rho} \tag{20}$$

类似地，根据(9)(10)式均衡条件，即 $z_{\beta}^{*\prime}(\beta,\rho)$，$z_{\rho}^{*\prime}(\beta,\rho)$，进一步可知：

$$z_{\beta}^{*\prime}(\beta,\rho)=\frac{1}{1-\rho}>0 \tag{21}$$

$$z_{\rho}^{*\prime}(\beta,\rho)=\frac{1+\beta}{(1-\rho)^{2}}>0 \tag{22}$$

由(21)(22)式，我们得以进一步验证结论之一，即：本地企业的最优创新投入力度 $z^{*}(\beta,\rho)$ 与本国知识产权保护水平 β 和技术能力水平 ρ 呈现正相关性。换句话来讲，加强发展中国家知识产权保护能够有效促进本国技术创新，同样地，加快发展中国家经济发展或提升本国技术能力，也能够不断提升本国技术创新力度。

在此基础上，根据(15)式社会福利最大化的均衡条件，即 $u^{C}\varphi(\rho)\varphi_{\beta}'(\beta^{*})=z_{\beta}'(\beta^{*},\rho)[Nv_{z}'(z,\rho)-1]$，我们进一步可知：

$$\frac{1}{3}(1+2\rho)\frac{1}{1+\beta^{*}}=\frac{1}{1-\rho}\left(\frac{2}{1-\rho}\frac{1}{1+z}-1\right) \tag{23}$$

将(20)式代入(23)式，整理后可得：

$$\beta^{*}(\rho)=\frac{2}{3}\rho^{2}-\frac{1}{3}\rho+\frac{2}{3} \tag{24}$$

由(24)式，我们进一步可得出 $\rho\in(0,1)$ 时最优知识产权保护水平 $\beta^{*}(\rho)$ 和经济发展水平 ρ 的曲线关系（见图 5-1）。结合(24)式及二者曲线关系，我们得以进一步验证结论之二，即：发展中国家最优知识产权保护水平 $\beta^{*}(\rho)$ 与经济发展或技术能力水平 ρ 呈“U”形关系。具体而言，当 $\rho<\rho_{0}$ 时，最优知识产权保护水平是下降的；当 $\rho>\rho_{0}$ 时，最优知识产权保护水平是上升的。当然，对于本研究中的特例而言，这里的拐点 A 对应的 $\rho_{0}=\frac{1}{4}$。

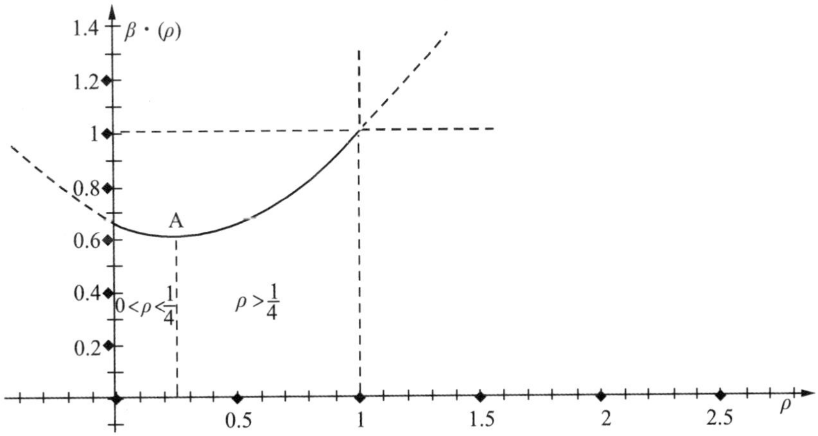

图 5-1　发展中国家最优知识产权保护水平 $\beta^{*}(\rho)$ 与经济增长水平 ρ 关联性曲线

综上所述，我们通过模型分析和实例说明得出两个主要结论：第一，发展中国家的本土最优创新水平或R&D投入力度随其知识产权保护水平和经济增长水平的提升而提升，即 $z_{\beta}^{*\prime}(\beta,\rho)>0$，$z_{\rho}^{*\prime}(\beta,\rho)>0$。第二，发展中国家的最优知识产权保护水平随其经济增长水平起初下降然后提高，即最优知识产权保护水平与经济增长水平呈"U"形，$\beta^{*\prime}(\rho)<0(\rho<\rho_0)$，$\beta^{*\prime}(\rho)>0(\rho>\rho_0)$。

在此基础上，如果对上述理论模型的基本假定条件进行放宽，在进口部门中进口企业的技术优势依然存在的前提下，即使对进口部门或本土部门增加更多的本地模仿型企业，也不会影响模型分析的基本结论。另外，为了理论模型分析的直观性和便利性，特假定消费者的消费偏好具有同质性，即不同部门消费者均偏好更高质量的产品。如果消费者的消费偏好具有异质性，而与此相对应的消费者效用函数为：

$$U=\omega u-p \tag{25}$$

在(25)式中，其中 ω 表示不同消费者对不同产品的喜好参数，且 $\omega\in[\underline{\omega},\overline{\omega}]$ $(\underline{\omega}\geqslant 0)$ 均匀分布。只要 $\omega\in[\underline{\omega},\overline{\omega}]$ 取值空间足够小，消费者消费偏好取向仍然符合基本假定之五的要求，即消费者仍然偏好高品质产品，理论模型的基本结论仍然有效。但是，当 $\omega\in[\underline{\omega},\overline{\omega}]$ 取值超过一定范围或者消费者的异质性差异较大时，具有高品质喜好的消费者会继续购买高品质产品，而具有低品质喜好的消费者则会选择购买低品质产品。由于不同部门产品差异化所产生的企业利润可能会增加[①]，这也意味着低品质产品的企业不会再模仿高品质产品企业的先进技术，由此产生的结果与知识产权保护行为不再相关。当然，这种情况与现实实际也是不相符合的。另外，如果将一些与知识产权保护无关的产业部门考虑进来，同样也不会改变本理论模型的分析结论。

第三节　我国知识产权保护与经济增长的实证比较与分析

尽管理论模型分析显示，我国(发展中国家)知识产权保护与经济增长之间呈现"U"形关系，但为了保证基本模型设定的准确性和可靠性，还需要结合中国实际情况进行数据拟合分析。另外，为了便于比较和分析不同经济增长水平国家与知识产权保护的内在关联差异性问题，这里将引入不同经济增长水平的国家数据组进行比较分析，通过比较分析才能得出较为准确和符合中国实际的结论。

为了进一步证实知识产权保护水平与经济增长水平内在关联理论模型的合

① 转引自白让让：《国有企业主导与行政性垄断下的价格合谋》，《中国工业经济》2007年第12期。

理性和真实性问题，一般而言，在对两变量分组回归模型中，均需要引入两变量对数值的二次项来表现它们之间内在关系特征。另外，鉴于各国实际知识产权保护水平的测度取值存在难度以及立法水平与执法水平趋于一致的现实问题，文中各国知识产权保护水平指数均采用 G-P 指数[①]，而各国人均 GDP 所采用数据均来源于国际货币基金组织（IMF）官方公布的统计结果[②]，而且各国人均 GDP 均以当年名义利率的美元标准计算。根据联合国（UN）、世界银行（WBG）及世贸组织（WTO）对世界各国的分组修订标准[③]，笔者分别选取 30～34 个发达国家（或地区）样本、83～86 个发展中国家（或地区）样本及 120 个混合国家（或地区）样本数据，并依次以 1995 年、2005 年两组年份进行两变量（知识产权保护水平与经济增长水平）对数散点拟合图分析。各发达国家（或地区）、发展中国家（或地区）具体名单及数据统计，参见本书后附表 3、附表 4。

一、知识产权保护与中国经济增长：与发达国家数据比较

首先，对所选取的 1995 年发达国家（或地区）样本数据进行两变量对数值的二次项散点图拟合回归（见图 5-2），散点图拟合回归结果显示：发达国家（或地区）人均 GDP 与知识产权保护呈现倒“U”形关系，这一结论与本章第一节理论模型结论之二正好相反，这也是国内外研究文献中很少发现的结论。这种倒“U”形关系意味着，对于发达国家（或地区）而言，伴随着人均 GDP 的增加，知识产权保护水平是不断提高的，但当人均 GDP 达到足够高的程度之后，人均 GDP 的增加反而会弱化知识产权保护。其次，对所选取的 2005 年发达国家（或地区）样本数据进行两变量对数值的二次项散点图拟合回归（见图 5-3），散点图拟合回归结果同样显示：发达国家（或地区）人均 GDP 与知识产权保护水平呈现倒“U”形关系。相比较而言，图 5-2 和图 5-3 散点图拟合回归的主要区别在于伴随发达国家（或地区）人均 GDP 的不断提高，知识产权保护水平与人均 GDP 之间倒“U”形曲线的拐点出现滞后现象，但二者之间总体表现出来的趋势是保持一

---

① 各国 1995 年、2005 年 G-P 指数均来源于 Walter G. Park：“International Patent Protection：1960～2005，” *Research Policy*，2008，Vol. 37，pp. 761-766.

② 各国（或地区）具体人均 GDP 数据均来源于国际货币基金组织（IMF）统计数据库，见 http://www.imf.org/external/pubs/ft/weo/2011/02/weodata/index.aspx。

③ 到目前为止，考虑到发达国家和发展中国家之间并没有统一公认且完整严格的分类标准，因而，本书对国家的分类依据在参考世贸组织（WTO）、世界银行（WBG）各自定义的基础上，主要参照联合国根据人类发展指数（HDI）和人均 GDP（1995 年、2005 年）标准对不同国家（或地区）的分类标准，即当 1995 年人均 GDP 超过 8000 美元及以上时，2005 年人均 GDP 超过 10000 美元及以上时，即属于发达国家水平；相反，则属于不发达国家水平。为了分析研究的便利，本书统一将不发达国家（或地区）认定为发展中国家（或地区）。

致的。最后，对 1995 年、2005 年发达国家（或地区）总体样本数据进行两变量对数值的二次项散点图拟合回归（见图 5-4），散点图拟合回归结果显示出两变量（知识产权保护水平与人均 GDP）较完美的倒“U”形曲线特征，且得出知识产权保护与人均 GDP 之间二元二次函数关系式，即：

$$LNGP=-0.21LNRGDP^2+4.42LNRGDP-21.88$$

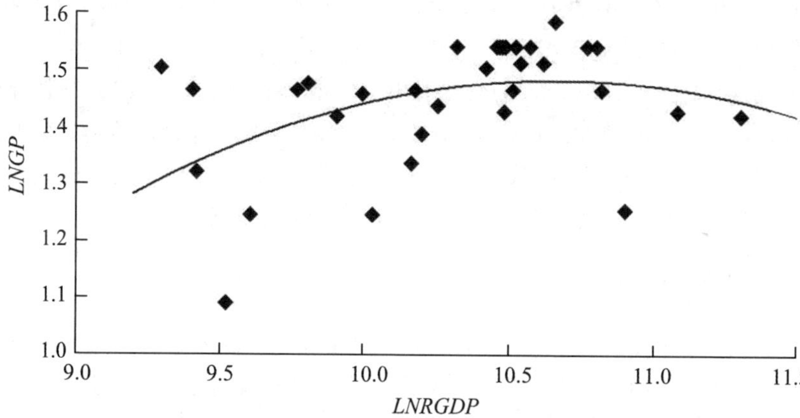

图 5-2　发达国家人均 GDP 与知识产权保护水平（对数散点图）(1995)

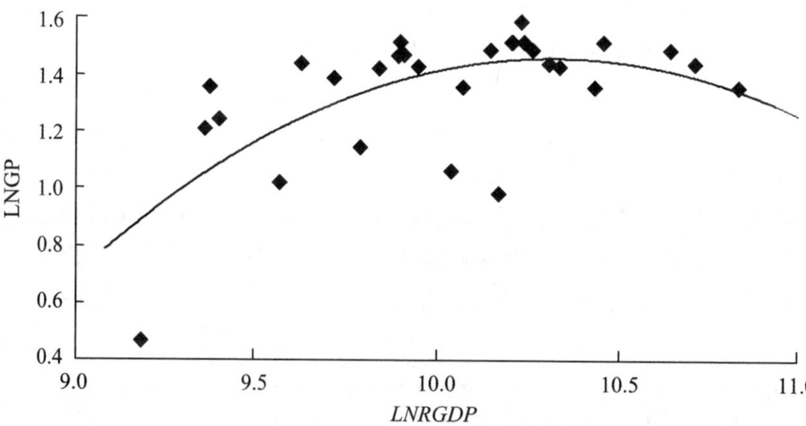

图 5-3　发达国家人均 GDP 与知识产权保护水平（对数散点图）(2005)

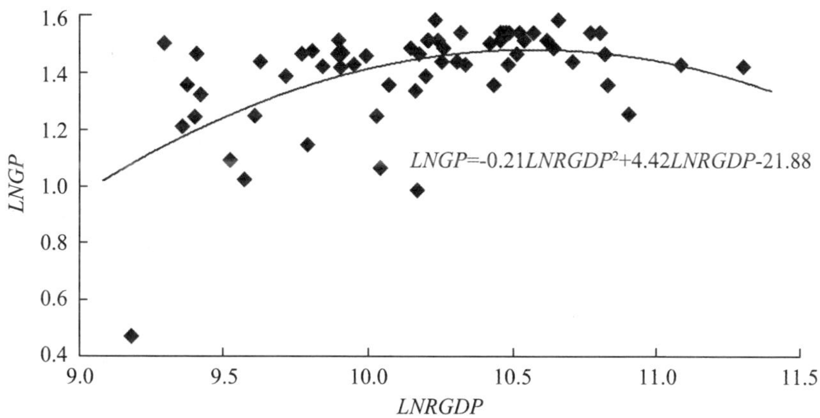

图 5-4　经济增长水平与知识产权保护水平之间相关性分析(发达国家)

究竟是什么原因导致发达国家(或地区)知识产权保护与人均 GDP 之间呈现倒“U”形关系？我们认为原因有二：一是随着发达国家人均 GDP 的不断提高，知识产权保护水平也不断提高，使得知识产权导致的垄断问题日益成为发达国家消费者利益团体所诟病的矛盾对象。而在发达国家，消费者势力相对较强，其代理人会游说政府对知识产权过高保护加以限制从而保护消费者整体利益。二是由于知识产权保护客体范围的不断扩张，一些新的保护客体不可避免地涉及伦理道德的范畴，可能对人类自身及未来社会发展造成相当大的影响，而这也会引发国内相当多的人士对于知识产权保护无限扩张的忧虑。诸多因素的不断累积便会使得当发达国家的人均 GDP 达到一定程度的时候，反而出现弱化知识产权保护的趋势。当然，这种弱化正如代中强、张二震所形象描述的那样，“只是在已经很强的知识产权保护中洒进一些沙子而已”①，总体上这种保护水平并不可能退步到发展中国家的平均保护水平。

为了分析比较中国经济增长与知识产权保护水平的内在关联关系，在利用修正的 G-P 指数，即中国实际知识产权保护水平 TIPR 指数与人均 GDP 数据基础上(具体数据详见本书后附表 5)，进而得出 1985～2014 年间中国实际知识产权保护水平与经济增长水平关系散点图(见图 5-5)，二者关系散点图显示，中国知识产权保护与经济增长呈现较明显正相关关系。尽管从二者非线性的曲线图和曲线关系式($LNTIPR = -0.42LNRGDP^2 + 6.70LNRGDP - 25.47$)中，似乎表现出与发达国家(或地区)倒“U”形关系趋于一致的倾向，但与发达国家(或

① 代中强、张二震:《内生知识产权保护与知识产权制度变迁:来自中国的经验》,《世界经济研究》2009 年第 2 期。

地区)较高人均 GDP 相比较,中国人均 GDP 还远未达到发达国家(或地区)平均水平,而且通过二者之间线性关系式($LNTIPR=-0.88LNRGDP-5.64$)比较发现,线性关系式的拟合优度要好于非线性关系式的拟合优度(0.97>0.85)。因此,严格意义上,中国实际知识产权保护水平与经济增长之间的关联程度处于"U"形关系图的右半边,即二者之间更倾向呈现正相关关系,而并非发达国家(或地区)之间的倒"U"形关系。这一点在下文与发展中国家样本数据比较中会作进一步说明。

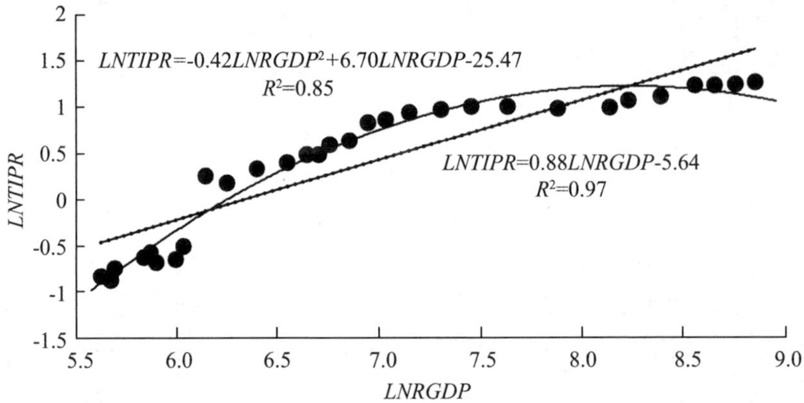

图 5-5 中国经济增长水平与知识产权实际保护水平之间相关性分析(1985～2014)

二、知识产权保护与中国经济增长:与发展中国家数据比较

类似地,对发展中国家(或地区)样本数据的实证分析和比较。首先,对所选取的 1995 年发展中国家(或地区)样本数据进行两变量对数值的二次项散点图拟合回归(见图 5-6),散点图拟合回归结果显示,发展中国家(或地区)人均 GDP 与知识产权保护水平呈现"U"形关系,即当人均 GDP 较低时,知识产权保护水平呈下降趋势;当人均 GDP 提高到一定程度之后,知识产权保护水平呈上升趋势。其次,对所选取的 2005 年发展中国家(或地区)样本数据进行两变量对数值的二次项散点图拟合回归(见图 5-7),散点图拟合回归结果与图 5-6 非常类似且具有明显右偏倾向。最后,对发展中国家(或地区)总体样本数据进行两变量对数值的二次项散点图拟合回归(见图 5-8),散点图拟合回归结果显示出两变量(知识产权保护水平与人均 GDP)非常明显的"U"形曲线特征,且得出知识产权保护与人均 GDP 之间二元二次函数关系表达式为:

$$LNGP=0.03LNRGDP^2-0.35LNRGDP+1.71$$

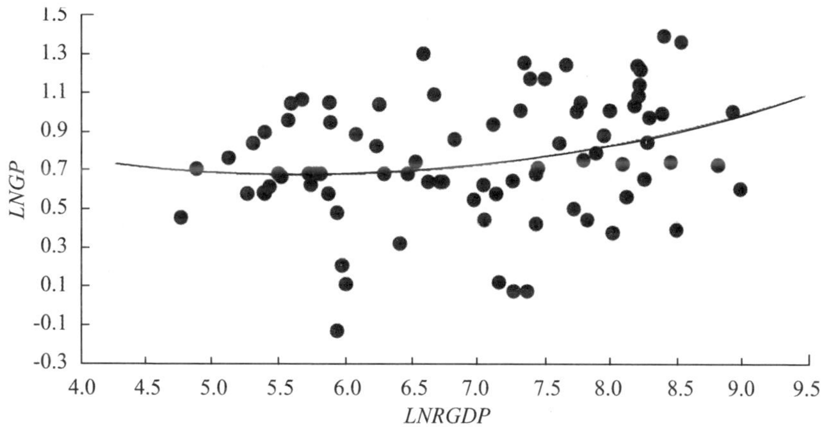

图 5-6　发展中国家人均 GDP 与知识产权保护水平(对数散点图)(1995)

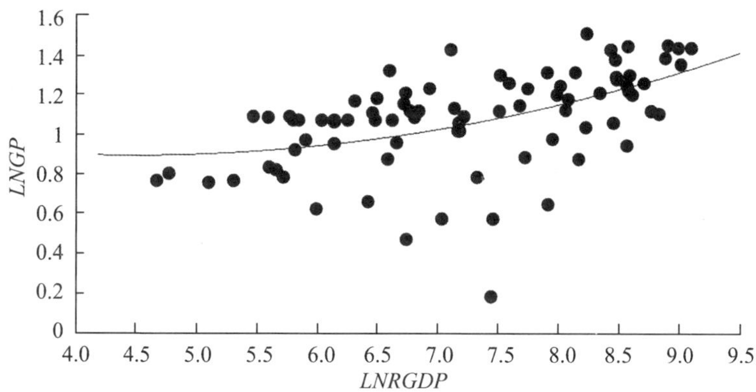

图 5-7　发展中国家人均 GDP 与知识产权保护水平(对数散点图)(2005)

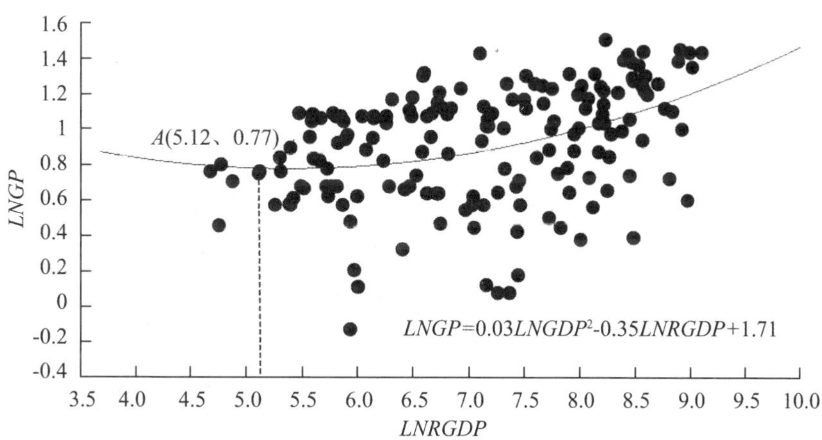

图 5-8　发展中国家经济增长水平与知识产权保护水平之间相关性分析

这一结论不仅进一步印证了本章第一节理论模型的结论，而且也与陈(Chen)、普特迪拉姆的研究结论基本吻合。导致二者呈现"U"形曲线的原因在于：在发展中国家(或地区)，当人均GDP较低时，该经济体内部从事创新等智力活动的人也会较少，其内部强化知识产权保护的动力不足，而对于低成本模仿国外先进技术的愿望却更为强烈，因此在经济发展初期随着人均GDP的增加，知识产权保护程度会有所下降。但当人均GDP超过某一临界值之后，国内从事创新活动的人数会不断增加，加之国内技术模仿所带来的创新水平和数量已经积累到一定程度，此时便形成了强化知识产权保护的重要动力。因此，当超过某一临界值点之后，伴随人均GDP的增加，知识产权保护水平将不断提高。

通过比较和分析图5-8和图5-5，我们首先发现对于大多数发展中国家(或地区)而言，知识产权保护水平与人均GDP之间的"U"形曲线拐点(临界值点)出现在图5-8的A点，即当人均GDP低于167美元(*LNRGDP*=5.12)时，知识产权保护水平随人均GDP的提高而降低；当人均GDP高于167美元时，知识产权保护水平随人均GDP的提高而上升。在所选取的172个总体样本数据中，此拐点临界值与布隆迪国家的情形非常类似。其次，与中国实际知识产权保护与经济发展关联关系曲线图比较，中国人均GDP各个散点主要集中在245～4950美元之间(*LNRGDP*5.5～*LNRGDP*8.5)，而在图5-8中人均GDP在245～4950美元的区域恰好处在"U"形的右半边，即知识产权保护水平与人均GDP呈正相关关系。所以，中国实际知识产权保护与经济增长的内在关联区域也正好处在这一环节上，二者之间的最佳优化关系也与当前国内技术创新活动加强以及国内外要求强化中国知识产权保护的要求趋于一致。

三、知识产权保护与中国经济增长：与混合国家数据比较

对发展中国家(或地区)样本数据的实证分析显示，知识产权保护与经济增长水平呈现"U"形关系，而发达国家(或地区)样本数据的实证分析则显示，知识产权保护与经济增长呈现倒"U"形关系。由于发达国家(或地区)的人均GDP和对数GP(LNGP)普遍高于发展中国家(或地区)，故而发展中国家(或地区)的趋势图主要集中于左下角，而发达国家(或地区)的趋势图则主要集中在右上角。因此，对于理论上的混合国家(或地区)样本数据而言，知识产权保护与经济增长水平之间应该体现出右偏或左偏的"S"形关系，而这种"S"形关系的存在与否，则需要在实证分析中引入对数值的三次项进行判断。

首先，对所选取的1995年混合国家(或地区)样本数据进行对数值的三次项散点图拟合回归分析(见图5-9)。三次项散点图拟合回归显示，由于发展中国家(或地区)样本数据占大多数且各国经济发展水平相对较低，因此，对于混合国

家(或地区)而言,总体上知识产权保护与人均GDP之间仍然呈现"U"形关系。其次,对所选取的2005年混合国家(或地区)样本数据进行对数值的三次项散点图拟合回归分析(见图5-10)。散点图拟合回归结果显示,随着各国整体经济发展水平的提高,对混合国家(或地区)而言,知识产权保护与人均GDP之间已经呈现出较为明显的右偏或左偏"S"形趋势关系。最后,对混合国家(或地区)总体样本数据进行对数值的三次项散点图拟合分析(见图5-11)。为了更清晰地显示出散点图拟合回归结果,在调整拟合趋势线(样本对数值前、后各推1.0)的基础上,我们得出知识产权保护与人均GDP之间呈现明显右偏或左偏的"S"形曲线图。根据混合国家(或地区)样本数据中知识产权保护与人均GDP之间右偏或左偏的"S"形曲线图,进而可以得出二者之间二元三次函数表达式,即:

$$LNGP=-0.01LNRGDP^3+0.17LNRGDP^2-1.32LNRGDP+3.90$$

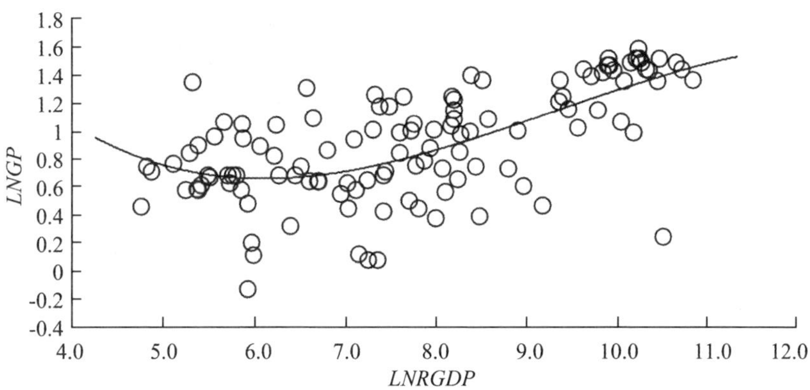

图5-9　混合国家人均GDP与知识产权保护水平(对数散点图)(1995)

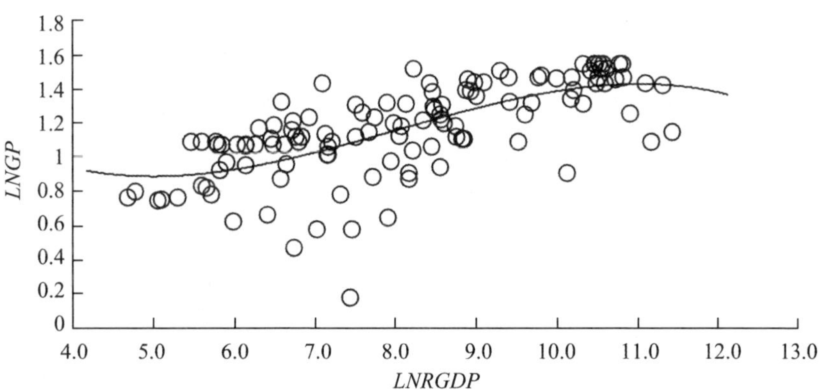

图5-10　混合国家人均GDP与知识产权保护水平(对数散点图)(2005)

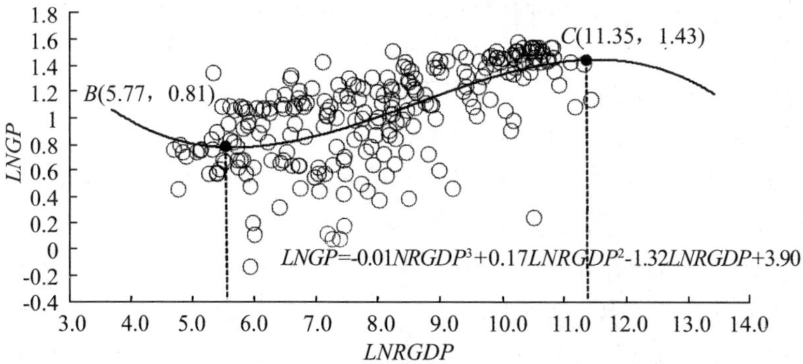

图 5-11 经济增长水平与知识产权保护水平之间相关性分析(混合国家)

在上述二元三次函数曲线趋势图 5-11 中,可以看出人均 GDP 在混合国家(或地区)样本中的分布在 3.5～13.5 之间。人均 GDP 的第一个拐点处于 B 点,即人均 GDP 为 320 美元(*LNRGDP*＝5.77),而人均 GDP 的第二个拐点处于 C 点,即人均 GDP 为 85000 美元(*LNRGDP*＝11.35)。很显然,对于第二个拐点 C 而言,到目前为止只有极少数国家(或地区)达到或超过这个水平(2010 年卡塔尔人均 GDP 为 90149.42 美元,卢森堡人均 GDP 为 108951.72 美元),大多数国家(或地区)处在拐点 B 与拐点 C 之间的水平。这一点与代中强、张二震研究结论有所出入①,其原因既可能与所采用修正后的 G-P 指数②有关,又与各国每年实际变动的人均 GDP 水平有关。当然,作为单纯的知识产权保护与经济发展水平的优化趋势曲线而言,能够反映并说明一定实际问题即可。从图 5-11 中可以看出,假定一国或地区在人均 GDP 小于 320 美元的情况下开始经济发展,此时人均 GDP 的增加会导致知识产权保护强度的降低;但当其人均 GDP 超过 320 美元的 B 拐点之后,人均 GDP 的增加会促进经济体内部不断加强知识产权保护;一旦人均 GDP 超过 85000 美元的 C 拐点之后,经济的进一步发展反而会导致知识产权保护强度的降低。实际上,对于 B 拐点与 C 拐点之间的发展差距问题,在一定程度上也反映出目前大多数国家(或地区)均会长期处于知识产权保护与经济发展的正相关优化关系阶段,这一结论又与朱(Chu)、科齐和加利得

① 代中强、张二震在《经济发展、外部约束与知识产权保护的实证研究》(2011)中研究发现,混合国家(或地区)样本中知识产权保护与人均 GDP 之间第一个拐点的人均 GDP 为 2322 美元(*LNRGDP*＝7.75),而第二个拐点的人均 GDP 为 15678 美元(*LNRGDP*＝9.66)。

② 在涉及知识产权保护问题的文献研究中,大多数知识产权保护指数(G-P 指数)均来源于 Ginarte, Park, "Determinants of Patent Rights: A cross-national study," *Research Policy*, 1997, Vol. 26, pp. 283-301;而本书采用修正后的 G-P 指数来源于 Walter G. Park, "International Patent Protection: 1960～2005," *Research Policy*, 2008, Vol. 37, pp. 761-766.

出的知识产权保护与经济发展阶段依赖性结论趋于一致。①

结合图 5-5“中国经济增长水平与知识产权实际保护水平之间相关性分析”进一步分析发现，我国早在 1988 年就已经突破图 5-11 中的第一个拐点的经济增长水平（1987 年人均 GDP 为 296.41 美元，1988 年人均 GDP 为 364.01 美元），随后中国进入长期的国内技术自主创新与国外技术模仿力量积聚阶段，但距离第二个拐点还具有相当长的差距（2010 年人均 GDP 为 4382.14 美元，2014 年 IMF 预估人均 GDP 也仅为 6986.31 美元），这说明在相当长的时期内中国知识产权保护与经济增长水平一直会处在相互优化的关联阶段（B 点与 C 点之间）。因此，尽管经过改革开放三十多年的不断积累和发展，无论是在国内自主创新还是知识产权自我保护等方面均有了长足进步。但是，我国要真正实现从模仿创新到自主创新的实质跨越，实现从“制造大国”向“创造大国”的阶段升级，必须始终如一地使知识产权保护程度与经济发展水平相适应，这也是我国在长期的经济发展过程中，在日臻完善的知识产权立法保护（名义保护）基础上，重点要求加强知识产权执法保护（实际保护）的主要原因之一。

综上所述，根据混合国家（或地区）样本数据实证研究发现，在不考虑其他影响因素的前提下，经济增长水平和知识产权保护强度之间的关系并不是传统文献中简单的线性关系，而是呈现右偏或左偏的“S”形关系。具体而言，对于发展中国家（或地区），两者之间呈现“U”形关系，而发达国家（或地区）则呈现倒“U”形关系。同时，无论发展中国家（或地区）还是发达国家（或地区），在经过了“S”形曲线的第一个拐点之后，均会长期处于知识产权保护与经济增长的正相关关系阶段。通过比较分析，中国在三十多年的改革开放过程中，知识产权保护与经济增长水平的内在关系基本与发展中国家（或地区）样本数据的实证拟合回归结果保持一致。当然，需要强调指出的是，对中国而言，实际知识产权保护水平的加强不仅会使得拥有自主知识产权的外资企业的垄断力量得到强化，技术外溢的可能性降低，而且更有利于其垄断利润的获取。与此同时，跨国公司可能会利用知识产权保护制度安排来制约中国内资企业的自主研发活动。因此，中国在加强知识产权实际保护与经济增长并行不悖的同时，还需要对知识产权保护强化可能导致的垄断问题保持高度关注。只有在知识产权反垄断先行的前提下，加强知识产权实际保护才能从根本上促进我国企业的自主创新和市场经济的长久稳定发展。

① Angus C. Chu, Guido Cozzi, and Silvia Galli, “Innovating like China: a Theory of Stage-Dependent Intellectual Property Rights,” http://mpra.ub.uni-muenchen.de, 2012-1.

本章小结

为了进一步验证和分析我国知识产权保护水平与经济增长水平之间的内在关系，首先，本章首先对处于不同发展层次的典型经济体（英国、美国、日本、韩国、印度）的知识产权保护演化发展历程进行简要概括综述，通过对比分析发现，不管是老牌发达国家（英国），还是后起发达国家（美国、日本），乃至新兴工业化国家（韩国）或者发展中国家（印度），它们在经济发展的最初阶段大多是立足于技术的模仿和在此基础上的技术改进，进而在技术的模仿和创新结合的过程中实现技术赶超。当经济发展进入较高水平之后，伴随着技术水平的提升开始实施知识产权国家战略。

其次，通过借鉴前人的研究成果，在基本条件的假定前提下，构建和推导出我国（发展中国家）知识产权保护与经济增长水平的关联机理模型，并得出相应结论之一，即：当发展中国家经济发展水平或技术能力 ρ 较低时，提高 ρ 可能对模仿进口技术带来的收益影响要比促进本国创新带来的收益影响更大，即此时 ρ 提高所产生的模仿效应优于创新效应，因此应当弱化知识产权保护水平；当 ρ 高于特定水平时，其所产生的创新效应会优于模仿效应，此时应当实行强化知识产权保护水平；当 ρ 提高所产生的模仿效应与创新效应相抵消时，此时对发展中国家而言存在一个 $\beta^*(\rho)$ 由弱变强的拐点。除此之外，通过理论模型推导还得出发展中国家知识产权保护水平与技术创新之间的结论之二，即：发展中国家本地企业的最优创新力度随知识产权保护水平和技术能力水平的提升而提升。具体而言，本地企业的最优创新力度 $z^*(\beta,\rho)$ 的大小不仅取决于自身产品质量提升的效果，而且还取决于竞争者的技术模仿能力大小，前者由技术能力水平 ρ 决定，后者则由本国知识产权保护水平 β 决定。一般而言，知识产权保护水平 β 越高，本地企业的最优创新力度 $z^*(\beta,\rho)$ 越大；经济发展水平或技术能力水平 ρ 越高，本地企业最优创新力度 $z^*(\beta,\rho)$ 也会越大。很显然，结论之二是从属于结论之一的。在此基础上，运用实际案例对上述理论模型进行了解释说明。

最后，为了更好地比较和分析中国知识产权保护与经济增长的内在关联问题，本章根据混合国家（或地区）样本数据实证研究发现，在不考虑其他影响因素的前提下，经济增长水平和知识产权保护强度之间的关系并不是传统文献中简单的线性关系，而是呈现右偏或左偏的“S”形关系。具体而言，对于发展中国家（或地区），两者之间呈现“U”形关系，而发达国家（或地区）则呈现倒“U”形关系。同时，无论发展中国家（或地区）还是发达国家（或地区），经过了“S”形曲线的第一个拐点之后，均会长期处于知识产权保护与经济增长的正相关关系阶段。

通过比较分析，中国在三十多年的改革开放过程中，知识产权保护与经济增长的内在关系基本与发展中国家（或地区）样本数据的实证拟合回归结果保持一致。因此，必须始终如一地使知识产权保护程度与经济增长水平相适应，这不仅对我国当前实际知识产权保护的适度性作了进一步阐述和解释，而且也为我国在长期的经济发展过程中，在日臻完善的国内知识产权立法保护（名义保护）和应对强化国际知识产权保护要求基础上，加强完善知识产权执法保护（实际保护）明确了重点方向。

第六章　经济因素对我国知识产权保护的影响机制研究

一国或地区知识产权保护与经济增长水平的关联性分析，只是从总体上表明二者之间存在相互影响、相互制约的内在关系，而这种关系主要又会通过两种作用机制体现出来：一方面，经济因素对知识产权保护的影响机制，即一国或地区市场开放程度、人力资本投资、政府经济行为以及成本收益等因素会对其知识产权保护水平产生重要影响；另一方面，知识产权保护又反过来会对长期经济增长产生重要影响。本章将围绕经济因素对我国知识产权保护的影响机制问题展开分析，力求寻找出影响我国执法水平的主要经济制约因素，进而为我国知识产权保护水平的适度性问题提供反面佐证。

第一节　影响机制的含义及特征表现

随着人类社会的进步和科学技术的迅猛发展，全球经济结构正在进行新的战略格局调整。在此过程中，以信息技术、生物医药、新材料等高新技术为核心的知识产权辐射并带动着新一轮的经济发展。与此同时，对于知识产权保护程度的强弱、水平的高低，则成为各国在国际经济竞争中制定和实施知识产权战略的重要内容。当然，这里强调的知识产权保护，从狭义层面仅指依照现行法律法规，采取有效措施和手段对侵犯知识产权的行为进行制止和打击活动的总称。其中不仅包括阻止和打击假冒伪劣产品，阻止和打击商标侵权、专利侵权，还包括阻止和打击著作权侵权、版权侵权等。而从广义层面则还包括一系列相关法律、法规以及保护制度的制定和修缮等内容。就目前来看，与发达国家较强的知识产权保护制度相对照，发展中国家无论是在知识产权创造、利用，还是保护等方面与发达国家都还存在极大差距。由于知识产权保护的缺陷给国民经济发展造成了一定影响，进而阻碍了国际技术转移、外商直接投资的引进以及国际贸易的发展，所以对国际知识产权保护的新形势作出及时的判断，对影响知识产权保护的诸多因素进行细化分析，则成为一国制定和实施知识产权战略，不断完善本国知识产权保护制度的必然选择。

一、影响机制的含义

谈到影响知识产权保护的因素问题，经济发展、经济增长问题是必不可少的重要因素。有关经济增长与知识产权保护的研究正在不断涌现，但大多数研究均体现在知识产权保护与FDI、知识产权保护与技术创新、知识产权保护与国际技术转移等内容当中。就目前而言，将影响知识产权保护的主导因素单独罗列出来进行研究的则相对较少，而较为详细分析一国或地区经济因素对其知识产权保护影响机制的研究内容则更少。因此，无论从理论层面还是实践层面，明晰影响知识产权保护水平的主要经济因素，其理论和现实意义尤显重要。

这里提出的所谓影响机制，即指一国或地区经济发展过程中各项经济因素对知识产权保护水平的影响过程，简单来讲，就是经济发展是如何借助其他中介因素进而影响知识产权保护水平的。围绕这一问题，大多数学者均是从知识产权保护水平的衡量指标角度进行界定的①，而这些界定主要集中体现为两种方法：

一是对知识产权保护采取定性指标分析。在这种评价分析模式下，一般将知识产权保护水平划定为知识产权的保护范围、知识产权的限制程度以及知识产权的救济手段等。具体来说，知识产权保护范围的扩大或缩小意味着知识产权保护水平的提高或降低，而知识产权保护范围又可以细化为受保护知识产权的主体范围、客体范围、权利范围、时间范围和地域范围等内容；知识产权的限制程度反映在权利限制手段的配置上面，具体而言就是采取何种形式的限制措施以及限制措施的具体规定等，其中仅就知识产权的限制措施而言，主要包括合理使用、法定许可、强制许可等；对知识产权救济手段的赋予及强弱则表明了知识产权保护的有无及强弱问题。一般而言，一国或地区被赋予一定知识产权救济手段且救济手段方式多样，则表明其知识产权保护水平较高；反之，则知识产权保护水平较低。而在诸多救济手段中，民事制裁、行政制裁和刑事制裁则是知识产权保护中最常用的救济手段，三者结合在一起从制裁违法行为方面确定了知识产权的保护水平。当然，在一定程度上这种制裁对于知识产权保护水平的体现还依赖于具体救济手段的实施情况。

---

①　无论是国外R-R指数、G-P指数，还是国内韩玉雄、李怀祖和许春明、单晓光以及沈国兵、刘佳等所设立的模型，均是从衡量知识产权保护的立法、执法和司法等指标构建上衡量知识产权保护水平的。本书在第四章“我国知识产权保护水平的重新测度与修正”中进行过具体阐述。需要强调说明的是，本章中的经济或经济发展因素，主要是分析除了以人均GDP为主要衡量指标之外的其他各项经济因素对我国知识产权保护水平的影响问题。

二是对知识产权保护采取定量模型分析。区别于知识产权保护定性和理论分析的不同,知识产权保护强度测定指标的建构主要有三种方式:问卷调查法(Mansfield and Sherwood),即以对经理和专利律师等从业者意见的调查为基础进行评分的方法;立法评分法(Rapp and Rozek),即以国家的知识产权立法文本为基础进行评分的方法;综合评分法(Kondo and Lesser),即上述两种方法的综合。除此之外,目前情况下对于知识产权保护(IPP)程度的度量,主要是采用杰拉德、帕克提出的 IPR 指数来进行分析,它既有效地克服了立法评分法的不足,又有效地避免了问卷调查法主观性和弱再现性的缺陷,已经成为当前被广泛采用的一种指数评价方法。Ginarte-Park 指数主要从 5 个方面来评价知识产权,即权力覆盖的程度、已加入的国际公约的数目、对未有效保护而带来的损失的弥补情况、执行机制、保护期限等,其中每个指标满分 1 分,每个指标又分出若干个(n)二级指标,符合一个二级指标要求即可获得 $1/n$ 分。如此计算,5 个类别得分的累加和即为量化的知识产权保护水平,其中最高为 5 分,最低为 0 分。一国的知识产权保护程度就是通过对以上各项内容的完善程度进行评分,进而加总而得的数值进行衡量的。得分愈高表明这个国家的知识产权保护水平愈高,反之则愈低。一般而言,在分析不同国家的知识产权保护对经济的影响时,也通常采用这个指数评价方法。

实际上,无论是定性指标分析还是定量模型分析,都还存在一些有待进一步商榷的地方,比方指标设置的科学性问题、定量分析结果与保护实际的差距问题等等。因此,对知识产权保护水平的研究,不能固执地依赖单一的分析方法,既要进行定量分析,又要进行定性分析,尤其是考虑到知识产权保护的决定或影响因素问题时,首先在理论层面进行范围界定则是开展研究工作的前提条件,也为进一步的实证研究明确了分析思路。

二、影响机制的特征表现

一国或地区知识产权保护水平的高低取决于多种因素,既取决于一国立法、执法的完善履行程度,又与一国的政治、文化乃至传统习惯息息相关,更与该国的各项经济因素具有密切关系。李雪茹采用德尔菲法和问卷调查法,并借助解释结构模型法(Interpretative Structural Modeling,简称 ISM 模型)分析结果显示,在影响知识产权保护的诸多要素中,经济发展因素排在第一位。[①] 在此基础上,这些经济因素又可以细化为经济发展水平、市场开放或者竞争程度、成本收益因素以及人力资本投资、政府经济行为等方面。无论从宏观层面还是从微观

① 参见李雪茹等:《基于 ISM 的知识产权保护影响因素分析》,《情报杂志》2009 年第 6 期。

层面来看，各项细化的经济动因都对知识产权保护水平产生或大或小的影响，有的甚至起着关键制约作用。

(一)经济发展因素

根据拉普和罗泽克的量化研究分析表明，一国经济发展水平的高低与其知识产权保护水平是成正相关的。① 一般来讲，经济发展水平在两个方面会影响到知识产权保护。首先，经济发展水平的高低影响知识产权保护的实施强度。一般情况下，一国的经济发展水平较低，则该国政府知识产权保护的实施强度是弱性的，其原因在于立法和实施监督成本过高，使得经济发展水平低的国家无法实施严厉的知识产权保护，而经济发展水平较高的国家，则具有较强的成本优势，其成本优势主要体现在其相对完善的立法机构、司法制度等方面。从这个层面上讲，对于发展中国家而言，严厉的知识产权保护实际上是没有任何意义的，而且这种经济发展水平对知识产权保护制度的影响是最直接的。其次，经济发展水平的高低影响实施知识产权保护的主观能动性。对于经济发展水平较低的国家而言，考虑到自身技术落后和经济发展赶超的需要，在知识产权的保护上自然就带有主观弱化倾向。另外，由于科学技术知识的扩散和吸收应用存在一定时效性，无形中又进一步加大了经济发展水平较低国家技术革新的时间成本，最终结果便是，无论在客观实际中还是在主观意识上，经济发展水平较低国家都会弱化甚至忽视知识产权保护。相对应经济发展水平较高国家而言，由于自身技术资金基础雄厚，再加之对于技术扩散所衍生的利益损失以及未来自身对固有市场占有规模的考虑，强化知识产权保护的意识和行动自然会非常明显。

当然，这种单纯将经济发展水平和知识产权保护强度联系起来展开分析并不是绝对的，在一定程度上需要顾及其他经济因素的协同效应。从经济发展阶段与知识产权保护的关系看，经济发展水平确实会对知识产权保护产生影响，但是这种影响并不是必然的和决定性的。除此之外，一国经济发展水平还表现为其他方面，个人工资水平高、强调个人权利并对合同和财产有着强有力保护措施的国家盗版率也偏低，而且教育水平高、对科学研究与发展投资大的国家盗版率也偏低。

(二)成本收益因素

在一定期限或时间内，知识产权保护的成本和收益问题均是需要重点考虑的影响因素，而且也是制约知识产权保护水平的最核心要素。一般来说，知识产权保护的收益可以分为以下几个方面：一是通过赋予知识产品因专有权而产生的对知识创造的激励以及通过激励而产生的新的知识产品。二是对新的知识产

① 转引自李迎春：《知识产权制度保护水平的测度与分析》，《财会通讯》2009 年第 10 期。

品利用的激励——包括对企业首先采用这种知识的激励以及知识产品在利用中产生的效益(也称之为创新和研发收益)。三是FDI与技术转让收益。根据李(Lee)和曼斯菲尔德的调查研究证实①,转让的技术水平取决于一国或地区通过知识产权捍卫来保持对该技术控制的能力,而且这种收益是相对的,可能会因区域经济发展水平不同而异。四是产品质量保险和声誉收益。一般而言,执行有效的知识产权保护会提高产品的平均质量,从而形成声誉累积效应,进而增加消费者剩余;与此相反,滥用知识产权所带来的伪劣产品的销售会很快地损毁产品声誉,对于企业而言克服这种损害比占有产品市场代价更高。此外,对发展中国家而言,良好的知识产权保护制度环境所带来外商投资和技术引进的增加,也是知识产权保护制度不容忽视的重要收益体现。

相应地,对于知识产权保护的成本而言,可从以下方面进行定性分析:(1)管理和具体执行成本。管理有效的知识产权体系所需的成本相当巨大,特别是专利权的管理所需的成本最为昂贵,其他知识产权保护手段的管理成本一般比专利制度要小得多。(2)技术使用费的提高带来的国际收支负担。这种国际收支负担主要来自于一国改进知识产权制度所增加的外汇支出。(3)消除侵权行为的社会成本。这类分析主要是从社会福利角度来考察的。(4)加强知识产权保护带来的反竞争的后果。主要表现为企业产品价格大幅上升以及由于知识扩散减缓所造成的社会成本增加,当然这也是知识产权专有性所必然带来的问题之一,可以将其看作是知识产权制度的必要成本。

一般地说,当一项知识产品刚出现时,对知识产品的所有者而言,其新颖性和应用前景的确定性往往会使得该项知识产品的保护收益大于保护成本,但是随着经济发展和技术进步,这项知识产品的新颖性将逐渐消失,此时对其的保护收益趋于削弱,而要求进入该项知识产品范围所涉及的企业也越来越多,即进入要求的增加导致了保护的成本越来越大。一旦当成本超过收益时再继续对该项知识产品实施保护就基本没有任何意义了。套用新制度经济学的话来说,此时应当让知识的产权形式由私有产权转化为公共产权,即由原始私人保护状态进入公共领域成为公共资源。这种衡量成本和收益的比较方式,无论对于企业还是国家来讲都是同样适用的。

(三)市场竞争因素

从局部来看,尽管知识产权保护力度在一定程度上会制约单个产品市场竞争程度。但是,反过来,一国(或地区)整体市场竞争程度、技术产品的盈利状况、

① Jeong-Yeon Lee and Edwin Mansfield, "Intellectual property protection and U. S foreign direct investment," *The Review of Economics and Statistics*, 1996, Vol. 78, No. 2, pp. 181-186.

科技产品的市场占有率高低也会对知识产权保护产生重要的影响。换句话说，对知识产权保护而言，一国或地区整体市场竞争越强，该竞争市场中知识产权保护意识和程度就会越高，侵权行为发生的概率往往就会越小；反之，市场竞争程度越低，则知识产权保护程度就会越低，相应地侵权行为就会越多。这种情况与单个企业知识产权保护和市场竞争程度的关系正好相反。从知识产权的本意来看，知识产权是人们取得垄断地位和实现经济利益的工具。正是为了在竞争中获得优势，人们才积极从事着技术创新和文化创新活动，并以知识产权作为知识产品的制度保障。知识产权为各主体在市场中的领地周围竖起了“无形篱笆”（禁止他人非法进入），从而增强了知识产权主体（企业或者个人）的市场竞争优势。同时，非知识产权人以付费的方式利用知识产权也是为了避免在竞争中处于劣势，而且他还可以在别人创造的知识产品的基础上创造出更先进、更有价值的知识产品，从而获得新的垄断地位。所以，从这个角度来看，围绕知识产权创新而不断展开的良性循环竞争也促进着科学技术的“螺旋式”进步，它是人类社会发展的根本动力。

人类社会的不断进步以及存在于其中的个体的不断成长，都可以归结于人类对自然资源进行开发而不断创造出新知识的积累过程，其内在原因既包括个人利益因素的激励，使得人们始终被周围的新鲜事物所吸引进而保持持久的创造动力，更重要的是竞争因素的存在，它促使人们致力于知识积累和创新的劳动，以便能获得更多更广泛的垄断地位，从而获得相对于竞争对手的明显优势地位，这实际上仍然是出于利益因素的激励。个人利益和竞争的共同作用激励着人们去寻找、发现、创新并设法垄断之，它们构成了社会协调向上的原动力所在。

（四）人力资本因素

20 世纪 80 年代，以罗默、卢卡斯为代表的新经济增长理论学派提出了人力资本决定型经济增长模式。他们把技术进步、人力资本内生化及人力资本因素引入生产函数，指出人力资本是经济增长的根本源泉和动力。同时，他们还强调指出知识积累的载体——人力资本具有规模报酬递增的性质，而且存在着投资刺激知识的积累，反过来知识的积累又促进投资的良性循环效应。[①] 类似地，对人力资本储备的重视也会相应增强对科技创新能力保护的意识，这种人力资本对经济增长的刺激效应同样可以延伸到知识产权保护领域，两者具有内在一致性的倾向。在人力资本与知识产权保护的关系上，一般主要强调人才储备尤其是法律专业人才的储备问题，其中主要是知识产权领域的专业人才。对于企业而言，无论是在知识产权的创新、利用上，还是在知识产权保护方面，拥有丰富经

① 转引自左大培、杨春学：《经济增长理论模型的内生化历程》，中国经济出版社 2007 年版，第 345 页。

验和专业产权知识的人才作保障，其知识产权保护无论在意识上还是在具体行动中，都会较之条件差的企业具有更突出的优势。在激烈的国际贸易竞争中，人才储备的丰富程度和质量高低，往往在很大程度上左右企业乃至整个国家对于自身研发技术的保护状况。

众所周知，实施知识产权战略首先需要人才的保证，知识产权战略的运用更需要具有较强专业意识和知识的人才作保障。而以知识产权保护水平相对较弱的发展中国家(以中国为例)实际情况可以看出：在知识产权人才方面，懂技术、会管理、精法律的知识产权专门人才严重缺乏或流失；承担国家重大科研项目的研发人员缺乏专利意识；参与市场经济活动的主体缺乏知识产权战略知识的培养；知识产权政府决策人员缺少专业培训；等等。这些领域知识产权人才的缺乏和知识产权保护意识的缺失都在涉外知识产权诉讼案例中充分体现出来。而与上述状况形成鲜明对比的则是，发展中国家实施知识产权制度培养出来的最优秀的知识产权管理人才几乎都“滞留”在外企知识产权部门，最优秀专利代理人都供职于涉外代理机构，最优秀的研发人员也在不断“流向”外资研究机构。当然，这种现象的存在既是个体利益偏好取向的原因使然，更与一国(或地区)知识产权战略的相应滞后有一定关系。由此可见，知识产权专业人才匮乏已经成为制约发展中国家实施知识产权发展战略的瓶颈问题。

综合看来，诸多经济因素对知识产权保护的影响主要体现为两条路径：一是从影响知识产权保护的内在主观动力角度来看，一国或地区知识产权所有者对拥有垄断权力所能获取潜在收益预期高低、潜在知识产权侵权者对侵权获利的多寡、消费者消费侵权产品所能得到消费者剩余的多少以及作为公众利益“守夜人”的政府监管部门监管成本因素等等，构成了影响一国或地区知识产权保护水平高低的内在动力路径；二是从影响知识产权保护的外在客观助力角度来看，一国或地区经济发展变化所引起的人力资本积累程度、教育经费投入力度以及市场竞争开放幅度等等，则在长期内成为影响知识产权保护水平高低的不可忽视的重要外在助力因素。总之，从影响知识产权保护的诸多细化的经济因素中可以看出，一国知识产权保护水平既与其经济发展水平、市场开放程度有关，又与实施知识产权保护所形成的成本收益和人力资本等因素关系密切。而且这些诸多经济要素并不是单一、独立地对知识产权保护产生影响的，它们总是相互交织、相互联系着，对知识产权保护的实施产生直接或间接影响(见图 6-1)。当然，每一种经济要素对知识产权保护的影响权重也是存在差别的，而这些因素在多大程度上影响或者决定知识产权保护水平的变化，除了需要理论层面进行分析探讨之外，还有待于对此展开进一步实证分析和数据检验，才能在实践中得出更具说服力的结论。

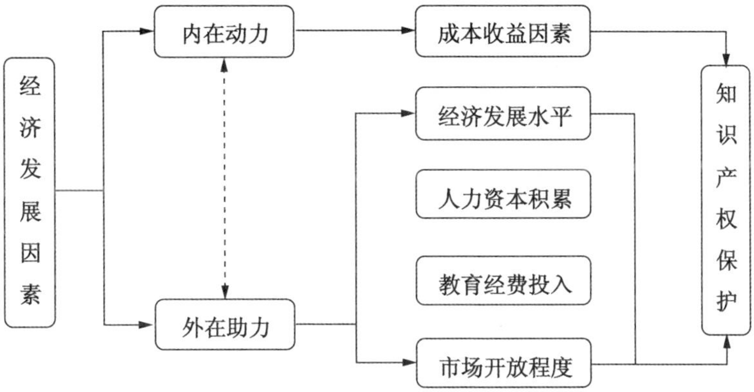

图 6-1　影响知识产权保护的经济因素传导机制分析

需要强调的是，这里明确知识产权保护中经济因素的影响作用，并不是忽视地域政治、文化、法律以及传统习惯等非经济因素对知识产权保护的影响。尽管对于知识产权主体而言，实施知识产权保护行动与否，发挥关键作用的是经济因素，但并不否认也不可能排除，其他因素对知识产权保护行为所存在的潜在或者明显的影响。由于知识产权本身外溢性和收益性等特征的存在，政治、文化、法律等因素的影响也是肯定存在的，只不过这里重点强调经济动因在知识产权保护中的显著作用。只有洞悉知识产权保护与各项经济因素之间的相互关系并展开尽可能清晰的分析之后，才能在具体应对知识产权保护是否可行以及制定相关知识产权保护策略中，真正做到更加理性化和规范化，也才能更加适应国家宏观层面知识产权战略的目标要求，从而加快我国知识产权建设的步伐，将整个中国知识产权市场积极向前推进。

第二节　影响知识产权保护的内在均衡因素
——博弈模型分析

知识产权保护行为不仅仅是一个法律问题，更是一个深层次的经济问题。伴随当今国际贸易的发展和市场规模的逐步扩大，与知识产权保护有关的贸易纠纷日趋增多，这不仅使得知识产权保护问题扩展到更加广泛的领域，也使得有关知识产权保护行为与社会福利、经济增长、技术扩散等相互关系的研究迅速成为学术界领域关注的热点。在此基础上，本章通过构建经济均衡的博弈模型，集中分析知识产权利益主体的选择倾向，从微观视角较全面地解释知识产权保护行为的内在动因问题，也为全面加强知识产权保护开辟更有效的经济途径。

总体来看,知识产权保护的终极目的是为了促进公共利益,即鼓励知识创新、增加社会知识存量,从而提高整个社会的福利水平。但由于信息不对称以及市场利益导向偏差的存在,与知识产权保护相对应的知识产权侵权问题却屡禁不止。尽管不同知识产权保护强度的测算方法都或多或少考虑经济因素对知识产权保护的影响问题,但仅仅囿于某一方面容易忽视一国立法、司法乃至执法水平高低仍然受制于经济发展水平、基础设施投入、人力资本投入、教育经费投入乃至市场开放程度等深层次经济制约因素。当然,最根本问题在于没有强调知识产权保护"失灵"的内在制约因素,即潜在侵权行为与知识产权保护行为的利益博弈机理。无论是微观市场主体,还是宏观政府组织,对知识产权保护或侵权行为的关注都脱离不了成本-收益的权衡比重衡量问题。因此,从成本-收益的博弈角度来分析知识产权保护的影响问题则凸显其关键性,这也从根源上指明了知识产权保护行为的内在动因所在。

一、知识产权保护行为的诱导因素分析

如前所述,有关知识产权保护与经济增长、经济发展之间的关系研究,大多数学者均是从顺向思维角度入手,重点分析知识产权保护对经济发展、经济增长的影响效果方面。但是,反过来,知识产权保护也会受到各方面经济因素的影响,二者存在"二律背反"现象,即二者相互牵制、相互影响。而对知识产权保护的影响因素可以分为三层:对外开放程度是知识产权保护影响因素中最基层客观因素,创新能力和保护意识是其最直接影响因素,经济利益比较即市场竞争优势则是影响知识产权保护的最核心因素。如果单单强调知识产权保护对经济增长的正向或负向效应,而无视或忽略经济因素对知识产权保护的影响问题,则不仅有失学术研究的范式偏颇,而且还很可能从本源上导致知识存量长期"时滞"或"断层"现象的出现,这对整个社会创新知识的积累和市场可持续发展均会产生不利影响。

这里经济均衡模型的构建依托于信息经济学和激励理论中的委托-代理基本观点。实际上,知识产权保护行为主要涉及潜在侵权者、知识产权所有者、政府司法或执法部门(简称政府)以及消费者之间的内在关系,而潜在侵权者的存在,在很大程度上可以说是知识产权保护行为中最关键因素。这里为了分析的方便,假定其他影响因素不变,图 6-2 描述了它们之间的利益导向关系。从简单的知识产权所有者—政府—潜在侵权者—消费者关系图中,可以获得有关知识产权保护行为的若干结论。首先,当知识产权具有高额市场利润空间(图 6-2 中

虚线①代表的含义)，而政府部门对潜在侵权者行为又缺乏监管力度，加之潜在侵权者缺乏自我道德和行为约束，更为重要的是，当消费者(公众)可以从侵权者那里获得“物美价廉”的侵权商品时，消费者也会更加偏好“货币投票”于侵权行为(这里消费者实际上成为侵权行为发生的利益诱因)，这便形成了知识产权侵权行为中的“消费者统治”现象[①]，于是市场中的知识产权保护弱化行为便会不断增加。

而实际上，知识产权所有者对市场侵权行为并不具有直接约束力，其权益的维护主要是委托政府部门通过司法或者立法程序来实现的(图 6-2 中实线所代表的含义)。然而，任何理性政府实施监督活动之前均需要对市场侵权行为进行调查分析，评估反侵权的成本代价，然后采取惩治措施，当然其前提条件必须满足政府追求社会效益最大化的最优条件，即反侵权的边际成本等于减少侵权所带来的边际收益。[②] 其次，无论是政府对潜在侵权者的监督(包括市场调查取证或立法约束等)还是对消费者“货币投票”取向选择的了解都需要掌握足够的市场信息。由于知识产权获利多少间接影响着潜在侵权者与消费者(公众)的内在关系，消费者(公众)对侵权产品的取舍决定着潜在侵权者的物质刺激(图 6-2 中虚线②所代表的含义)。所以，从整个过程来看，知识产权所有者委托政府，通过立法或者行政监督为其本身和社会提供服务时，政府的监督力度缺位加之消费者偏好取向的影响，就可能使得潜在侵权者通过侵权行为(出售盗版产品、冒用商标、套用专利等)而谋取私利，从而导致知识产权保护的弱化性。由于政府部门关于潜在侵权者和消费者的信息具有不对称性，而消费者的消费定位也具有不确定性，从而造成政府获取足够信息代价极高，这也在一定程度上成为制约知识产权保护行为有效性的核心经济因素。因此，对各利益主体展开经济利益的博弈过程分析，可以从经济学角度解释和说明影响或制约知识产权保护的内在因素，从而为加强和完善知识产权保护提供更直接和更有效的决策参考。

---

① 这里的“消费者统治”是广泛流行于西方经济学文献中的一个概念，它是指在一个经济社会中消费者在商品生产和社会服务这一最基本的经济问题上所起的决定性作用。这种作用表现为：消费者用货币购买商品和享受服务是向商品和服务投“货币选票”，而“货币选票”的投向和数量，取决于消费者对不同商品和服务的偏好程度，体现了消费者的经济利益和意愿选择。在市场最大利润原则的驱使下，生产者必然依据“货币选票”的情况来安排生产。本研究所强调的消费者消费行为和习惯，与现实中知识产权侵权行为发生的实际情况基本相吻合。

② 为了简化分析的需要，这里的政府部门只是单纯作为经济市场参与者考虑的，并没有顾及其作为公共服务部门所特有的职能，即社会收益有可能小于社会成本的情况。

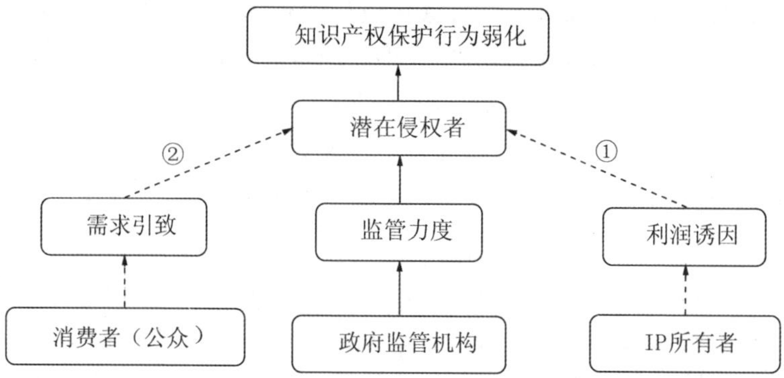

图 6-2　知识产权保护行为弱化的利益诱导因素

二、知识产权保护行为的经济博弈模型的构建与推导

当我们采用经济均衡博弈方法分析知识产权保护行为时，我们假定市场潜在侵权者面临两种选择（即侵权或不侵权），政府监管面临两种选择（即监督高力度或者低力度），同样消费者（公众）与知识产权所有者也各自面临两种选择（即"偏好"侵权产品还是非侵权产品、诉讼还是不诉讼）。在此过程中，各主体经济利益的权衡比重决定着潜在侵权者或产权主体的最终市场选择。鉴于知识产权保护的最终实施者是政府执法机构，而政府执法又取决于知识产权侵权行为的发生与否，因此这里重点分析潜在市场侵权者和政府监管行为的选择问题。

（一）经济博弈模型基本假定

在运用博弈理论模型分析知识产权保护问题时，假定其他影响因素不变，知识产权保护的内在动因主要来源于市场侵权行为。由于知识产权所有者对侵权行为缺乏直接约束力，因此这里博弈的双方主要是政府和潜在侵权者。我们假定各项标准均以统一的货币单位计量。

基本假定一：政府部门对于侵权行为的监督有两种选择：监督力度大和监督力度小。假定政府部门监督成本为 c，这可以通过政府投入监督机构、制度建设方面的资金以及人力支出来间接衡量；q 表示政府的监督力度，当然 $q \in (0,1)$。政府监督力度最高时 $q=1$（政府监督力度最强，市场基本不存在侵权行为），而监督力度最低时 $q=0$（政府监督力度最弱，对市场侵权行为没有任何监管）。

基本假定二：潜在侵权者面临两种选择：侵权或不侵权。假定侵权行为的非

法收入增加额用 a 表示[①]，w 表示不侵权时的正常收入，f 表示侵权被查处的处罚力度，g 表示侵权者从事侵权活动时所付出的信誉代价，侵权程度用 $p\in(0,1)$ 来表示，侵权最严重时 $p=1$（侵权者没有自己的产品），侵权最轻时 $p=0$（不存在侵权行为）。需要注意的是，当潜在侵权者选择侵权行为时被查处后不仅得不到 a，还有可能失去既得收入和声誉 $r(r=w+g)$。

由基本假定一、二可知，政府监管机构与潜在侵权者之间属于一种混合策略博弈。[②] 对政府监督机构而言，它的混合战略 $S_1=[s_{11}$(强监督)，s_{12}(弱监督)$]$的概率分布为 $P_1=(q,1-q)$，其中 $0\leqslant q\leqslant 1$。同样地，潜在侵权者的混合策略 $S_2=[s_{21}$(侵权)，s_{22}(不侵权)$]$的概率分布则为 $P_2=(p,1-p)$，其中 $0\leqslant p\leqslant 1$。依次类推，在放松基本假定参与者条件下，还可以将消费者以及知识产权所有者参与博弈的情况考虑进来，为简化起见这里不再进行详细分析。

在这里尤其需要强调说明的是，对于潜在侵权者而言，如果选择不侵权，即没有假冒商标或者专利侵权以及盗版等情况的出现，那么他只能获取正常的市场份额以及保持原有的市场信誉。当然他可以通过合法途径获取知识产权所有者所能得到的利益分享权（通过知识产权使用权转让、租售等方式）。如果抵挡不住高额利润和市场占有份额的诱惑而选择了侵权，那就可能要受到法律的惩处和付出自身原有信誉的代价。当然，如果潜在侵权者是一个有着极强投机心理的"经济人"，当侵权带来的非法收入减去可能受到的惩罚（由侵权被发现的概率与受处罚程度的乘积决定）大于零或者其正常收入时，他就会选择侵权，即：

$$U_1=U_1(r)=U_1(w+g) \tag{1}$$

$$E(u)=(1-q)U_2(w+a)+qU_3(w-f-g) \tag{2}$$

这里 $U(*)$ 代表潜在侵权者的效用函数，其中 $U_1(w+g)$ 表示潜在侵权者选择不侵权时的总效用，$U_2(w+a)$ 表示侵权者选择侵权没有被发现时的总效用，$U_3(w-f-g)$ 为侵权者选择侵权被发现后的总效用。很显然，只要 $E(u)>U_1$，潜在侵权者将采取侵权活动。这里信息不对称是其中分析的一个重要假定，主要体现在侵权行为被查处概率（政府监管程度）q 的大小上。需要注意的是，侵权现象在整个社会中的蔓延程度会大大降低侵权行为所付出的无形代价（即声誉或信誉），这种情况在某种程度上也会大大影响知识产权保护的难度。

---

① 当然，如果考虑到侵权的社会接受程度和知识产权所带来的潜在收益时，则声誉损失 g 和侵权收入 a 均是一个潜在的可变函数。为了分析的方便，这里假定它们均不受其他因素影响。

② 一般意义上，混合策略博弈的标准式表达为：在标准式博弈 $G=\{S_1,S_2,\cdots,S_n;U_1,U_2,\cdots,U_n\}$ 中，假设 $S_i=\{s_{i1},s_{i2},\cdots,s_{ik}\}$，那么参与者的一个混合策略是概率分布 $P_i=(p_{i1},p_{i2},\cdots,p_{ik})$。其中，对所有 $k=1,2,\cdots,K$ 都有 $0\leqslant p_{ik}\leqslant 1$ 且 $p_{i1}+p_{i2}+\cdots+p_{ik}=1$。当然，这里博弈分析参与者只有政府监管部门与潜在侵权者，故而是比较简单的混合策略情况。

(二)经济博弈模型构建与推导

根据以上基本假定条件可以看出,对于政府监管部门和潜在侵权者而言,二者博弈的最终结果即为寻找混合策略纳什均衡①问题。据此,我们构建不完全信息条件下政府市场监管与潜在侵权行为之间的扩展型博弈树(Game Tree)②(见图 6-3),其中 Player 1 代表潜在侵权者,Player 2 代表政府监管部门,H 表示政府高力度监管,L 表示政府低力度监管;Y 表示潜在侵权者选择侵权,N 表示选择不侵权,虚线代表信息不完全。

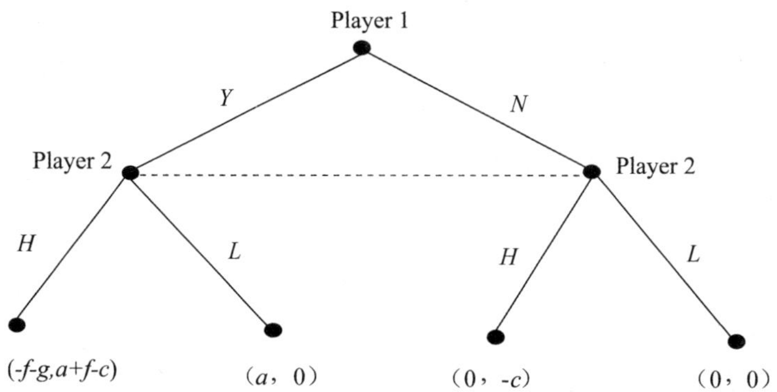

图 6-3　政府监管与潜在侵权博弈树

由扩展型博弈树可以转化为标准式的双变量收益矩阵形式(见表 6-1)。从博弈树或博弈矩阵中可以看出,政府部门采取高力度惩治侵权行为时,政府收益为$(a+f-c)$,侵权者收益为$(-f-g)$;如果侵权存在但政府监督力度过小,则政府损失成本为 0,而侵权者得到 a;当潜在侵权者选择不侵权时,政府高力度的反侵权(当然,这种情况也不大可能发生)只造成损失 c,而潜在侵权者会保留原有收入和声誉 r,即其收益增加额为 0。

---

① 对于混合策略纳什均衡的一般定义为:在 n 个参与者标准式博弈 $G=\{S_1,S_2,\cdots,S_n;U_1,U_2,\cdots,U_n\}$ 中,如果对于每一个参与者 $i=(1,2,\cdots,n)$,P_i^* 是针对其他 $n-1$ 个参与者所选混合策略组合$(P_1^*,P_2^*,\cdots,P_{i-1}^*,P_{i+1}^*,\cdots,P_n^*)$的最优反应,即:$V_i(P_1^*,P_2^*,\cdots,P_{i-1}^*,P_i^*,P_{i+1}^*,\cdots,P_n^*)\geqslant V_i(P_1^*,P_2^*,\cdots,P_{i-1}^*,P_i,P_{i+1}^*,\cdots,P_n^*)$,对 P_i 中所有的 p_i 都成立,则混合策略组合$(P_1^*,P_2^*,\cdots,P_{i-1}^*,P_i^*,P_{i+1}^*,\cdots,P_n^*)$是一个纳什均衡。鉴于此模型仅分析两人博弈情形,故定位 $P^*=(p^*,q^*)$问题。

② 杨春学在《当代西方经济学新词典》(吉林人民出版社 2001 年版)中给出的定义为:博弈树是扩展型的一种形象化表述,其基本构建材料包括结点、枝和信息集。结点包括决策结和终点结两类,决策结是参与人采取行动的时点,终点结是博弈行动路径的终点;枝是从一个决策结到它的直接后续结的连线(有时用箭头表述),每一个枝代表参与人的一个行动选择;博弈树上的所有决策结分割成不同的信息集。这里的政府监管与潜在侵权者的博弈树属于比较简单的类型。

表 6-1　　政府监管与潜在侵权之间博弈收益矩阵

政府监管部门 \ 潜在侵权行为	侵权(s_{21}, p)	不侵权(s_{22}, $1-p$)
监管高力度(s_{11}, q)	$a+f-c, -f-g$	$-c, 0$
监管低力度(s_{12}, $1-q$)	$0, a$	$0, 0$

在此混合策略博弈模型中，当政府选择特定纯策略(s_{11}，高力度监管)时，其期望收益函数为公式(3)，则可知：

$$v_1(s_{11}, P_2) = \sum_{j=1}^{2} P_{2j} \times u_1(s_{11}, s_{2j}) \tag{3}$$

即：$v_1(s_{11}, P_2) = p(a+f-c) - (1-p)c = p(a+f) - c$

同样地，当政府选择特定纯策略(s_{12}，低力度监管)时，其期望收益函数为公式(4)，则可知：

$$v_1(s_{12}, P_2) = \sum_{j=1}^{2} P_{2j} \times u_1(s_{12}, s_{2j}) \tag{4}$$

即：$v_1(s_{12}, P_2) = -p \times 0 - (1-p) \times 0 = 0$

由此可知，当政府选择混合策略 $P_1 = (q, 1-q)$时，其期望收益函数为：

$$\pi_1(P_1, P_2) = \sum_{k=1}^{2} P_{1k}\left[\sum_{j=1}^{2} P_{2j} \times u_1(s_{1k}, s_{2j})\right] = \sum_{k=1}^{2}\sum_{j=1}^{2} P_{1k}P_{2j}u_1(s_{1k}, s_{2j})$$

即：$\pi_1(P_1, P_2) = \sum_{k=1}^{2}\sum_{j=1}^{2} P_{1k}P_{2j}u_1(s_{1k}, s_{2j}) = q[p(a+f)-c] + (1-q) \times 0$

$$= qp(a+f) - qc \tag{5}$$

同理，当潜在侵权者分别选择特定纯策略(s_{21}，侵权)和(s_{22}，不侵权)时，其期望收益函数分别为：

$$v_2(P_1, s_{21}) = \sum_{k=1}^{2} P_{1k} \times u_2(s_{1k}, s_{21}) = a - (a+f+g)q \tag{6}$$

$$v_2(P_1, s_{22}) = \sum_{k=1}^{2} P_{1k} \times u_2(s_{1k}, s_{22}) = 0 \tag{7}$$

进而可得，当潜在侵权者选择混合策略 $P_2 = (p, 1-p)$时，其期望收益函数为：

$$\pi_2(P_1, P_2) = \sum_{k=1}^{2}\sum_{j=1}^{2} P_{1k}P_{2j}u_2(s_{1k}, s_{2j})$$

$$= p[a-(a+f+g)q] = pa - pq(a+f+g) \tag{8}$$

在此基础上，寻求两者混合策略纳什均衡($P_1{}^*$, $P_2{}^*$)，即为求解(5)(8)式的最优化问题：

$$\begin{cases}\mathrm{Max}_{p_1 \in P_1}\pi_1(P_1, P_2^*) = \mathrm{Max}_{0\leqslant q\leqslant 1}[qp^*(a+f) - qc] \\ \mathrm{Max}_{p_2 \in P_2}\pi_2(P_1^*, P_2) = \mathrm{Max}_{0\leqslant p\leqslant 1}[pa - pq^*(a+f+g)]\end{cases}$$

运用一阶微分条件[①]，可得：

$$p^* = c/(a+f) \tag{9}$$

$$q^* = a/(a+f+g) \tag{10}$$

从而得到政府监管与潜在侵权者的混合策略纳什均衡 $P^*=(P_1{}^*, P_2{}^*)$，其中：

$$\begin{cases}P_1{}^* = [a/(a+f+g), (f+g)/(a+f+g)] \\ P_2{}^* = [c/(a+f), (a+f-c)/(a+f)]\end{cases}$$

结合(3)～(10)式以及 $P^*=(P_1{}^*, P_2{}^*)$ 分析，对于政府监管部门而言，当市场侵权程度 $p^*>[c/(a+f)]$ 时，政府会加大反侵权力度；当市场侵权程度 $p^*<[c/(a+f)]$ 时，政府则会降低反侵权力度；只有当市场侵权程度 $p^*=[c/(a+f)]$ 时，政府对高力度反侵权还是低力度反侵权持无所谓态度。当然，这里假定 $c<(a+f)$，即政府反侵权的“成本”要比“收益”小得多才“合算”。很显然，这里的假定政府反侵权的收益并不仅限于是自身经济利益方面。[②] 同样，对于潜在市场侵权者而言，当政府的监管力度 $q^*<[a/(a+f+g)]$ 时，潜在侵权者的最优选择为侵权，这样可以获取更多的收益；当政府的监管力度 $q^*>[a/(a+f+g)]$ 时，潜在侵权者则选择不侵权；当政府的监管力度 $q^*=[a/(a+f+g)]$ 时，则潜在侵权者选择倾向不明显。

三、知识产权保护行为的经济博弈均衡分析

尽管上述有关知识产权保护行为的经济博弈模型构建比较简单，但完全可以说明侵权者侵权程度与政府部门监管力度之间的权衡比重关系，政府与潜在侵权者之间确实存在着相互“猜测”对方的行为力度。由以上推导可以得出，政府和潜在侵权者各自的最优反应曲线分别为 $q=r_1(p)$ 和 $p=r_2(q)$[见(11)(12)式]，两者的交点同样可以确定博弈论意义上的一个纳什均衡(如图 6-4 所示)，

---

① 用微积分求极值的方法，分别对(5)(8)式求关于 q、p 的一阶导数，得到：$\frac{\partial\pi_1}{\partial q}=p^*(a+f)-c$；$\frac{\partial\pi_2}{\partial q}=a-q^*(a+f+g)$。

② 对于侵权的可能收益和可能成本与政府监管的可能受益和可能成本相比较而言，打击侵权所形成的良好社会氛围、良好市场秩序等对于整体社会福利的增加具有长远性，这也是本研究分析具有较强现实意义的基础。

即$(p^*,q^*)=[c/(a+f),a/(a+f+g)]$，其中粗实线部分为潜在侵权者的反应函数，虚线部分为政府监管部门的反应函数。对此纳什均衡可以有如下解释：如果潜在侵权者认为政府部门的保护力度为$a/(a+f+g)$，则其选择侵权的可能性为$c/(a+f)$；或者反过来讲，如果政府部门认为潜在侵权者选择侵权的可能性是$c/(a+f)$，则其反侵权的力度就会为$a/(a+f+g)$。

$$\begin{cases}1,\text{当 } p>c/(a+f)\\ q=r_1(p)=[0,1],\text{当 } p=c/(a+f)\\ 0,\text{当 } p<c/(a+f)\end{cases} \tag{11}$$

$$\begin{cases}1,\text{当 } q<a/(a+f+g)\\ p=r_2(q)=[0,1],\text{当 } q=a/(a+f+g)\\ 0,\text{当 } q>a/(a+f+g)\end{cases} \tag{12}$$

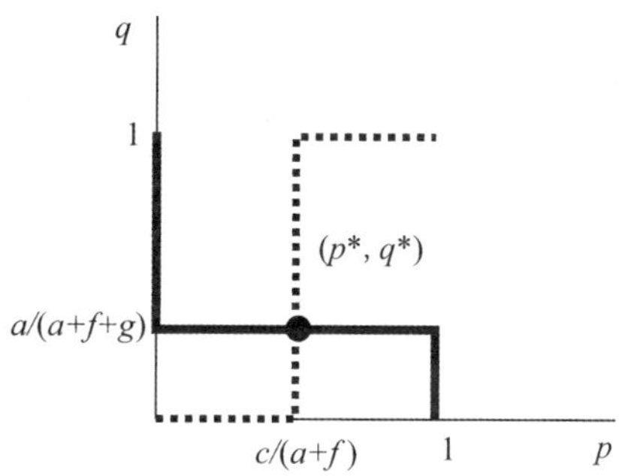

图 6-4 知识产权侵权与保护的一个纳什均衡

在此基础上，进一步放松假定条件，由于知识产权保护弱化或者市场侵权行为的发生是由多种因素造成的(见图 6-2)。根据前面的多人参与博弈的策略假定条件，将消费者以及知识产权所有者参与博弈①的情形也考虑进来，我们同样可以得到类似的结果，得到多人博弈的一个纳什均衡$P^*=(P_1^*,P_2^*,P_3^*,P_4^*)$，其中$P_i^*(i\leqslant 4)$代表第$i$个市场参与者的最优策略。当然，在所有的策略组合$S_i(i=1,2,3,4)$中，$P_i^*$均满足：$U_i(P_1^*,\cdots,P_i^*,\cdots,P_4^*)\geqslant U_i(P_1^*,\cdots,P_i,\cdots,P_4^*)$，即$P_i^*$是公式(13)的最优化解。

$$\mathrm{Max}_{P_i\in S_i}U_i(P_1^*,\cdots,P_i,\cdots,P_4^*),i=1,2,3,4 \tag{13}$$

与二人经济均衡博弈分析结果类似，为了简化起见，这里对于多人最终博弈结果不再进行详细分析。

① 这里假定消费者既包括生产性消费者(大企业、小企业)，也包含生活性消费者。其博弈策略表现为：不购买侵权产品；购买侵权产品。知识产权所有者博弈策略为：诉讼；不诉讼。

根据上述理论模型推导，我们可以对目前已有知识产权保护政策进行简单分析：(1)首先是政府的法律法规监管制度。对于政府部门而言，由于政府部门顾虑自身利益，其实施反侵权保护的前提一般是由知识产权所有者提出的，由此而来的政府的监督费用(主要是政府获取侵权信息的费用)部分一般会转嫁给知识产权所有者，原来国家负担的监督成本 c 降低了，与此相对应潜在侵权者侵权的可能性 p 也降低了。由模型中还可以看出，只要潜在侵权者侵权的可能性超过 $c/(a+f)$，政府就会加大力度反侵权，甚至设立专门的“市场巡查队”进行即时监督，从而起到抑制侵权效果。(2)其次是强化社会保护意识的无效性。当然这一过程往往与侵权结果结合在一起的。该模型中假定的 g 代表潜在侵权者既得利益以及享有的声誉，它构成了侵权者的私人成本的主要部分。倘若侵权者从事侵权行为被查处，就意味将失去所有收益，而且还会受到经济制裁甚至刑事处罚。由于小企业的社会声誉 g 相对大企业要低很多，或者说选择侵权所承担的社会风险系数是很低的(有时可以忽略不计)，使得小企业更倾向侵权获取利润。另外，如果市场侵权所能获取的利润额 a 非常高，从而使得政府监管强度很高($q\approx1$)。比如高档奢侈品牌的网络销售问题，由于存在巨额的市场利润刺激，很容易诱发假冒品牌销售的情况。相对而言，政府执法督察部门则需要花费大量人力、物力才能对此进行查处。在这种情况下，单纯依赖强化社会保护意识往往起不到任何作用。

因此，从以上关于知识产权保护的成本-收益博弈均衡模型分析中可以得出几点结论，同时也为进一步强化知识产权保护提出相应的对策和建议。当然，考虑到侵权的可能收益和可能成本与政府监管的可能受益和可能成本等实际问题，政府监管打击侵权所形成的良好社会氛围、良好市场秩序等对于整体社会福利的增加更具有长远性，这也是知识产权保护行为分析具有较强现实意义的基础。尽管运用博弈论的实证分析方法能够较为清晰地得出相关结论，但是由于研究方法较为单一、基本假定条件的限制以及对作为公共职能部门的政府监管(社会成本可能高于社会收益)情况的忽略，还是使得对知识产权保护行为研究的适用性受到了一定限制，这也是我们对知识产权保护问题研究需要进一步努力修正和继续探讨的重要目标所在。

第一，从全社会监管力度角度来看。由于侵权行为发生的概率与政府监管的力度呈反方向变化，其均衡点为$(p^*,q^*)=[c/(a+f),a/(a+f+g)]$，因此，为了有效抑制市场侵权行为，政府需要加大监督力度，但随之而来的政府监督成本也必然会上升。由于受既定财政收支限制的影响，单纯依靠政府本身对市场侵权实施直接监控，并不能完全达到有效遏制侵权的最终目的，还应该充分发挥消费者(社会公众)、新闻媒体、社会舆论的监督作用，即强化社会民主监督的作用(见图 6-5)。为此,必须进一步增强公共权力运作的透明度,以调动全社会力量来反侵权,同时逐步完善个人投诉、举报等有关奖惩制度建设,为社会监督提供较充分的信息输送渠道。

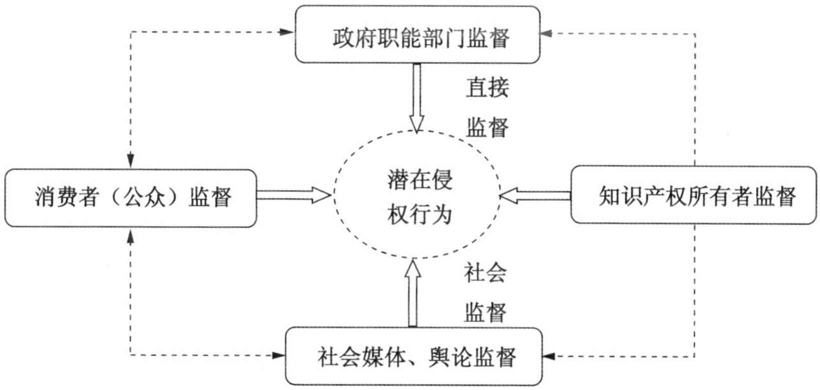

图 6-5　知识产权保护行为监督体系框架

第二,从成本-收益博弈模型分析来看,尽管市场高额侵权利润是导致潜在侵权者选择侵权的根本原因,但由于知识产权产品的价格过高致使消费者更愿意购买侵权产品以满足自身的需求,这样消费者的需求取向便起到关键引导作用。因此,从知识产权所有者本身出发,尽可能降低专有技术产品价格,减少消费者对侵权产品的市场需求,从而压缩潜在侵权者的侵权利润空间,增大其侵权的风险成本,对于遏制侵权现象效果会更好。对于侵权者属于风险偏好者而言,尽管有人认为,及时而准确的惩罚相比采用制定严厉而执行松散的惩罚,更能有效制止侵权行为,但实际上,很多侵权行为者并不属于风险爱好者。经过国内外有关学者试验表明,令侵权被查处的概率提高为其罚款额的同样比例下降所"补偿",以保持侵权预期总收益不变。在这种情况下,只要侵权者不是风险偏好者,其选择侵权行为仍会减少。因此,提高侵权的查处概率比提高惩罚的力度更能有效地预防侵权,这种情形类似对社会反腐败现象的分析。

第三,从监督机制建设角度来看。只有不断完善监督体系和加强制度建设才能从根本上保护知识产权,进而逐步减少侵权行为。无论是发挥全民监督作用,还是提高政府侵权的查处力度都需要通过完善制度来解决。当然,不同类型侵权行为需要不同的监督体制,但其实质是一致的。只有通过体制改革和制度创新,逐步改变当前较为单一的市场监督机制,建立相对全面系统的监督网络和信息反馈渠道,才能从根本上遏制侵权行为,从而保证知识产权所有者利益,促进市场机制的健康发展。当然,监督机制的完善不可能一蹴而就,它是一个长期的过程,需要随着市场形势和经济转型升级的变化而不断调整创新。

第三节　影响知识产权保护的外在经济因素
——实证检验分析

伴随着经济的快速发展和全球市场规模的逐步扩大，在一国或地区范围内无论是政府机构还是企业组织，对于知识产权保护重要性的认识正在日趋强化。然而由于各种主客观影响因素的存在，又使得各个国家之间的知识产权保护水平存在巨大差异。比如美国是拥有世界上最严格、最完善知识产权保护体系的国家，其保护范围几乎囊括所有种类的知识产权，而且美国还拥有完善的知识产权监督管理体系等等。尽管其他发达国家的知识产权制度在法律覆盖范围和监管方式上存在细微差别，但他们基本与美国处于同一保护水平之下。相比较而言，以中国为代表的诸多发展中国家之间的知识产权保护水平却存在较大差异，尤其是在执法力度及监督管理体系等方面与发达国家存在较大差距。究竟是哪些因素造成国家间知识产权保护水平的差异性问题，或者说影响一个国家或地区知识产权保护水平的主要因素有哪些，这些主要因素在多大程度上影响着一国或地区的知识产权保护水平，类似这些问题的分析和解决，正是本章试图努力去进行尝试性分析和研究的重点所在。

一、模型构建与变量选取

长期以来，大多数关于知识产权保护的经济学研究主要局限于发达国家视角，而从发展中国家的角度来解析知识产权保护水平的研究则相对较少。近年来，对我国知识产权保护水平与其影响因素之间关系的研究已经开始成为学术研究领域的焦点问题，但大多也仅是从定性角度进行分析，而从实证定量关系角度进行系统性研究的则很少。本章将在梳理国内外相关文献的基础上，立足于我国的经济实际，对我国的知识产权保护水平与其影响因素进行尝试性的实证分析，以便能够寻找到影响中国知识产权保护水平变动的外在传导因素。

根据前述经济发展因素对我国知识产权保护的“影响机制含义及特征表现”的基本理论推导和假设，同时参考马斯库斯利用1985～1990年间72个样本国家的数据所做的实证检验以及孙旭玉在“中国知识产权保护水平与影响因素的实证分析”中所采用的分析方法。为进一步考察我国知识产权保护水平的主影响因素问题，我们特建立了如下计量模型：

$$\begin{aligned} LNTIPR_t = \varphi_0 + \varphi_1 LNRGDP_t + \varphi_2 LNREDU_t + \varphi_3 LNIEX_t \\ + \varphi_4 LNHRS_t + \varphi_5 LNRND_t + \sigma_t \end{aligned} \tag{14}$$

在模型(14)式中，作为核心被解释变量的 $LNTIPR_t$ 代表中国第 t 年的知识产权保护水平，φ_0、σ_t 分别为常数项和随机扰动项，其他各个解释变量具体含义如下：第一，经济发展水平变量。$LNRGDP_t$ 代表中国第 t 年度的经济发展水平，以人均 GDP 作为衡量指标。对于经济发展水平对知识产权保护水平的影响，杰拉德和帕克通过对不同收入层次国家的"G-P 指数"进行横纵向变化比较后发现，G-P 指数与其人均 GDP 之间存在显著的正相关关系，而且随着人均收入的增加，知识产权保护强度呈现加快趋势；[①]布拉吉(Brage)运用 1975 年 75 个国家研究数据发现，总体上各国的知识产权保护程度随人均 GNP 的增加而单调递增[②]；代中强、张二震通过对发展中国家、发达国家以及混合样本数据分组回归发现，人均 GDP 对发展中国家知识产权保护在低分位数水平上具有显著影响。[③] 第二，教育经费投入变量。$LNREDU_t$ 代表中国第 t 年的教育经费投入力度，以教育经费投入占财政性收入的比重作为衡量指标。一般而言，教育水平和文化素质的高低，在很大程度上影响着人们对于知识产权保护意识的认知程度，而教育经费投入力度又在一定程度上影响着教育水平的高低。因此，这里选取中国教育经费投入力度作为知识产权保护的影响因素之一。第三，对外开放水平变量。$LNIEX_t$ 代表中国第 t 年的对外开放水平幅度，以进出口总额占 GDP 的比重作为衡量指标。进出口贸易对于一国知识产权保护有可能产生强化影响，也可能产生弱化影响。一方面，一国或地区越开放，越有可能受到国际趋势的影响而加强知识产权保护；另一方面，更多的进出口贸易意味着一个国家更有可能接触先进的国外技术，这又会诱使一国或地区采取弱的知识产权保护的策略。第四，人力资本水平变量。$LNHRS_t$ 代表中国第 t 年的人力资本储备状况，以中国高端科学技术人才拥有量作为衡量指标。人力资本储备越丰厚，国家或地区整体人文和科技素质往往越高，对知识产权保护意识的认知程度也会越高。反之，人力资本储备越低，对知识产权保护的潜在助力则会越小。第五，技术创新力度变量。$LNRND_t$ 代表中国第 t 年的技术创新力度，以 R&D 支出占 GDP 比重作为衡量指标。技术创新是推动国家和企业经济高速发展的动力之一，而知识产权保护制度则是保证技术创新的核心源泉。但是反过来，技术创新力度对知识产权保护制度又存在一种反作用，即伴随着科学技术发展、文化艺术的繁荣和不断发展，技术创新又推动知识产权保护制度发生着深刻的变化。比如日本、韩国等在经历了"技术创新立国"阶段之后，开始实施较强的知识产权保

① Juan C. Ginarte, Walter G. Park, "Determinants of patent rights: a cross－national study," *Research Policy*, 1997, Vol. 26, pp. 283-301.

② 转引自符家芳:《知识产权保护对我国高新技术贸易的影响研究》，河北大学硕士学位论文，2012 年。

③ 参见代中强等:《经济发展、外部约束与知识产权保护的实证研究》,《中国软科学》2011 年第 4 期。

护策略，即“知识产权立国”战略。

二、数据来源与说明

根据对所选取的各个解释变量与被解释变量之间关系的理论分析和推导，我们可以得出它们之间的预期关系（见表 6-2）。

表 6-2　　解释变量与被解释变量之间的预期关系

解释变量	与 *LNTIPR* 预期关系	解释变量	与 *LNTIPR* 预期关系
LNRGDP	+	*LNHRS*	+
LNREDU	+	*LNRND*	+
LNIEX	不确定		

在模型(14)中被解释变量 *LNTIPR* 数据来源于前文（本书第四章）计算得到的修正后的 *TIPR* 指数，其他各项解释变量 *LNRGDP*、*LNREDU*、*LNIEX* 和 *LNHRS*、*LNRND* 的数据均来源于历年的《中国统计年鉴》《中国科技统计年鉴》及《中国对外经济贸易统计年鉴》和中华人民共和国科学技术部网站公布的数据等。另外，考虑到时间序列数据常常呈现指数趋势增长，对其取对数之后不仅不会改变其时序性质，而且还可以转换成为线性趋势，并能够消除数据中可能存在的异方差性问题且容易得到平稳时间序列，因此本文对原始数据均做了对数处理。

三、实证检验与计量回归

由于文中所采用的数据为 1985～2014 年的时间序列数据，而利用时间序列进行计量分析的基本前提是要求所有数据具有平稳性或者不平稳的数据之间是协整的，否则会导致“伪回归”的出现，从而使计量结果失效。因此，为了避免出现类似情况，首先对中国知识产权保护水平以及所选取的各个解释变量进行平稳性检验和协整关系检验。另外，本研究实证检验及计量回归均采用 Eviews6.0 软件进行。

（一）平稳性检验

由于大部分经济变量的时间序列为非平稳序列，不具备方差齐次性和均值为常数的统计特征，所以要求对序列的平稳性进行单位根检验，常用的方法有 ADF 检验、PP 检验和 KPSS 检验。我们采用目前最有效的 ADF(Augmented Dickey-Fuller)单位根检验法来检验变量的平稳性。

表 6-3　　各变量的 ADF 单位根检验结果

变量		ADF 统计量	1%临界值	5%临界值	10%临界值	检验结果
LNTIPR	水平值	−1.1824	−3.7241	−2.9862	−2.6326	未通过
	一阶差分	−4.7712	−3.7379	−2.9919	−2.6355	通过
LNRGDP	水平值	−2.9635	−4.3943	−3.6122	−3.2431	未通过
	一阶差分	−2.9098	−3.7529	−2.9981	−2.6388	10%水平下通过
LNREDU	水平值	−1.1445	−4.3743	−3.6032	−3.2381	未通过
	一阶差分	−5.5055	−4.3943	−3.6122	−3.2431	通过
LNIEX	水平值	−4.2323	−4.3743	−3.6032	−3.2381	5%水平下通过
LNHRS	水平值	−0.8258	−4.3743	−3.6032	−3.2381	未通过
	一阶差分	−4.6000	−4.3943	−3.6122	−3.2431	通过
LNRND	水平值	0.0480	−3.7379	−2.9919	−2.6355	未通过
	一阶差分	−3.0663	−3.7379	−2.9919	−2.6355	5%水平下通过

从表 6-3 中可知，进出口贸易变量在 5%临界值是水平平稳的，而其他的 5 个变量的水平序列都是非平稳的，但是它们的一阶差分变量在 1%～10%的显著性水平下都是平稳序列，所以除了进出口贸易变量之外其他变量均是一阶单整 I(1)，即具有平稳性。因此，需要进一步考虑这些变量之间的协整关系。如果这些变量之间存在协整关系，则说明这些变量之间存在一种长期均衡关系。

（二）协整性检验

目前关于协整性关系的检验与估计技术模型，主要包括 E-G 两步法、Johansen 极大似然法、Gregory Hansan(1996)法以及频域非参数谱回归法、Bayes 方法等等。由于恩格尔(Engle)和格兰杰(Granger)认为一些经济变量的本身是非平稳序列，但是它们的线性组合可能是平稳的。也就是说，尽管各个经济变量具有各自的长期波动规律，每一个序列的矩阵会随着时间的变化而变化，但它们的某种线性组合却存在稳定的矩阵，从而表现出这些非平稳经济变量之间存在着一个长期稳定的关系即协整性关系。因此，恩格尔和格兰杰建议使用两阶段回归方法解决时间序列的平稳性问题。但 E-G 两步检验法隐含地假设非平稳变量之间只存在一个协整关系，难以适用于多变量系统检验。对此，约翰森(Johansen)和尤塞留斯(Juselius)针对这一问题提出了一种在 VAR 系统下用极大似然估计法(MLE)来检验多变量之间协整关系的方法。MLE 的方法有效克服了 E-G 两步法的局限，它可以估计由协整向量所产生的线性空间，允许变量之间的即时反馈作用,而且该方法允许多个变量以不同的速度对扰动项进行反应与调整,使经济系统趋于长期均衡状态。在此基础上,冈萨洛(Gonzalo)通过Monte Carlo 模拟方法发现 Johansen 检验法具有最小的均方差,它们的有限样本性质也与渐进结果趋于一致。基于以上考虑,我们采用 Johansen 检验法估计各变量之间的协整性问题,具体检验结果如表 6-4 所示。

表 6-4　　Johansen 协整关系检验结果

协整关系数量	Trace 统计量	5%临界值	1%临界值	Max-Eigen 统计量	5%临界值	1%临界值
None*	100.7554*	68.52	76.07	43.6371*	33.46	38.77
At most1**	57.1183*	47.21	54.46	31.0872**	27.07	32.24
At most2	26.0311	29.68	35.65	14.5098	20.97	25.52
At most3	11.5213	15.41	20.04	9.7078	14.07	18.63
At most4	1.8135	3.76	6.65	1.8135	3.76	6.65

注:*、**分别表示在 1%、5%显著性水平下拒绝原假设。

表 6-4 表明:根据 Trace 统计值判断分析可知,在 1985～2014 年的样本数据区间中,无论是在 1%显著性水平还是 5%显著性水平,均存在两个协整性关系,即在 1%、5%临界值水平下存在两个原假设被拒绝;而根据 Max-Eigen 统计值判断分析可知,在 1%显著性水平下存在一个协整性关系,在 5%显著性水平下则存在两个协整性关系。综合看来,*LNTIPR*、*LNRGDP*、*LNREDU*、*LNHRS*、*LNRND* 五个变量之间确实存在长期稳定关系。

(三)Granger 因果检验

由于经济时间序列容易出现伪相关问题,即经济意义表明几乎没有联系的序列却可能计算出较大的相关系数,对此,格兰杰对变量间的因果性的定义运用了信息集的概念,强调了时间发生的时序性。该因果检验法在考察序列 X 是否是序列 Y 产生的原因时采用类似的方法,即先估计当前的 Y 值被其自身滞后期取值所能解释的程度,然后验证通过引入序列 X 的滞后值是否可以提高 Y 的被解释程度,如果是,则序列 X 是 Y 的 Granger 成因,此时 X 的滞后期系数具有统计显著性;反之亦然。尽管上文中运用 Johansen 协整检验结果表明,*LNTIPR*、*LNRGDP*、*LNREDU*、*LNHRS*、*LNRND* 五个变量之间存在长期均衡稳定关系,但是这种均衡稳定关系是否具有因果关系,还需要采用 Granger 因果检验法进一步展开分析,具体 Granger 因果检验结果如表 6-5 所示。

表 6-5　　　　Granger 因果检验结果

变量关系描述	观测值	F-Statistic	Prob.	检验结果
LNRGDP does not Granger Cause *LNTIPR*	26	20.1840	0.0057	*LNRGDP*⇔*LNTIPR*
LNTIPR does not Granger Cause *LNRGDP*		5.7288	0.0905	
LNREDU does not Granger Cause *LNTIPR*	28	7.7993	0.0106	*LNREDU*⇒*LNTIPR*
LNTIPR does not Granger Cause *LNREDU*		1.9725	0.1741	
LNHRS does not Granger Cause *LNTIPR*	27	3.9641	0.0471	*LNHRS*⇒*LNTIPR*
LNTIPR does not Granger Cause *LNHRS*		0.6333	0.7029	
LNRND does not Granger Cause *LNTIPR*	27	4.4419	0.0764	*LNRND*⇔*LNTIPR*
LNTIPR does not Granger Cause *LNRND*		5.1681	0.0103	
LNIEX does not Granger Cause *LNTIPR*	29	0.1099	0.7434	*LNTIPR*⇒*LNIEX*
LNTIPR does not Granger Cause *LNIEX*		5.7345	0.0256	

说明：其中概率值为零假设成立的概率值，判别标准为当 F 统计量对应的概率值大于 10%显著性水平时，接受原假设；反之，则拒绝原假设。

从表 6-5 中可以得出以下几点结论：第一，经济增长水平与知识产权保护水平呈现双向因果关系。这一结论体现出一国或地区经济发展与知识产权保护水平之间的相互影响原理，只不过知识产权保护水平对人均国民生产总值的正面作用要低于经济增长对知识产权保护水平的反面影响效果（反面 Granger 因果关系在 1%显著性水平成立，而正面 Granger 因果关系则在 10%显著性水平成立）。第二，教育经费投入与知识产权保护水平呈现单向因果关系，即教育经费投入是中国知识产权保护水平的 Granger 原因,而知识产权保护水平并不是中国教育经费投入的 Granger 原因,这一点与本书实证检验前提分析是一致的,即随着教育经费投入的增加,整体国民守法意识会有较大提高。第三,人力资本水平与知识产权保护水平呈现单向因果关系,即人力资本储备的增加是中国知识产权保护水平提升的 Granger 原因,反之则不成立。这一结论跟教育经费投入与知识产权保护水平的关系基本类似。第四,技术创新力度与知识产权保护水平呈现双向因果关系。R&D 投入占 GDP 的比重增加是中国知识产权保护水平提升的 Granger 原因,反过来知识产权保护水平的变动也是中国 R&D 投入变动的 Granger 原因。这一结论与前文分析 *LNTIPR*、*LNRND*、*LNRGDP* 的内在关系结论也是一致的。第五,对外开放水平与知识产权保护水平呈现单向因果关系,即知识产权保护水平的变动是中国进出口贸易变动的 Granger 原因,反之则不成立。对此,后面的实证计量回归中还会进一步验证这一变量与知识产权保护水平的关系。

四、实证计量结果分析与解释

根据上文的各项检验结果及分析,这里运用 Eviews6.0 并采用 OLS 方法对影响知识产权保护水平的各个变量进行计量回归。由于所选取变量可能涉及非显著性变量问题,因此对模型(14)进行两阶段回归,即首先引入计量模型中全部变量进行回归分析,其次剔除掉未能通过显著性检验的变量后再重新进行计量回归检验,具体各阶段(Ⅰ)(Ⅱ)回归结果见表 6-6 所示。

表 6-6 影响我国知识产权保护水平的自变量回归结果(因变量:*LNTIPR*)

统计描述 / 解释变量	Regression(Ⅰ)	Regression(Ⅱ)
C	−5.1290* (−9.9421)	−4.9679* (−12.3868)
LNRGDP	0.9361* (7.8410)	0.9257* (8.0115)
LNREDU	0.3765*** (2.0196)	0.4071** (2.3477)
LNHRS	−0.8704* (−4.5832)	−0.8737* (−4.6867)

续表

统计描述 解释变量	Regression（Ⅰ）	Regression（Ⅱ）
LNRND	0.3901*** (1.8415)	0.4476** (2.5392)
LNIEX	0.0403 (0.5110)	—
R^2	0.9865	0.9864
Adjusted-R^2	0.9832	0.9838
F-Statistic	292.9550	379.4809
DW	2.1117	2.0746
Sample	30	30

注：*、**、***分别表示在1%、5%、10%的水平下显著，解释变量后括号中数值表示 *T* 统计量。

表 6-6 采用 OLS 对模型(14)进行两阶段(Ⅰ)(Ⅱ)回归估计结果显示，在第一阶段(Ⅰ)的回归估计中，由于存在不显著性 *LNIEX* 变量，对 *LNREDU*、*LNRND* 而言，其显著性水平相对较高。而在剔除了不显著性变量 *LNIEX* 之后的第二阶段(Ⅱ)回归估计中，各个变量的显著性水平得到明显降低，而且模型整体拟合效果非常好，调整后的 R^2 达到 0.98 以上，且 *F* 统计量十分显著。在模型中所选取五个解释变量中的经济发展水平、政府教育经费投入以及技术创新水平三个变量的 *P* 值在 1%～5%水平显著，这充分说明三个解释变量能够较好地解释中国 1985～2010 年以来的知识产权保护水平变动情况；尽管人力资本水平变量的 *P* 值在 1%水平下显著，但其对知识产权保护水平的影响却是反方向的；正如在 Granger 因果检验中得出的结论类似，对外开放水平变量未能通过显著性水平检验，这也说明进出口贸易占 GDP 比重的变动不是影响我国知识产权保护水平变化的原因。

另外，考虑到回归模型中各残差项之间不满足相互独立的假设，那么随机误差项之间就可能存在自相关的问题，此时若仍继续采用 OLS 法估计，其结果将导致参数估计值虽无偏但不是有效的结果，因此需要进一步运用差分法进行处理消除自相关问题。但是从模型(14)的回归估计结果中可以看到，*DW* 统计值为 2.0746，这里选取显著性水平 $\alpha=0.05$，已知 $k=5$，$n=26$，通过查 *DW* 统计的临界值表可知 $d_L=0.98$，$d_U=1.88$，正好满足 $d_U<DW<4-d_U$，所以回归结果通过了 Durbin-Watson 检验，这表明序列不存在自相关问题，回归估计结果是有效的。因

此，结合模型(14)计量回归估计结果，对各个解释变量与被解释变量之间的关系进行具体分析，并对相关原因进行简单解释，可以得出以下几点结论：

第一，知识产权保护水平与经济增长水平即人均GDP变量(*LNRGDP*)呈现正相关性。从模型(14)回归结果可以看出，我国人均GDP每增加1%比例，对知识产权保护水平会产生0.93%比例的拉动效果，或者说，我国知识产权保护水平对经济增长水平的需求弹性系数为0.9257，相比较而言还是缺乏弹性的。造成此种现象的原因在于，尽管经过三十多年改革开放的迅速发展，整体居民收入和消费水平有了大幅度提升，但是由于国家对技术资源创新投入力度的相对缺乏，消费者因收入水平的限制和个人理念的偏好仍然局限于价格低廉的商品，从而使得社会整体对高品质产品的消费需求呈现疲弱局面，因而质量较差的仿制品大量充斥市场，从而使得我国知识产权保护的自身需求较弱，实际的知识产权保护水平较低。当然，考虑到我国工业化进程的加快及产业结构的逐步调整，我国的技术科技能力也呈现逐步提高趋势。因此，可以预知当我国人均收入达到一定水平，企业具备了技术前沿领域的较高研发和创新能力时，伴随新产品和新工艺的不断涌现，消费者富裕程度为高质量、高价格的高新技术产品提供了高度的需求，我国知识产权保护对人均收入水平的需求弹性会得到进一步的彰显和提升。

第二，技术创新水平变量(*LNRND*)对我国知识产权保护的影响也呈现正相关性。我国技术创新水平或R&D投入力度每提高1%，对我国知识产权保护水平的提升会产生0.45%的拉动效果。也就是说，随着我国对R&D投入力度的逐步增加，无论是从企业自身角度还是从国家层面，都会运用经济、法律、行政、司法等手段不断加大对核心研发技术成果的保护力度，以防止核心技术的外溢或泄漏给企业或国家带来巨额损失。这与杰拉德和帕克的研究结论趋于一致，其研究认为具有较高R&D投入的国家应该具有较高的知识产权保护水平，因此可以把知识产权制度的发展视为政府对社会研究与创新活动的保护需求的一种回应。① 当然，我国R&D投入对知识产权保护水平的影响并不大(系数为0.4476)，究其原因可能是知识产权保护与一国的相对技术水平和模仿能力有关。易先忠、张亚斌研究指出当发展中国家相对技术水平较高，政府偏向于提高知识产权保护力度来鼓励自主创新，这样有利于南北经济的收敛；而当南方国家相对技术水平偏低时，则政府偏向于鼓励模仿北方技术，其知识产权保护的水平

① Juan C. Ginarte, Walter G. Park, "Determinants of patent rights: a cross-national study," *Research Policy*, 1997, Vol. 26, pp. 283-301.

往往较低。[①] 对于我国而言，在 2010 年的 R&D 投入仅有 7062.6 亿元，仅占全年 GDP 的 1.75%；而在 1991 年，美国、日本、德国等发达国家的 R&D 投入强度(占 GDP 比重)就分别高达 2.53%、3.00%和 2.59%。因此，我国的知识产权保护水平受 R&D 积累量的影响还相对较小。

第三，政府经济行为，这里主要是指政府财政性教育经费投入(*LNREDU*)与我国知识产权保护水平也是呈现正相关性的。从长期来看，政府教育投入的持续增加，势必会影响到一国或地区全民认知水平和保护意识的普遍提高，进而会客观推动全社会对知识产权保护水平提高的整体诉求。由模型回归结果可以看出，伴随我国教育经费投入的增加，知识产权保护水平也是逐步提高的。但我国知识产权保护水平对教育经费投入变量或者说政府教育经济行为的需求弹性系数为 0.4071，这还是相对缺乏弹性的。造成其弹性系数较小的原因，主要是由于我国政府教育经费投入占财政收入的比重相对较低，而且这种变动对知识产权保护水平的影响存在相对较长滞后期造成的。对我国而言，2010 年的教育经费投入为 2159.9 亿元，占全年 GDP 的 3.66%；而早在 2005 年，美国、德国、韩国等国家的财政性教育经费已经远超过 4%水平，法国、丹麦和瑞典等国家的教育经费投入更是高达 6%以上水平。因此，相比较而言，我国知识产权保护水平受政府财政性教育经费的影响力度还较小。除此之外，在教育水平的推动下，整体国民素质的提升及全民知识产权守法保护意识的转变也需要一个过程，这也使得教育经费投入对我国知识产权保护水平的影响力度尚处于低谷阶段。

第四，除了经济增长水平、政府教育经费投入力度以及技术创新水平对我国知识产权保护水平存在较显著正相关性影响之外，我国人力资本水平(*LNHRS*)也与知识产权保护水平存在较为显著影响，但这种影响不是正相关性而是负相关性的(相关系数为−0.8737)。这一结论既与模型预期关系的分析存在矛盾，也在理论逻辑上与二者内在关系存在冲突。造成二者存在负相关性的主要原因在于：尽管我国科技人员数量呈现逐年增长趋势，至 2010 年我国从事 R&D 科技人员已达到 255.38 万人，远高于 2006 年的日本、韩国以及德国、法国等国家水平；但 2010 年我国每万名劳动力中 R&D 人员占比仅为 33.56 人，这一比例仅为 2007 年日本的 1/5、韩国的 1/3 以及 2006 年法国的 1/4，甚至与 2005 年欧盟 15 国进行比较，也仅勉强达到欧盟 15 国的 1/3 水平。与此同时，由于我国经济发展处于结构转型时期，绝大多数新技术、新产品、新工艺的出现几乎均来自于对国外技术的模仿创新，这也是导致大量 R&D 人员真实研发效

① 参见易先忠等：《技术差距、知识产权保护与后发国技术进步》，《数量经济技术经济研究》2006 年第 10 期。

率低下的原因之一。由此可见，在经济发展转轨的特殊阶段，较低技术创新力度、较高技术模仿能力不仅不会提升我国知识产权保护水平，而且还是诱发弱知识产权保护水平的一股外生力量。

第五，实证的结果也进一步表明，我国对外开放水平（*LNIEX*）对知识产权保护水平没有显著影响，这一结论与模型预期不确定关系相符合，同时也与进出口贸易可能会强化亦可能弱化一国或地区知识产权保护水平的研究结论相一致。有学者指出，中国在弱的知识产权保护水平下可以吸引大量FDI，也可能大幅度增加进出口贸易规模。[①] 另外，进出口贸易额度的变动并不是我国知识产权保护水平提高的原因，还需要充分考虑我国对外贸易的区位优势因素问题。由于我国的区位优势主要体现在劳动力要素方面，因而跨国公司的对外直接投资的产业结构主要以劳动密集型的加工业为主，其在国际生产体系的安排上往往将其生产中的劳动密集型环节放在中国，而将绝大部分专利研发的部门放在本国，由此也会导致我国的国外企业对知识产权保护的正向需求不明显，这一因素也会导致对外贸易水平与我国的知识产权保护水平之间没有显著关系的结论。

本章小结

本章从影响知识产权保护的逆向角度出发，首先，通过梳理相关文献分析指出一国或地区知识产权保护水平的高低，不仅取决于当地立法水平、执法力度，而且还会受到经济增长水平、市场开放程度、成本收益因素以及政府经济行为等诸多主要经济发展因素的影响，其中成本收益因素是影响知识产权保护行为的内在动力因素，而经济增长水平、对外开放水平及政府经济行为等则是影响一国或地区知识产权水平的外在助力因素。当然，内在因素与外在因素也是相互影响、相互制约的。

其次，在明确了经济因素对知识产权保护水平的影响路径基础上，本章构建了经济均衡博弈模型，分析了潜在侵权者、政府监管部门、知识产权所有者及消费者的知识产权保护行为问题，重点分析了潜在侵权者与政府监管机构之间的均衡博弈结果、博弈均衡模型，指出成本-收益的高低和比较是强化或弱化知识产权保护的关键制约因素。

再次，通过单位根检验、协整检验及因果检验等实证分析方法，发现中国的知识产权保护水平与经济增长之间存在长期的均衡关系，且经济增长水平是知

① 转引自孙旭玉:《中国知识产权保护水平与影响因素的实证分析》,《理论学刊》2010年第7期。

识产权保护的Granger原因,即经济发展变动是我国知识产权保护水平变动的重要原因之一,其相关影响系数位列其他各项影响因素之首(回归系数为0.9257)。另外,政府经济行为,主要是政府财政性教育经费投入、技术创新水平也是影响我国知识产权保护水平的因素之一,相比较经济发展水平的影响程度而言,二者的影响效果略低(回归系数分别为0.4071、0.4476)。同时,实证计量回归结果发现,与理论预期分析的结果相反,中国人力资本水平的变化对我国知识产权保护水平的影响呈现负相关性,而对外开放水平对我国知识产权保护水平并不存在显著影响。这就要求我国在加快经济一体化和响应全球化发展趋势的时代要求条件下,重点关注经济发展水平对知识产权保护水平的影响,尤其是能够对知识产权保护水平产生重要影响的各项主成分经济因素,以保持我国经济增长与知识产权保护之间合理、良性的动态关系。

第七章　我国知识产权保护对经济增长的作用机制研究

第六章分析了经济因素对我国知识产权保护的影响机制问题，本章将对我国知识产权保护对经济增长的作用机制问题展开分析。一般而言，经济发展是目的，而经济增长是手段，长期稳定的经济增长势必会影响一国或地区经济发展水平。因此，本章将以经济增长为切入点，通过理论和实证研究分析，探寻和梳理我国知识产权保护对经济增长的主要传导途径，以及知识产权保护水平变动对不同经济增长传导路径的影响幅度。这不仅有助于进一步解释我国知识产权保护的适度性问题，而且还有助于在新一轮经济结构调整中，为中国长期的经济发展寻找最稳定的增长点。

第一节　作用机制的内涵及传导路径

近年来，经济增长的影响因素问题、不同国家经济增长的差异化问题等等一直是经济学领域持续关注的热点。毫无疑问，传统生产要素（比如劳动、资本、土地等等）在经济增长中所发挥的重要作用依然是经济增长理论所不容忽视的。但是旨在鼓励技术创新和技术扩散的有效知识产权保护制度日益成为促进技术进步和经济增长的重要制度安排。[①]

一、知识产权保护对经济增长的作用机制内涵

关于知识产权保护对经济增长的影响问题，有些学者研究表明二者呈正相关关系，比如古尔德、古罗本和杰拉德、帕克[②]等；有些学者强调知识产权保护与

① 参见［美］戴维·N·韦尔：《经济增长》，金志农、古和今译，中国人民大学出版社2007年版，第25页。

② 转引自申屠晓娟：《知识产权战略与经济发展关系研究综述》，《商业时代》2010年第11期。

经济增长呈负相关关系，比如钦、格鲁斯曼和赫尔普曼以及斯格斯特罗姆等；[①]有些学者则认为知识产权保护与经济增长的关系不明确，比如厄斯特高、法尔维、福斯特和格里纳韦等等。[②] 但是更多的学者认为知识产权保护与经济发展的关系是呈阶段性特征，即在不同经济发展水平下，知识产权保护对经济发展的作用是不同的。持有这种观点的代表主要包括马斯库斯、拜奴巴蒂和汤姆森、拉欣[③]等人，尤其是马斯库斯对上述不同的经济发展阶段作了较为完整的阐述：当其他变量不变时，知识产权强度与人均 GNP 之间存在类似"U"形的函数关系。因此，知识产权保护与经济增长水平之间的关系是非线性的。[④]

在诸多有关知识产权保护与经济增长关系的研究中，大多数研究结论更倾向于第四种观点。他们普遍认为知识产权保护对经济增长的作用对处于不同经济发展水平和阶段的国家或地区而言其影响是不同的。库马尔研究表明，对不发达国家来说，当经济发展由贫穷阶段转向中等收入阶段时，其自身拥有更大的模仿新技术能力，专利保护在强度上是倾向于下降。此时，普遍施加的最低专利保护标准在国家经济低于某个发展水平门槛时是不可能有助于提升经济增长的。[⑤] 有专家通过研究发达国家自身发展的历史经验表明，强的知识产权制度并非是一国经济发展的基本条件，较不完善的、弱的知识产权保护状态会一直持续到这些国家发展阶段的晚期，甚至像发达国家如美国和英国也只是在 19 世纪中期才建立起较强的知识产权保护制度。[⑥] 阿道夫认为，TRIPS 协定对于大多数发展中国家而言是一个相对新的领域，发展中国家的社会各界没有把知识产权视为对其社会经济发展有着显著影响的重要因素。发达国家主张知识产权必须受到严格保护的要求，只不过是其要求发展中国家承担开发和应用新技术潜在风险的一种体现。[⑦] 施耐德研究证实，发展中国家大多数创新本质上可能是

---

① 转引自沈国兵、刘佳：《TRIPS 协定下中国知识产权保护水平和实际保护强度》，《财贸经济》2009 年第 11 期。

② 转引自沈国兵：《知识产权保护与中国省级经济增长：经验研究》，《世界经济情况》2009 年第 10 期。

③ Maskus , Keith and Mohan Penubarti, "How trade-related are intellectual property rights?" *Journal of International Economics* , 1995, Vol. 39, pp. 227-248；转引自戴强：《技术创新与知识产权保护的互动性研究》，《技术经济》2006 年第 8 期。

④ 转引自余长林：《知识产权保护与发展中国家的经济增长》，《厦门大学学报（哲学社会科学版）》2010 年第 2 期。

⑤ Kumar. N, "Intellectual property rights, technology and economic development: experience of asian countries," RIS Discussion Paper, No. 25.

⑥ 转引自吴凯、蔡虹、蒋仁爱：《中国知识产权保护与经济增长的实证研究》，《科学学研究》2010 年第 12 期。

⑦ 转引自沈国兵、刘佳：《TRIPS 协定下中国知识产权保护水平和实际保护强度》，《财贸经济》2009 年第 11 期。

模仿或适应的，提供更强的知识产权实际上是保护外国企业而牺牲本土企业。因此，将发达国家和发展中国家混在一起来谈知识产权保护很可能导致错误的结论。[①] 我国有学者则通过研究预测指出，经过未来一段时间的发展，中国将逐渐由知识产权保护的反对者转变成为知识产权保护的捍卫者。实际上，这种转变几乎发生在任何一个发达国家的发展历程中。[②]

就目前来看，国内外文献研究已经充分表明，一国知识产权保护水平的变动，不仅可以影响本国技术创新、研发投入力度，而且还可以有效地通过改变外商直接投资(FDI)、国际贸易以及由此带来的技术溢出效应影响东道国的经济增长。因此，我们提出知识产权保护对经济增长的作用机制问题，即从经济增长理论基础出发，充分考虑知识产权保护借助宏观经济载体的传导效应，揭示知识产权保护作用于一国或地区经济增长的内在动态作用过程。当然，这里将知识产权保护、技术进步、对外贸易、经济增长等要素纳入一个统一的框架中，也只是通过对国内外研究文献的梳理，力图明晰知识产权保护制度影响经济增长的主要机制和传导渠道。

二、知识产权保护对经济增长的作用机制传导路径

在国内外已有文献中，尽管大多数学者均强调知识产权保护能够对经济增长产生影响，但有些研究认为知识产权保护对经济增长存在直接影响，而有些研究则认为知识产权保护是通过其他因素间接作用于经济增长的。杰拉德和帕克选取 110 个国家从 1960～1990 年的数据研究表明，R&D、市场环境和国际一体化程度可以解释各国知识产权保护强度的差异；[③]马斯库斯、拜奴巴蒂利用 99 个国家的横截面数据研究发现，当一国经济从最贫穷的阶段过渡到有一定技术模仿能力的中等收入阶段时，其专利保护的强度随着经济的增长而下降；[④]汤普森、拉欣 1996 年的实证结果表明，只有当发展中国家的经济发展达到一定水平

---

① Patricia Higino Schneider, "International trade, economic growth and intellectual property rights: a panel data study of developed and developing countries," *Journal of Development Economics*, 2005, Vol. 78, pp. 529-547.

② 转引自杜巍、叶岑、周文光:《不同条件下企业知识产权保护对策的演进研究》,《当代经济科学》2010 年第 1 期。

③ Juan C. Ginarte, Walter G. Park, "Determinants of patent rights: a cross-national study," *Research Policy*, 1997, Vol. 26, pp. 283-301.

④ 转引自吴汉洪、杨鑫:《知识产权制度与经济增长:综述与比较》,《国家行政学院学报》2011 年第 2 期。

时，普遍实行的专利保护最低标准才能促进其经济发展；[①]汤普森、拉欣在 1999 年的研究更是明确指出，经济发达国家专利保护可以有效地促进全要素生产率增长。[②]

尽管大多数研究均从不同角度验证了知识产权保护对经济增长存在影响以及何种条件下会产生积极影响等问题，但是，它们并没有对经济增长的机制或者说影响经济增长的途径作出较为明确的分析。本研究认为，知识产权保护对经济增长的作用机制或者传导路径，一方面是通过作用于非实物领域的各种因素间接影响经济增长，这其中主要是通过技术引进、技术创新引起技术进步的变革，进而在技术变革基础上推动经济增长和经济发展（见图 7-1），这既是知识产权保护作用于经济增长的主要路径，同时也是知识产权保护能够对经济增长发挥间接作用的长效机制；另一方面是通过作用于实物领域中拉动经济增长的传统要素（比如 FDI、进出口贸易等）直接影响经济增长，这既是知识产权保护作用于经济增长的短期效应体现，同时也是其作用于经济增长的直接途径，它可以在较短时间内有效验证一国知识产权保护水平的变动能否对其经济增长产生显著影响。

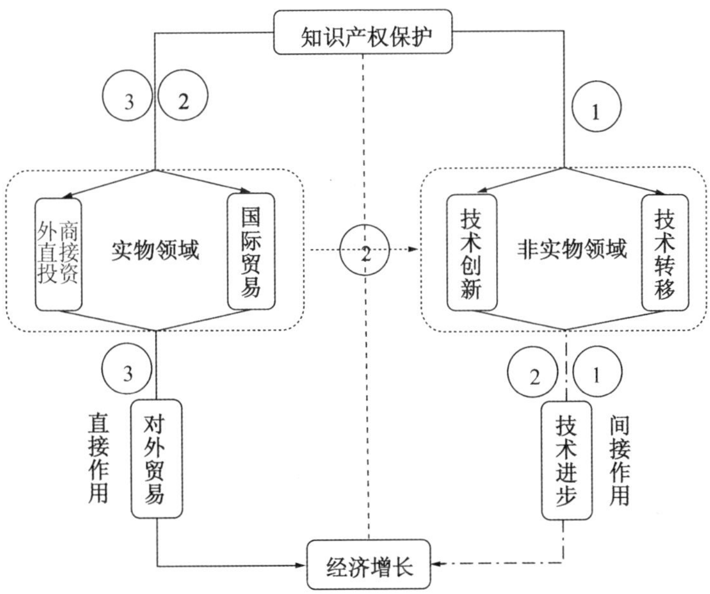

图 7-1　知识产权保护对经济增长的传导路径分析

① 转引自刘勇、周宏：《知识产权保护和经济增长：基于省际面板数据的研究》，《财经问题研究》2008 年第 6 期。

② 转引自吴汉洪、杨鑫：《知识产权制度与经济增长：综述与比较》，《国家行政学院学报》2011 年第 2 期。

（一）知识产权保护通过技术进步作用于经济增长

从总体来看，技术进步是一国或地区生产率长期增长的内在源泉，而技术进步主要通过技术创新和技术转移两个方面得以体现。罗默指出，技术具有非排他性和非竞争性两个特质。技术非排他性的存在使得某项技术的发明者很难从中获取全部经济利益，从而不利于其发明创造积极性的发挥。这就需要知识产权保护制度的存在，以便更好地保证创新活动的独占性，从而保障创新者的经济利益。而技术非竞争性的存在使得不同技术拥有了能够在企业间或国家间自由转移的空间。但是在一定程度上，技术获利性或者技术模仿程度的差异又成为引导技术转移的客观"风向标"。综合现有的研究文献来看，通常认为技术转移主要通过三种途径进行，即进出口贸易、FDI 和技术许可转让。因此，知识产权保护推动技术进步刺激经济增长的间接影响又可以细分为两个方面：一是知识产权保护制度可以通过影响技术创新活动刺激增长，而技术创新活动正是全要素生产率增长的内在源泉；二是知识产权保护制度可以通过作用于进出口贸易、FDI 和技术许可等技术转移渠道影响经济增长。

1. 知识产权保护与技术创新

关于技术创新的定义，熊彼特(J. A. Schumpeter)在 1912 年《经济发展理论》中，将技术创新定义为一种"生产要素'新组合'，这种'新组合'既包括新产品、新技术的开发利用，也包括新市场的开辟以及原材料新来源的获取，甚至还包括新工业组织的出现等"；[①]经济合作与发展组织(OECD)则认为，技术创新是指包括新产品和新工艺以及原有产品和工艺的显著技术变化过程；美国国家科学基金会(National Science Foundation of U. S. A)在 1969 年《成功的工业创新》研究报告中指出，技术创新是使一个有经济价值和社会价值的新项目得到实际的成功应用过程；厄特巴克在 20 世纪 70 年代的《产业创新与技术扩散》中认为，"与发明和技术样品相区别，创新是技术上的实际采用或首次应用"。[②] 上述诸多观点或者将技术创新看作是纯粹的技术行为，或者将其看作是纯粹的经济行为，而对技术创新的全面理解则应当是：技术创新是一个从产生新产品或新工艺的设想到市场应用的完整过程，它包括新设想的产生、研究、开发、商业化生产到扩散这样一系列活动，本质上是一个科技、经济一体化过程，是技术进步与应用创新共同作用催生的产物，它包括技术开发和技术应用两大环节。一般而言，知识产权保护制度的主要目的在于通过有效保障知识产权所有者的潜在利益，从而源源不断地保证社会持久的技术创新活动。

① [美]熊彼特：《经济发展理论》，孔伟艳等译，北京出版社 2008 年版，第 52～53 页。

② 转引自王凯：《论技术创新与企业发展的关系》，武汉理工大学硕士学位论文，2002 年。

综合看来,知识产权保护对技术创新的作用主要体现为:一是知识产权保护的激励作用。由于知识产品强外部性特征的存在,在缺乏有效知识产权保护制度的前提下,技术创新带来的社会收益远远大于创新者自身收益补偿,这将在很大程度上抑制潜在创新者的创新行为。知识产权保护的激励作用在于,通过一种利益驱动机制,刺激投资与智力创造的活动持续不断地进行,从而促进技术进步,推动经济增长。这也是知识产权保护制度最主要最基本的作用体现。二是知识产权保护的调节作用。在知识产权保护过程中,由于知识产权赋予知识创造者有限的垄断权会使得知识产品在超过保护期限后,自然回归到社会领域,成为人类共有的财富,从而减少个人独占性要求与社会共享性需求之间的矛盾冲突。同时,对知识产权使用效力上的限制,如对专利权的强制许可、对著作权的法定许可等规定,既有利于保护知识创造者利益,又促使知识的广泛传播和有效利用,做到个人利益与社会利益的平衡、公平与效率的统一。三是知识产权保护的规范作用。依法保护已经取得的知识产权,既可以防止他人对知识产权采取侵权行为,又可以规范知识产权的行使行为,防止知识产权不正当使用情况的发生,从而维护公平有效的市场竞争秩序。在一定情况下,知识产权保护的规范机制还需要与其他法律结合起来综合发挥作用。

尽管知识产权保护对技术创新的积极作用得到大多数人的认同,但由于知识产权保护规定性、适度性问题的存在,又使得知识产权保护的理论效用与实际效用产生较大差异。比如一项专利技术申请,需要申请方提供专利书并向公众进行详细解释说明,而这种说明往往会变成模仿者或复制者的指南书。哈勒(Hall)通过构建博弈模型来分析专利保护对 R&D 的影响,发现严格的知识产权保护制度会使第二次创新的时间滞后。[①] 谢雷尔(Scherer)、维斯布斯特(Weisburst)研究了意大利 1978 年以来对机械制造业加强专利保护的影响,其研究结论是知识产权保护强度的变化对 R&D 的支出影响很小甚至没有影响。[②] 科恩·利文索尔(Cohen Levinthal)研究了 R&D 的溢出效应,发现在医药、电子行业,R&D 随着溢出的增加而增加且强化知识产权保护制度不能增加 R&D 支出,因为强知识产权保护限制了技术溢出,造成垄断势力从而阻碍后续的研发。作为发展中国家而言,类似的 R&D 溢出可能尤为明显。[③] 菲克特(Fikkert)通过研究印度企业,发现印度企业的技术创新活动主要靠吸收国外合适的 R&D

---

① 转引自廖远强、王斌会:《知识产权保护对经济增长的促进作用分析》,《商业时代》2011 年第 7 期。

② 转引自刘杨:《最优知识产权保护水平的理论研究》,《世界经济情况》2009 年第 7 期。

③ 转引自张艳、苏秦、陈婷:《基于面板数据的制造业国际 R&D 溢出及生产率增长途径分析》,《科技进步与对策》2010 年第 3 期。

溢出获得,而这种溢出效应完全得益于其弱知识产权保护提供“有力屏障”。[①]库马尔、萨基卜(Saqib)也做过类似的研究,他们发现印度的化工行业是全国技术创新活动最活跃的领域,这主要归功于其产品专利制度的缺失所带来的企业模仿新技术的快速增长。[②] 哈克萨尔(Haksar)(1995)利用印度 1975～1990 年的 65 个行业 642 个企业的数据分析研发边际产出和技术引进以及它们的溢出效应,发现无论是当地的研发还是技术引进都能产生正的溢出效应,尤其是制药行业的研发回报更为明显,这也得益于弱知识产权保护制度提高了替代药品开发的成功率。[③]

2. 知识产权保护与技术转移

伴随国际贸易的不断发展和全球一体化进程的加快,以技术溢出和技术引入为主要特征的技术转移越来越成为影响发展中国家技术创新和进步的重要途径。所谓技术转移,即指技术从一个地方以某种形式转移到另一个地方。它不仅包括国家之间的技术转移,也包括从技术生成部门(研究机构)向使用部门(企业、商业经营部门)之间的转移,还包括技术使用部门之间的转移等。很显然,技术转移的实现必须具备三个基本要素:一是技术供给方,即技术发明或创造者,也叫技术源;二是技术转移载体或技术载体,通常意义的技术载体既包括掌握了技术的人,也涉及包含了技术内容的文件、技术产品、技术设备等;三是技术接受方或技术受体。技术受体一般是指具有一定的自立能力和具有一定技术水准的实体。当然,技术差距的存在也是实现技术转移必不可少的前提条件。从技术接受方的动机角度考虑,技术转移可分为技术溢出和技术引入两种情形。所谓技术溢出是指在贸易或其他经济行为活动中,先进技术拥有者有意识或无意识地转让或传播其技术的行为,其中包括国际技术溢出、国内技术溢出、行业间技术溢出以及行业内技术溢出等四种形式,我们重点分析的是国际技术溢出情况。而技术引入则是指一个国家或地区的企业、研究单位、机构等通过一定方式从本国或其他国家、地区的企业、研究单位、机构中获得先进适用技术的行为。其中技术许可转让是最主要的技术引入方式。

由于国际技术转移与一国外商直接投资、进出口贸易以及技术许可转让等存在着千丝万缕的联系,本书将在后面的“知识产权保护通过对外贸易作用于经济增长”中进行详细分析,这里仅从理论层面分析知识产权保护与技术转移的关

① 转引自昌莲:《人力资本、FDI 与经济增长的实证研究》,暨南大学硕士学位论文,2007 年。

② 转引自邢丽娜:《企业规模与技术创新的关系研究》,山东理工大学硕士学位论文,2007 年。

③ 转引自吴汉洪、杨鑫:《知识产权制度与经济增长:综述与比较》,《国家行政学院学报》2011 年第 2 期。

系。首先，由于技术成果的信息化、可复制化等特点与知识产权的特性有着极强的一致性，拥有知识产权就意味着掌握或获得技术成果。从这个角度看，技术转移的实质即知识产权被授权使用的过程。其次，对于技术接受方而言，在技术具有无限可复制性的前提下，如果缺乏有效的保护，会造成技术复制成本的大幅度降低进而损害技术适用方的利益。从经济学角度来看，对知识产权使用者的保护，实质就是减少同类产品市场存量，避免恶性竞争，保持专利技术的营利能力。再次，对于技术供给方而言，一般来讲，如果缺乏有效知识产权保护，由于利益的受损势必会导致技术创新积极性的下降，因此，知识产权保护的实质即通过保障技术创新者的经济利益，从而保证社会技术成果持久的经济驱动力。综合看来，知识产权保护对技术转移的影响，一方面在于协调技术使用者和所有者的关系，保证双方各自的利益，即知识产权保护体系通过约束技术成果(知识产权)所有方的行为保证技术使用方获得利益，也通过约束技术使用者的行为保护所有者的利益。另一方面在于有力地促进技术成果实现资本化，为科研成果转化成现实生产力提供资金支撑。技术转移的终极目的在于将研发的技术资本化，通过鼓励申请知识产权并将其保护起来，为知识产权找到合适的市场作准备。只有当知识产权资本化或商业化后，才真正实现了其经济价值和产业价值，从而发挥出对经济增长的实际作用。

实际上，严格的知识产权保护制度是否会促进技术转移还要综合考虑各种因素。一方面，严格的知识产权制度会限制技术溢出，因为专利权本身会为了保障权利人的利益而排除他人使用，同时由于知识产权权利人市场力量的强化造成的垄断高价也阻碍了技术的传播；另一方面，知识产权制度又可以促进技术扩散，尽管理论上影响方向尚不明确，但是这种影响作用确实存在，尤其是对国内研发薄弱的发展中国家来说，对技术先进国的技术转移至关重要，有时候甚至超过了技术创新对技术进步的贡献。

(二)知识产权保护通过对外贸易作用于经济增长

随着知识产权保护的全球化，以跨国公司为主要载体的技术转移方式日益引起广泛关注。正如前文所述，一般而言，跨国公司向东道国技术转移主要是通过出口贸易、外商直接投资和技术许可等三种方式实现的。当然，跨国公司采取何种方式进行技术转移在很大程度上取决于东道国知识产权保护政策。近年来，关于知识产权保护对国际技术转移影响的研究文献层出不穷，这不仅为全面深入地分析知识产权保护对经济增长的传导效应提供了丰富的参考素材，而且也为知识产权保护的政策制定者提供了有力的理论依据。

1. 知识产权保护与国际贸易

在理论分析中，马斯库斯、拜奴巴蒂是较早研究知识产权保护强度与国际贸易之间关系的学者，他们通过提出市场扩张效应和市场势力效应来解释知识产权保护对贸易的影响。市场扩张效应通过强化东道国知识产权保护强度，从而降低出口产品模仿程度进而可能扩大贸易规模。而市场势力效应则是通过强化出口市场的知识产权保护强度，从而使得出口企业获得“垄断势力”，即出口企业可以提高价格、减少出口保证其利益，这种结果会对出口市场的贸易规模产生负面效应。另外，马斯库斯、拜奴巴蒂还对这两种不同的影响进行研究，认为知识产权保护对国际贸易有利影响会在模仿能力强的大国占主导，其不利影响则会在模仿能力差的小国占主导。① 科(Coe)、赫尔普曼和霍夫迈斯特尔(Hoffmaister)研究发现从发达国家向发展中国家的技术外溢是促进经济增长的重要渠道，而进口贸易就是其中一种表现形式。② 在此基础上，马斯库斯更是研究指出，知识产权保护对国际贸易的影响，不仅依赖于贸易商品的定价和技术转移途径(如 FDI、技术许可等)对出口贸易的替代程度，而且还取决于知识产权保护在途径选择中的作用和不同的市场结构。③ 普里莫·布拉加(Primo Braga)等也研究指出，对于特定的国家，知识产权保护水平的强化会通过影响公司的市场供给决策和限制资源的进口发挥作用，而这两种相反的影响趋势使得知识产权保护对贸易的最终影响也变得具有不确定性。④

与理论研究知识产权保护对国际贸易影响的不确定相类似，实证研究得出的结论也同样具有不确定性。史密斯对 1992 年美国制造业产品出口研究发现，对于拥有一定模仿能力、市场规模较大、收入水平中等的发展中国家或地区加强知识产权保护，则出口企业将扩大对这些国家或地区的出口，而对于收入水平最低的国家或地区和较高收入国家的 OECD 国家而言，出口企业对它们加强知识产品保护后的贸易影响基本为零甚至出现负面影响。⑤ 拉菲库扎曼(Rafiquzzaman)对加拿大制造业出口数据分析发现，市场扩张效应在具有最强模仿威胁的国家占主导地位，而在具有最弱模仿威胁的国家市场势力效应占主导地位。⑥

---

① 转引自魏兴民、张荣刚：《国际知识产权保护与中国自主创新内在逻辑分析》，《社会科学家》2007 年第 3 期。

② 转引自邓海滨、廖进中：《中国进口贸易技术外溢效应的实证分析》，《当代经济管理》2006 年第 6 期。

③ 转引自曲建忠、张红霞：《知识产权保护对国际贸易的影响及中国的对策》，《国际经贸探索》2005 年第 6 期。

④ 转引自沈国兵、姚白羽：《知识产权保护与中国外贸发展：以高技术产品进口贸易为例》，《南开经济研究》2010 年第 3 期。

⑤ 转引自余长林：《知识产权保护、东道国特征与出口贸易》，《世界经济研究》2010 年第 5 期。

⑥ 转引自余长林：《发展中国家知识产权保护与经济增长》，经济科学出版社 2010 年版，第 182～184 页。

这与马斯库斯、拜奴巴蒂的研究结论类似。[①] 布莱德(Blyde)、阿瑟(Acea)通过分析知识产权保护变化对拉美国家进口影响发现,进口对较高收入的国家知识产权指数变化很敏感,但对较低收入国家的专利指数变化不敏感。[②] 在史密斯、拉菲库扎曼分析方法基础上,有国外学者运用1970～1992年间71个样本国家的面板数据研究发现,知识产权保护对美国非研发密集型产品的出口存在负面影响,但对于研发密集型产品的影响并不显著。[③] 同样地,芬克、普里莫·布拉加通过对1989年89个国家的双边贸易研究发现,知识产权保护和非燃料贸易之间存在正向关系,而知识产权保护与高新技术产业之间却存在弱相关关系。[④] 与汉森(Hansen)发展的门限效应回归方法得出知识产权保护对贸易的影响依赖于一国的经济发展水平、模仿能力和进口国的市场规模结论类似,法尔维、福斯特与格里纳韦运用引力方程,对1970～1999年间5个发达国家到69个发达国家和发展中国家的总体和行业制造业出口的面板数据进行重新估计,进一步证实了进口国模仿能力以及市场规模对知识产权保护与贸易关系影响的重要性,且不同产业呈现出不同的门限效应水平。[⑤]

综合看来,知识产权保护对国际贸易的影响需要具体情况具体分析。这种影响一方面取决于进口国或地区的经济发展水平和市场模仿能力,即在市场模仿能力差的国家,强知识产权保护所带来的市场势力效应会超过市场扩张效应,从而对进口国或地区显现出负效应。相反,在市场模仿能力强的国家,二者的力量正好出现逆转,因而强知识产权保护会显现出正效应。另一方面,由于国际贸易仅是跨国公司服务海外市场的方式之一,当知识产权保护水平发生变化时,跨国公司可能会运用其他服务方式(比如FDI、技术许可等)替代国际贸易形式,从而间接影响到知识产权保护与国际贸易的关系。

2. 知识产权保护与外商直接投资(FDI)

与知识产权保护对国际贸易影响类似,知识产权保护对FDI的影响也具有复杂性。一些研究认为知识产权保护有利于吸引外资。萨尤姆(Sayoum)选取了27个欠发达国家1975～1990年的数据分析认为,知识产权保护因子的变化能够有效地解释FDI流入的差异,而且在新兴国家这种影响更为显著。李(Lee)、曼斯菲尔德研究发现,在实行弱知识产权保护的国家,美国对其直接投

---

① 转引自许春明:《知识产权制度与经济增长的机制研究》,同济大学博士学位论文,2008年。

② Blyde, Juan S. Cristina Acea,"How dose intellectual property affect foreign direct investment in Latin American?" *Integration and Trade*, 2003, 7(19), pp. 135-152.

③ 参见余长林:《知识产权保护对国际贸易的影响研究述评》,《经济评论》2013年第1期。

④ 转引自刘娟:《我国知识产权保护影响出口贸易的实证研究》,湖南大学硕士学位论文,2011年。

⑤ 转引自余长林:《知识产权保护、东道国特征与出口贸易》,《世界经济研究》2010年第5期。

资的数量和组成均减少。舍伍德研究发现，对于新兴市场国家或地区而言，加强知识产权保护有利于国内创新和吸引外资。莱塞(Lesser)通过考察1998年44个国家的数据得出结论，知识产权保护和外资的关系是积极的，即知识产权保护强度的提高有利于吸引外资。一些研究则认为知识产权保护不利于FDI的流入。马库森、拜奴巴蒂运用一般静态均衡贸易模型(Helpman-Krugman模型)，结合一年的贸易数据进行实证分析发现，当初始的知识产权保护水平较低时，加强知识产权保护水平会减少FDI投入。还有一些研究认为知识产权保护对FDI流量没有显著影响。比如博斯沃思(Bosworth)、福瑞斯塔克(Frischtak)、弗兰迪诺、马斯库斯与伊比-科南(Eby-Konan)、芬克等均通过研究，认为知识产权保护制度对FDI没有显著影响。①

上述研究结论并不能完全说明知识产权保护与FDI的关系，只是对于不同发展阶段的国家或地区，知识产权保护的功效存在个体差异。马斯库斯研究发现，专利保护强度与美国跨国公司在发达国家设立的子公司的销售额和资产正相关，但与发展中国家的子公司销售额和资产负相关。② 库马尔通过构建扩展模型研究发现，专利保护强度(采用Ginarte-Park指标)对FDI的影响依赖于当地的经济发展水平和技术水平。一般而言，经济发展和技术水平越高，知识产权保护的功效越显著。知识产权保护水平除了能够对FDI流量产生影响之外，还会影响外商直接投资的行业规模。③ 李(Lee)、曼斯菲尔德对美国100家跨国公司调查发现，对于技术含量较低或者难以模仿的行业，对知识产权保护的要求较低；对于易于模仿的产品和技术行业，对知识产权保护的要求则相对较高。④ 马斯库斯研究还指出，弱的知识产权保护使得跨国公司在发展中国家或地区的投资仅限于装配和生产部门，而对于具有复杂但容易被抄袭的技术部门而言，FDI很可能会随着对知识产权保护水平的提高而增加。⑤ 伽沃瑞斯克对前苏联和东欧国家的FDI数据分析发现，技术密集度越高的FDI对东道国知识产权的依赖

---

① 参见吴凯、蔡虹、蒋仁爱：《中国知识产权保护与经济增长的实证研究》，《科学学研究》2010年第12期；吴蕊：《知识产权保护与发展中国家经济增长问题探析——以中国为例》，苏州大学硕士学位论文，2008年。

② 转引自周素娥：《论发展中国家的知识产权保护与经济增长》，湖南大学硕士学位论文，2006年。

③ Kumar. N, "Intellectual property rights, technology and economic development: experience of asian countries," RIS Discussion Paper, 2002, No. 25.

④ Jeong-Yeon Lee and Edwin Mansfield, "Intellectual property protection and U. S foreign direct investment," *The Review of Economics and Statistics*, 1996, Vol. 78, No. 2, pp. 181-186.

⑤ 转引自余长林、王瑞芳：《知识产权保护、东道国特征与外商直接投资：一个跨国的经验研究》，《世界经济研究》2009年第10期。

程度越大，且弱知识产权保护对外资构成也会产生较大影响。[①]

近年来，伴随着国际资本流动结构的不断调整和变动，知识产权保护对研发型 FDI 流动的影响也日益成为焦点。马斯库斯通过对中国的调查研究表明，由于中国专利侵权、执法不严以及刑罚较轻等问题的存在，使得跨国公司对中国进行研发型投资的积极性不高，且转移给中国的技术比较落后。[②] 哈格多姆（Hagedoorn）、克洛特（Cloodt）与克拉内博格（Kranenburg）利用 53 个国家近 2000 个企业资料发现，知识产权保护的国际差异对企业研发模式的选择呈现显著限制性特点，即当知识产权保护不足时，企业倾向于选择股权合资形式而非合同伙伴关系。当然，跨国公司对发展中国家或地区的研发投资还要依赖于其他因素，比如东道国技术资源储备能力、市场规模以及政府政策措施等等。因此，知识产权保护可能主要不是影响 FDI 研发投资规模，而是影响研发投资的性质和方向。

综上所述，知识产权保护对 FDI 的影响具有明显的行业特征、技术特征和生产阶段特征等。首先，对于劳动密集型技术行业而言，FDI 对知识产权保护不敏感；对于拥有一定技术且容易被模仿的行业而言，FDI 对知识产权保护比较敏感；对于高端技术且难以被模仿的行业来说，知识产权保护对 FDI 所起的作用又会较少。其次，发展中国家和地区提高自身的技术能力会提升 FDI 对其技术转移的质量和水平，即技术资源储备和自身技术能力的提升能够对 FDI 流入产生重要影响。再次，知识产权保护仅是发展中国家或地区吸引外资的政策之一，有时这种政策可能会给发展中国家或地区带来负面影响，因而发展中国家应该根据本国的经济发展水平，合理审视知识产权保护在吸引外资中的作用。

总之，知识产权保护对一国或地区经济增长的影响途径是多方面的、综合的且相互渗透的。比如通过上述理论推导和研究文献分析，知识产权保护影响技术进步进而影响经济增长的路径，除了通过技术创新、技术溢出等方式发挥作用之外，更多的是借助 FDI、出口贸易以及技术许可转让等技术转移方式体现出来的，这也正是“知识产权保护对经济增长的传导路径分析图”（见图 7-1）中“①②③”所代表的内在含义。尽管国外对于知识产权保护与经济增长的关系已进行了较为深入的研究，但是通过对众多研究文献的梳理分析发现，现有的研究仍存在一些不足之处。首先，大多知识产权保护与经济增长的研究分析主要聚焦于

---

① Beata Smarzynska Javorcik, “The composition of foreign direct investment and protection of intellectual property rights: evidence from transition economies,” *European Economic Review*, 2004, Vol. 48, pp. 39-62.

② 转引自陈小秀：《知识产权确定性与知识产权投资——基于中国的实证分析》，江西财经大学硕士学位论文，2009 年。

发达国家，有些则以发达国家与发展中国家的混合样本为研究对象，而单纯从发展中国家特别是中国视角进行研究的则较少。其次，由于发展中国家与发达国家的经济发展水平、创新能力、经济环境等情况存在较大差异，与西方研究学者大力提倡实施严格知识产权保护制度以推动知识产权保护国际标准化不同。适度的知识产权保护可能更易于发挥其对经济增长的积极作用。再次，长期以来，国内知识产权保护的研究主要采用法律分析方法，相对国外比较系统的理论和实证研究而言，我国从经济学视角对知识产权保护的研究尚处于起步阶段。同时，作为一个处于经济结构转型和区域经济发展不平衡的发展中国家而言，知识产权保护对中国经济增长的影响幅度及其传导途径的选择必然存在显著差异，因此在理论分析基础上，通过实证分析知识产权保护对中国经济增长的影响则更具有重要的现实意义。

第二节　我国知识产权保护与技术进步关系的实证分析

随着科技信息化和经济全球化进程的加速，知识产权保护与经济增长、经济发展之间的关系问题不仅日趋成为学术领域关注的焦点，而且也正引起行业和政府决策部门的高度关注，这对于快速发展中的中国而言尤其如此。然而，知识产权保护对一国或地区经济增长的影响幅度究竟多大？这种影响在多大程度上通过对技术创新的激励而发挥作用的？诸多变量内在关系的界定则需要通过实证分析得到进一步的验证。从理论上讲，在基于技术创新基础之上的技术进步推动东道国经济增长问题上，知识产权保护发挥着至关重要的作用。鉴于上述考虑，本书将运用我国 1985～2014 年的相关数据，实证检验我国知识产权保护水平变动与技术创新能力之间的内在关系，进而解释其对我国经济增长的影响效果。

一、变量选择与数据来源

本研究关于知识产权保护、技术创新和经济增长关系的实证分析主要包括两部分内容：一是运用 Engle-Granger 协整关系分析法实证验证三者之间是否存在长期的稳定关系；二是运用 Granger 因果关系分析法检验分析三者之间因果关系。在此基础上，为知识产权保护对经济增长的理论传导路径提供实证证据。

对于中国知识产权保护水平变量的衡量，本节直接选用前文（本书第四章）测算的修正后的 G-P 指数，即 TIPR 来表示；对于技术创新变量的衡量，考虑到与实物资本、人力资本投入相类似的特点，从事技术创新活动也需要投入资源，习惯上称之为研究与实验发展活动，即 R&D。在一定程度上，R&D 经费投入的多少直接决定着一国或地区技术创新能力的高低。因此，我们采用国际通用的衡量一国或地区科技创新和核心竞争力指标，即 R&D/GDP 比重来表示我国的技术创新能力，以 PTIN 表示；对于经济增长水平而言，为了更客观真实反映一国或地区实际经济增长的变动情况，一般采用人均实际 GDP，即 RGDP 来表示。另外，我们均采用时间序列数据且数据样本期为 1985～2014 年，样本时间序列基年为 1985 年，各变量数据均来源于历年《中国统计年鉴》《中国科技统计年鉴》。为了消除价格变化对数据分析的影响，在实证测算之前，文中对各项数据均已采用 CPI、当年汇率进行可比性修正，详细数据参见本书后附表 6。

二、计量回归与变量分析

（一）协整关系检验（Engle-Granger 分析法）

根据时间序列变量间协整关系检验原理可知，协整关系检验分析主要适用于检验两个（或以上）变量之间是否存在长期的稳定关系（协整关系）的实证分析方法。因此，首先需要对单变量进行稳定性检验，同时还需要确定单整变量的单整阶数，这是进行两两变量之间协整关系分析的前提。

（1）单变量稳定性检验

为了有效减少数据波动及变量之间异方差问题，这里采用 ADF（The Augmented Dickey-Fuller Test）方法检验上述各时间序列变量对数值的稳定性问题，具体检验结果如表 7-1。

表 7-1　　各变量 ADF 单位根检验结果

变量	检验形式	ADF 检验值	DW 值	5%临界值	结论
LNTIPR	(C,T,2)	−1.5028	1.9913	−3.6220	不平稳
△*LNTIPR*	(C,T,0)	−4.9159	1.9956	−2.9919	平稳
LNPTIN	(C,T,1)	0.1933	2.0583	−2.9919	不平稳
△*LNPTIN*	(C,T,0)	−3.1232	2.0780	−2.9919	平稳
LNRGDP	(C,T,2)	−2.0278	1.7533	−3.6220	不平稳
△*LNRGDP*	(C,T,3)	−3.6817	1.5632	−3.6450	弱平稳

注：表中 ADF 单位根检验采用 Eviews6.0 软件计算而得。检验形式（*C*，*T*，*K*）分别表示单位根检验方程含有常数项、时间趋势和滞后阶数，*N* 表示不含常数项或时间趋势，滞后阶数 *K* 值由 *DW* 检验来确定（使 *DW* 值接近于 2），Δ 表示一阶差分算子。

由表 7-1 可知，在 5%的置信度水平下，所有变量的水平序列都是非平稳的，而它们的一阶差分序列都是平稳的，即都是 I(1)时间序列，单位根检验结果满足进行协整检验的前提条件。

(2)变量间协整关系检验

根据变量间协整关系检验步骤要求，建立如下回归模型用于检验 *LNRGDP*、*LNTIPR* 和 *LNPTIN* 三个变量两两间的协整关系。

$$LNRGDP=\alpha_1+\beta_1 LNPTIN+\mu_1 \tag{1}$$

$$LNRGDP=\alpha_2+\beta_2 LNTIPR+\mu_2 \tag{2}$$

$$LNPTIN=\alpha_3+\beta_3 LNTIPR+\mu_3 \tag{3}$$

运用附表 6 中三个变量数据对(1)(2)(3)式进行 OLS 参数估计，具体参数估计结果如表 7-2。

表 7-2　*LNRGDP*、*LNTIPR*、*LNPTIN* 两两间线性回归方程参数估计及检验结果

待估计参数	参数估计值	*t*-检验值	Prob.
α_1	8.9514	71.1230	0.0000
β_1	2.4581	7.6735	0.0000
α_2	8.4383	248.5798	0.0000
β_2	1.1811	31.3121	0.0000
α_3	−0.1895	−4.3489	0.0002
β_3	0.3344	6.9063	0.0000

需要强调指出，上述方程的回归结果本身所包含的经济学意义并不大，而真正目的在于对三个回归方程的残差 μ_1、μ_2 和 μ_3 进行 ADF 单位根检验，具体检验结果如表 7-3。

表 7-3　各回归方程残差的 ADF 单位根检验结果

变量	检验形式	ADF 检验值	DW 值	10%临界值	结论
μ_1	(*N*,*N*,1)	−2.2153	2.1105	−1.6088	平稳
μ_2	(*N*,*N*,0)	−2.1407	1.9606	−1.6091	平稳
μ_3	(*N*,*N*,2)	−1.6603	2.0418	−1.6088	弱平稳

注：表中 ADF 检验均采用 Eviews6.0 软件计算而得，检验形式(*C*,*T*,*K*)中的第一项 *N* 表示不含常数项，第二项 *N* 表示不含时间趋势项，第三项 *K* 表示自回归滞后长度，由 *DW* 检验来确定(使 *DW* 值接近于 2)。

表 7-3 显示出残差项 μ_1、μ_2、μ_3 均能通过 10%置信度检验，据此可判定三个残差项均为平稳序列，即 RGDP、TIPR 与 PTIN(经济增长、知识产权保护与技术创新能力)三者两两之间存在协整关系或长期稳定关系。当然，从 μ_3 检验结

果还可以看出，知识产权保护对中国技术创新能力的促进作用并不是特别明显，这既与中国早期弱知识产权保护未能对国内技术创新产生较强的激励有关，也与目前中国技术创新主要来源于国外技术溢出、技术引进的现实趋于一致。

（二）VAR 模型 Granger 分析法的因果关系检验

协整关系检验的结果只能解释变量之间是否存在长期的稳定关系，但是变量之间关系是否具有因果性还需要采取进一步检验。因此，我们采用 Granger 因果分析法进行验证。但是，考虑到 Granger 因果检验结果高度敏感于滞后长度的选择问题，为了提高因果检验准确性，这里选择使用能够自动计算最优滞后长度的 VAR 模型进行检验，具体检验结果如表 7-4 所示。

表 7-4　　VAR 模型的 Granger 因果检验结果

VAR Granger Causality/Block Exogeneity Wald Tests
Sample：1985～2014
Included Observations：30

Excluded	Chi-sq	D. F	Prob.
Dependent variable：LNTIPR			
LNRGDP	1.600429	2	0.0725
LNPTIN	1.311294	2	0.0559
Dependent variable：LNRGDP			
LNTIPR	4.426231	2	0.1094
LNPTIN	7.896965	2	0.0193
Dependent variable：LNPTIN			
LNTIPR	0.740754	2	0.6905
LNRGDP	7.650071	2	0.0218

表 7-4 中 VAR 模型 Granger 因果关系检验结果表明：(1)在 10％的置信水平下，*LNRGDP*、*LNPTIN* 对 *LNTIPR* 均存在 Granger 因果关系，即经济增长、技术创新的变动对中国知识产权保护水平的变动存在影响。(2)在略大于 10％的置信度水平下，*LNTIPR* 对 *LNRGDP* 存在 Granger 因果关系，即中国知识产权保护水平的加强是经济增长的原因，但这种 Granger 因果关系不够明

显。另外，在5%的置信度水平下，$LNPTIN$ 对 $LNRGDP$ 存在 Granger 因果关系，即技术创新能力的提升对经济增长也存在促进作用，这也符合常规逻辑理解。(3)$LNTIPR$ 对 $LNPTIN$ 存在 Granger 因果关系，即中国知识产权保护水平变动对技术创新能力变动影响不大，这也与上文回归方程中残差 μ_3 的单位根检验结果一致。与此同时，在5%的置信度水平下，$LNRGDP$ 对 $LNPTIN$ 存在 Granger 因果关系，即经济增长对技术创新能力的提升存在积极作用。由此可见，经济增长与知识产权保护水平、经济增长与技术创新能力之间均存在互动 Granger 因果关系。但是，单纯考虑知识产权保护与技术创新能力之间的关系，似乎知识产权保护因素并不是技术创新能力的 Granger 因果关系，这与常规逻辑不相符合。因此，在后面的分析中将围绕知识产权保护对技术创新影响问题展开深入分析，以便得出符合常规和实际的验证结论。

三、模型构建与实证检验

考虑到技术创新能力的提升不仅受到既定资源投入要素多少的限制，而且还会受到一国或地区所拥有技术知识基础变动因素的影响，为了进一步解释和检验知识产权保护、技术创新对经济增长的影响程度问题，在前文分析各变量之间关系的基础上，这里引入技术创新知识存量进一步检验知识产权保护借助技术创新对经济增长的作用效果。

(一)构建计量模型

为了与影响经济增长的传统生产要素贡献度进行区分比较，我们仍旧采用年度 GDP 作为经济增长的代理变量，引入全社会固定资产投资作为固定资本存量的代理变量，还引入劳动力投入数量作为劳动要素存量的代理变量。当然，模型中还引入技术创新知识存量作为知识积累的代理变量，知识产权保护强度指数(即 TIPR 指数)作为知识产权保护水平的代理变量，由此建立如下简单多元计量回归模型：

$$LNGDP_t = a_0 + a_1 LNFAI_t + a_2 LNTIKS_t + a_3 LNLAB_t + a_4 LNTIPR_t + \varepsilon_t \tag{4}$$

在(4)式中，GDP_t 表示第 t 年的经济增长量；FAI_t 表示第 t 年的全年固定资产投资额；$TIKS_t$ 表示第 t 年的技术创新知识存量；LAB_t 表示第 t 年的劳动力投入数量；$TIPR_t$ 表示第 t 年的知识产权保护水平指数；ε_t 表示误差项；a_0、a_1、a_2、a_3、a_4 表示各变量回归系数。由于我国现实的技术创新知识存量 $TIKS$ 主要是通过自主 R&D 投资和技术转移或引入途径获取的，因此，需要首先计算我国技术创新知识存量，其计算公式为：

$$TIKS_t = RDKS_t + TFKS_t \tag{5}$$

在(5)式中，$RDKS_t$ 表示第 t 年时我国自主研发投资形成的技术创新知识存量，$TFKS_t$ 为第 t 年技术转移或引进给我国带来的技术创新知识存量。为简化方便起见，这里采用国际通用的永续盘存法计算技术创新知识存量，具体测算结果参见本书后附表 7。

（二）实证检验分析

根据《中国统计年鉴》(1986～2014)各年份 GDP 数额、全社会固定资产投资额以及劳动力人口数量[①]以及已有的知识产权保护水平指数和技术创新知识存量数据，对计量模型(4)式进行广义差分二阶自回归，得到相应回归结果如表7-5所示。同时，为了直观体现知识产权保护对技术创新知识存量的影响，以类似方法对二者进行回归，相应回归结果如表 7-6 所示。

表 7-5　中国知识产权保护与技术创新知识存量的经济效果(因变量:*LNGDP*)

Variable	Coefficient
C	5.271* (2.928)
LNTIKS	0.548** (0.148)
LNFAI	0.232** (0.106)
LNLAB	0.299** (0.247)
LNTIPR	0.037* (0.060)
Sample	30
R^2	0.996
DW	1.901

注:括号内数字表示标准差，* 表示 5%的置信度上显著，* * 表示 10%的置信度上显著。

① 为了计量精确起见，这里统计的劳动力人口仅包括 15～64 周岁的就业人口。

表 7-6　中国知识产权保护对技术创新知识存量的回归效果(因变量:*LNTIKS*)

Variable	Coefficient
C	−2.302** (0.214)
LNTIPR	1.245** (0.024)
Sample	30
R^2	0.998
DW	2.357

注:括号内数字表示标准差,** 表示 5%的置信度上显著。

从表 7-5 可以看出,除了知识产权保护水平、常数项在 10%的置信度上显著之外,其余的全社会固定资产投资、技术创新知识存量和劳动力人口均在 5%的显著性水平上显著,且其相关系数均为正数。这说明全社会固定资产投资、技术创新知识存量、知识产权保护水平指数以及劳动力投入数量对经济增长均能够产生正向促进作用。同时,通过各变量回归系数还可以看到,技术创新知识存量对经济增长的贡献额度逐步加强,相比较固定资产投资、劳动力投入对经济增长的贡献比重而言,知识产权保护的贡献额度比重还相对较小。将表 7-5、表 7-6 结合起来还可以看出,加强知识产权保护,能够给知识产权所有者提供一定的权利,从而给他们带来超额利润。在利益的驱动下,理性企业会不断增加研发投入,这样不仅能够开发新的技术,保证整个社会持续不断的技术创新能力,而且这种技术创新能力的提升又会进一步推动技术进步进而促进经济的持续发展。另外,企业研发投入的增加还能够使其不断增加知识积累,进而降低技术引入成本,从而保证了企业市场规模和竞争优势。除此之外,在一定程度上,我国知识产权保护水平的提高也会影响到技术先进国家对中国的技术转移或溢出程度,而这种技术转移或溢出往往是伴随对外贸易形式而进行的。关于这一问题将在后文中结合对外贸易问题一并讨论。

第三节　知识产权保护与对外贸易关系的实证分析

改革开放三十多年以来,伴随着进出口贸易的快速增长和外商直接投资规模的不断扩张,中国已经成为全球吸引外资的第一大国。同时,伴随着外资规模的日益增长,知识产权保护问题也越来越成为影响国际贸易及外商直接投资的重要影响因素，知识产权保护水平的高低直接影响外商直接投资的技术含量，同时它还影响着一国或地区技术扩散、技术模仿的程度。然而，知识产权保护水平的变动究竟在多大程度上影响中国的对外贸易状况，以及由此变动所带来的技术扩散或溢出效应如何，这些问题的提出和解决均需要通过进一步实证分析并对此进行相应合理解释。因此，我们首先结合前人的研究理论，通过对技术扩散模型(南方-北方技术扩散模型)修正并分析知识产权保护通过对外贸易作用于经济增长的理论动态过程；然后，运用中国对外贸易和经济增长的变动数据，对中国知识产权保护对出口贸易、FDI 的影响进行实证分析，进而得出比较符合中国实际的研究结论。

一、理论模型分析

在新经济增长理论和产品周期贸易理论的框架指导下，关于知识产权保护与国际贸易、外商直接投资之间的关系研究日趋成为焦点。以邓宁、马库森、曼斯菲尔德、萨基、杨(Yang)、史密斯以及伽沃瑞斯克等为代表的国外学者运用不同的方法，均强调指出东道国知识产权保护水平的高低，不仅直接对国际贸易、FDI 产生替代影响，而且还会对技术转移和扩散产生重要引导作用，甚而对双边社会福利产生影响。[①] 进入新世纪以来，国内学者也开始关注知识产权保护与国际贸易、FDI 的关系问题。以代谦[②]、杨全发[③]、杨伟和杨亚斌、孙赫[④]等为代表的国内学者通过研究发现，发达国家和发展中国家之间的贸易方式、技术转移形式，均与东道国知识产权保护水平存在紧密联系。总之，国内外学者对知识产权保护问题的研究大都认为：第一，加强发展中国家的知识产权保护会提高发达国家与发展中国家之间的双边贸易水平，从而改善两国的福利水平。第二，改善发展中国家的知识产权保护会激励发达国家的技术创新水平和促进对发展中国家的技术转移，进而会促进 FDI 和推动经济增长。第三，过高知识产权保护水平下的出口贸易和 FDI 会造成发达国家的净收益增加和发展中国家的净损失增加。

无论是新经济增长理论还是产品周期贸易理论，均涉及到创新产品的出口

① 转引自余长林、王瑞芳：《知识产权保护与国际技术转移的关系研究进展》，《财经问题研究》2009 年第 3 期。

② 参见代谦、别朝霞：《FDI、人力资本积累与经济增长》，《经济研究》2006 年第 4 期。

③ 参见杨全发、韩樱：《知识产权保护与跨国公司对外直接投资策略》，《经济研究》2006 年第 4 期。

④ 参见杨伟、熊红轶：《知识产权保护自主创新和外商直接投资：一个理论模型分析》，《贵州商业高等专科学校学报》2007 年第 1 期；孙赫：《知识产权保护与企业创新》，上海三联书店 2009 年版，第 120～126 页。

和新兴产业的生产转移(FDI)问题,而出口贸易和FDI的路径选择问题是新贸易理论所研究的两个重要问题之一。众多研究表明,发达国家对发展中国家选择出口贸易、FDI形式,主要取决于生产成本比较以及由于技术扩散所引起的生产者剩余和消费者剩余等经济利益的多寡。而东道国(发展中国家)知识产权保护水平的高低决定着发达国家对其技术扩散程度的强弱,进而影响发达国家对发展中国家利润的获取。因此,这里所建立的技术扩展模型的背景主要基于国际贸易理论中的技术差距模型和产品生命周期模型,其中主要对杨伟等三方策略模型和陈诗阳理论扩展模型进行修正并分析知识产权保护对一国或地区国际贸易、FDI影响问题。

(一)模型的构建与推导

由于一国或地区的国际贸易既包括商品贸易,还包括技术贸易,而技术贸易主要是技术许可转让形式,因此,这里构建的理论模型也主要涉及商品贸易、技术贸易和外商直接投资(FDI)三个方面,即三方策略模型。

基本假定一:假设存在地区技术差距,且仅限发展中国家和发达国家之间。发达国家主要借助跨国公司作为技术领先的载体与发展中国家进行对外贸易往来。由于跨国公司拥有绝对的技术创新垄断能力,因此可以凭借技术创新产品获取超额垄断利润,但是如果存在技术溢出或扩散,则跨国公司仅能获取正常利润。

基本假定二:假设商品生产投入要素唯一,即仅有劳动,且发达国家劳动力成本为W_1,发展中国家劳动力成本为W_2。为了简化起见,特设$W_2=1$,相对工资水平$W=W_1/W_2>1$。

基本假定三:假设发达国家与发展中国家之间贸易成本为零且贸易形式单一化,即发展中国家不会对发达国家的贸易产品进行反需求。发展中国家对发达国家创新产品市场需求为Q,市场价格为P。

根据基本假设条件可知,发达国家对发展中国家的对外贸易方式主要存在三种可能:第一,商品贸易形式。即发达国家在本国生产产品然后出口到发展中国家。此时发达国家可以获取全额利润R_1。第二,技术贸易形式。即发达国家通过签订特许转让合同将创新技术许可给发展中国家使用。此时由于可能存在技术溢出或扩散风险,发达国家获取利润为$(1-\omega)R_2$,其中R_2为包括技术许可转让费用在内的总利润,ω为技术溢出或扩散风险。第三,FDI形式。即发达国家通过FDI直接进入发展中国家市场,此时发达国家需要支付既定成本(设为F)且其创新技术存在被模仿的可能(概率为δ),因此其获取利润为$(1-\delta)R_2-F$。在以上三种贸易形式中,发达国家究竟采取哪一种形式取决于各种贸易形式的收益比较结果，具体如(6)(7)(8)式所示。

$$\begin{cases}(1-\delta)R_2-F>R_1\text{，FDI 贸易策略} & (6)\\ R_1>(1-\omega)R_2 & (7)\\ (1-\omega)R_2>(1-\delta)R_2-F\text{，技术贸易策略} & (8)\end{cases}$$

另外，根据基本假定条件还可知，该创新产品利润函数为：

$$\pi=(P-W_j)Q,j=1,2 \tag{9}$$

根据(6)(7)(8)(9)式进一步可以得出：

$$Y\begin{pmatrix}>\alpha+\delta+\beta\text{，FDI 贸易策略}\\ =\alpha+\delta+\beta\text{，二者无差异}\end{pmatrix} \tag{10}$$

$$Y\begin{pmatrix}>\alpha+\omega\text{，技术贸易策略}\\ =\alpha+\omega\text{，二者无差异}\end{pmatrix} \tag{11}$$

$$\omega\begin{pmatrix}>\delta+\beta\text{，FDI 贸易策略}\\ =\delta+\beta\text{，二者无差异}\end{pmatrix} \tag{12}$$

在(10)(11)(12)式中，$Y=W/(P-1)$，$\alpha=1/(P-1)$，$\beta=F/R_2$。其中(10)式表示 FDI 贸易策略与商品贸易策略比较，(11)式表示技术贸易策略与商品贸易策略比较，(12)式表示 FDI 贸易策略与技术贸易策略比较。

(二)模型的均衡变动分析

在模型假定和推导基础上，假设发展中国家知识产权保护水平系数为 K，由已知假设条件可知，$\delta=\delta(K)$、$\omega=\omega(K)$，且随着知识产权保护水平 K 的增大，$\omega(K)$、$\delta(K)$二者是减少的，即发展中国家知识产权保护水平越高，技术扩散或溢出的风险越小，发达国家技术被模仿的概率也会越低。为了便于比较，这里设定 $T_1=\delta(K)$、$T_2=\omega(K)$。由此，(10)(11)(12)式转变为(13)(14)(15)式。

$$Y\begin{pmatrix}>\alpha+T_1+\beta\text{，FDI 贸易策略}\\ =\alpha+T_1+\beta\text{，二者无差异}\end{pmatrix} \tag{13}$$

$$Y\begin{pmatrix}>\alpha+T_2\text{，技术贸易策略}\\ =\alpha+T_2\text{，二者无差异}\end{pmatrix} \tag{14}$$

$$T_2\begin{pmatrix}>T_1+\beta\text{，FDI 贸易策略}\\ =T_1+\beta\text{，二者无差异}\end{pmatrix} \tag{15}$$

为了更直观表现知识产权保护水平变动对 FDI、商品贸易和技术贸易的变动影响，将(13)(14)(15)式用图形进行表示(如图 7-2 所示)。

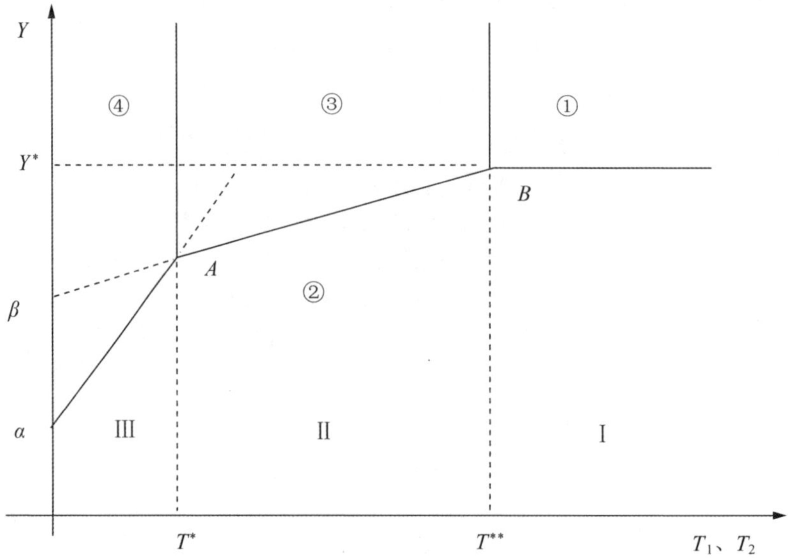

图 7-2　知识产权保护对商品贸易、技术贸易及 FDI 的影响(理论模型一)

由理论模型(一)可以看出,横轴 $T_1=\delta(K)$、$T_2=\omega(K)$ 反映了发展中国家知识产权保护水平的变动情况,越靠近原点表明知识产权保护水平越高,相反越偏离原点表明知识产权保护水平越低,即 $T^{**}<T^{*}$。根据(13)(14)(15)式及图 7-2 可以看出,所有实线将整个坐标轴分为四个区域。在①区,由于劳动力成本过高(Y^{*} 代表发达国家不能承受的成本高度)以及东道国知识产权保护水平较低,发达国家不会进行生产贸易;在②区,出于对贸易利益的充分考虑,发达国家会选择商品贸易方式;在③区,发达国家将会采取 FDI 贸易方式进入发展中国家市场;在④区,发达国家则会选择技术贸易方式。显然,随着东道国知识产权保护水平的提升,发达国家对发展中国家的贸易方式也会随之发生变动。具体来分析,假设 T^{**}、T^{*} 将东道国知识产权保护水平划分为三个档次,即Ⅰ、Ⅱ、Ⅲ。在Ⅰ档区域内,在东道国拥有劳动力成本优势的前提下,发达国家只会采取商品贸易形式。一旦东道国失去劳动力成本优势,则进入①区状态。在Ⅱ档区域内,相比较Ⅲ档的较高知识产权保护水平而言,东道国知识产权保护水平会促使发达国家在商品贸易和 FDI 贸易策略之间进行选择(②区和③区)。在Ⅲ档区域内,由于东道国完善的法律体系及强有力的执法措施,使得其知识产权保护水平较高,发达国家将在商品贸易和技术贸易策略之间进行选择(②区和④区)。

由此可知,在存在技术差距的前提下,伴随发展中国家知识产权保护水平的不断加大,发达国家将会采取 FDI 或者商品贸易策略。但是过强的知识产权保护水平又会促使发达国家由 FDI 贸易向技术贸易方式转变。当然，发达国家究竟选择商品贸易、FDI，还是技术贸易方式，不仅取决于东道国知识产权保护水平的高低，而且还受到成本比较优势及由于技术扩散或溢出所引起的生产者剩余等经济利益的综合影响。此种影响在图 7-2 中也可以看出，这里不再单独分析。

（三）模型的延伸与扩展

上述理论模型（一）主要是在新贸易理论框架体系下构建和推导的，重点分析了发达国家对发展中国家贸易形式的变动受东道国知识产权保护影响情况。但其影响情况必然也受到基本假定条件的限制。实际上，由于发达国家不断地技术创新，将会不断地开展另一种新商品的出口，并进而在发展中国家进行 FDI 和技术贸易。同时，随着发展中国家国内模仿产业的不断壮大和自身技术创新能力的提升，也会逐步转为对外出口进而对外投资。即发达国家与发展中国家之间的贸易形式不再是单一的，而是双向或互动的。因此，为了使得理论模型更加接近实际，在理论模型（一）基本假定条件的基础上，增加基本假定四，进而对理论模型（一）进行扩展和延伸。

基本假定四：假定发达国家与发展中国家之间依然存在技术差距，但是其贸易形式不再是单向的而是双向或多向的。即发展中国家也会对发达国家或者第三方国家开展各种贸易形式。

通过对基本假定条件的放宽和限制，结合国家贸易理论中的产品生命周期理论和技术模仿差距理论，在充分考虑东道国知识产权保护水平因素的前提下，我们得出知识产权保护水平变动对国际贸易、FDI 变动影响的理论模型（二）（如图 7-3 所示）。需要强调的是，在延伸和扩展的理论模型（二）中，横轴依然表示知识产权保护水平，同时也表示发展中国家对新技术的模仿时间，用 T 表示。T 越大，表示东道国知识产权保护水平越高和新技术的模仿时间越长。而纵轴则考虑了两种情况，左纵轴表示发达国家的贸易形式变动，纵轴的下方表示商品出口贸易（用 TRD 表示），上方表示 FDI 贸易和技术贸易（用 FDI/TLT 表示）；右纵轴表示发展中国家的贸易形式变动，与左纵轴的区别在于，其商品出口贸易、FDI 和技术贸易的方向与左纵轴相反。原因在于发展中国家的商品出口在某种程度上反映了发达国家的进口，而发展中国家的 FDI 和技术往往在发展中国家经历一定的发展阶段后会向发达国家或第三方国家转移，即从吸收外商直接投资转变为对外直接投资。当然，这种贸易形式的变动还受到比较优势的差异、产业结构的调整等因素的影响，这里只分析知识产权保护水平的影响情形。

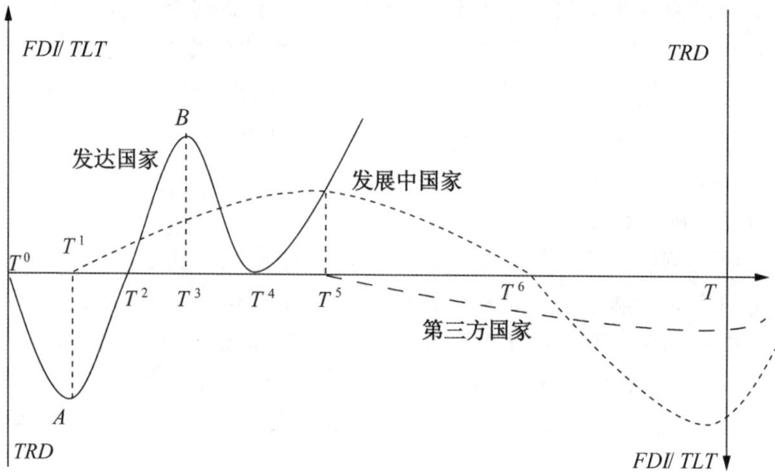

图 7-3　知识产权保护对商品贸易、技术贸易及 FDI 贸易的影响(理论模型二)

在理论模型(二)中的实线代表发达国家贸易形式曲线,点虚线代表发展中国家贸易形式曲线,短虚线代表第三方国家贸易形式曲线。这里我们来详细分析一下发展中国家知识产权保护水平变动对发达国家贸易形式及自身贸易形式变动的影响。

首先,从 T^0 到 T^2 阶段。由于拥有绝对技术创新实力,创新产品首先在发达国家进行生产并出口,随着商品出口到发展中国家,会导致发展中国家的技术模仿。在拥有较强技术模仿能力和一定自主创新能力的基础上,发展中国家会在 T^0 到 T^2 之间的某个时刻也开始该产品的生产。在这一阶段中,如果知识产权保护水平过高,会限制技术扩散或溢出给发展中国家所能产生技术升级的诸多益处,也会导致发达国家对发展中国家长期垄断局面的出现;如果知识产权保护水平过低,不仅会增大发达国家 R&D 成本无法收回的风险,而且也会大大减少发达国家对发展中国家贸易出口所能带来的生产者剩余。因此,制定 T^1 点时刻的知识产权保护水平,既保证了发达国家商品出口贸易所能获取的最大收益(T^0AT^2 面积),又保证了发展中国家拥有足够时间来模仿、消化和吸收新技术,为未来进行自主生产并实现技术赶超奠定基础。

其次,从 T^2 到 T^4 阶段。在这一阶段,不仅发达国家实现了 FDI 贸易、技术贸易对商品贸易的替代,而且发展中国家技术模仿水平和创新实力有了新的提升。因此,制定 T^3 点时刻的知识产权保护水平,既保证了发达国家由 FDI、技术贸易替代商品贸易所能获取的最大利益(T^2BT^4 面积),避免贸易替代过程中技术扩散的加速度问题,同时也适应发展中国家产业结构调整升级的要求,为预期吸引高质量技术投资提供较好的制度环境。

再次，从 T^4 到 T^6 阶段。由于技术创新推到产品更新导致市场利润减少，发达国家已经放弃原有产品的生产转而以进口代替，而发展中国家由于生产标准化日趋成熟开始经历与发达国家新产品创新之初相类似的贸易阶段，即对发达国家出口商品，并逐步转向对第三方国家或发达国家进行 FDI 或技术贸易投资。在此阶段，适宜的知识产权保护水平应该制定在 T^5 点时刻。T^5 点时刻的知识产权保护水平既满足了国内外对新产品的市场需求，同时又为第三方国家新技术的引入提供了空间和契机。从 T^6 点时刻开始，具体情形类似发达国家对发展中国家 T^2 到 T^4 阶段分析，这里不再赘述。

由此可见，一国或地区不同的经济增长水平、不同的产业发展阶段均需要与之相适宜的不同知识产权保护水平相匹配。作为发展中国家的中国而言，为进一步适应国际组织和提高国内自主创新能力的客观要求，加快国际技术扩散和国内技术升级的速度，需要降低知识产权保护水平。但是，经济快速增长对新技术获取和应用的更高要求，又需要提高知识产权保护水平来吸引更多新技术产业、FDI 投资项目的进驻，而过高的知识产权保护水平又不利于技术扩散或溢出。因此，我国需要制定适宜的知识产权保护水平，并以此最大化地促进国内技术获取和推动经济增长。

二、实证检验分析

通过理论模型(一)(二)分析，我们发现知识产权保护水平的变动会对一国或地区的贸易形式产生影响，进而影响该国或地区的经济增长水平。但是，在开放经济条件下，这种影响对中国的经济增长而言效果如何，还需要通过实证方法进一步验证分析。

(一)知识产权保护与各变量之间相关性分析

首先对知识产权保护水平、经济增长与对外贸易的三种主要途径进行相关性分析。通过计算知识产权保护水平(用 *TIPR* 表示)、经济增长(用 *RGDP*，即人均 GDP 表示)和技术贸易(用 *TLT* 表示)、进口贸易(用 *ITRD* 表示)和 FDI 贸易之间的相关系数(如表 7-7 所示)，我们发现，知识产权保护水平与技术贸易、进口贸易以及 FDI 贸易之间的相关系数都比较高，分别为 0.908030、0.903282、0.843336。这三个数据均说明了技术贸易、进口贸易以及 FDI 贸易对知识产权保护水平的敏感性较强。相比较而言，仅有知识产权保护对 FDI 的影响较弱。

表 7-7　知识产权保护、经济增长与各变量之间相关性统计描述(1985～2014)

变量	*RGDP*	*TIPR*	*FDI*	*TLT*	*ITRD*
RGDP	1.000000				
TIPR	0.933126	1.000000			
FDI	0.987811	0.843336	1.000000		
TLT	0.986309	0.908030	0.983764	1.000000	
ITRD	0.970091	0.903282	0.971797	0.988361	1.000000

数据来源及说明:知识产权保护水平(*TIPR*)来源于本书第四章计算结果,经济增长(*RGDP*)、进口贸易(*ITRD*)以及 *FDI* 数据均来源于历年《中国统计年鉴》,技术贸易(*TLT*)数据来源于《中国服务贸易统计》。其中,*FDI* 是指实际外商直接投资数额,技术贸易主要包括专有权利使用费和特许费。由于数据限制,*TLT* 数据仅从 1997～2013 年。

为了更细致直观地表示知识产权保护水平与技术贸易、进口贸易及 FDI 贸易之间的内在关系,以便选择较为适宜的计量模型方法,还需要分别将知识产权保护水平与各变量之间进行散点图分析(如图 7-4、图 7-5、图 7-6 所示)。

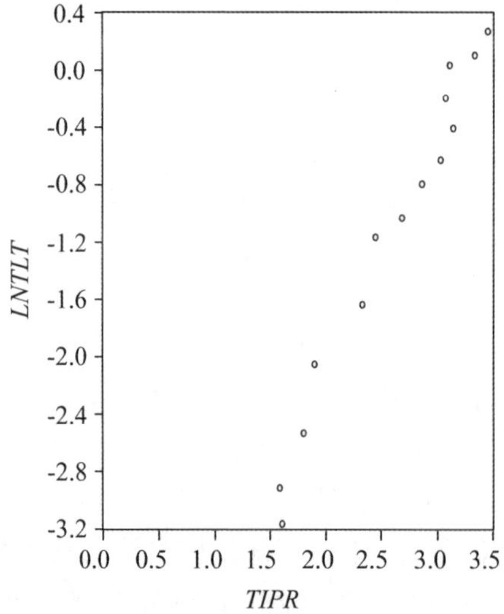

图 7-4　知识产权保护与技术贸易之间的关系

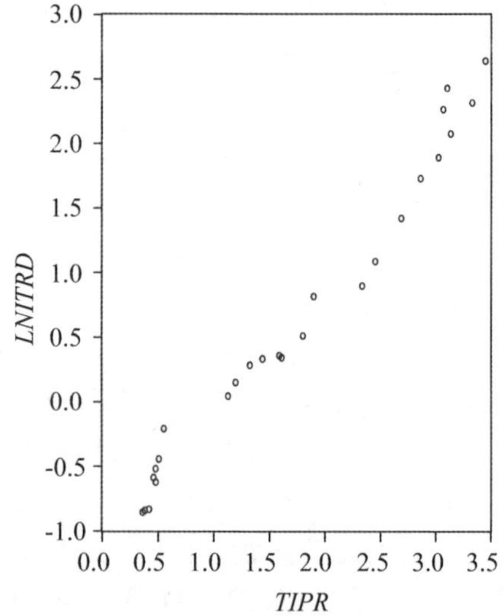

图 7-5　知识产权保护与进口贸易之间的关系

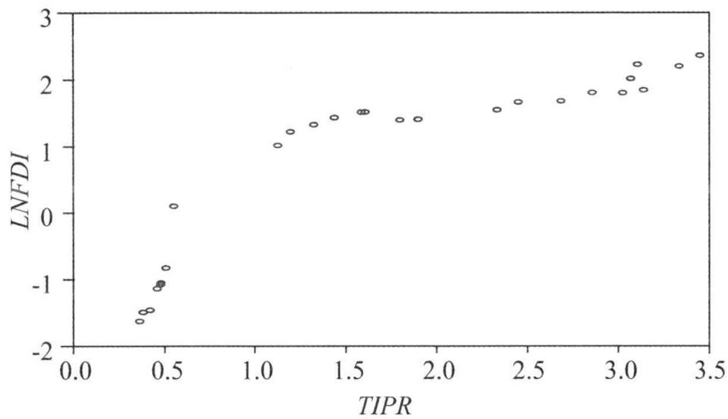

图 7-6　知识产权保护与 FDI 贸易之间的关系

通过知识产权保护与技术贸易、进口贸易及 FDI 贸易之间的散点图分布可以看出，知识产权保护与技术贸易之间关系较为清晰且显示出明显的线性关系，而知识产权保护与进口贸易、FDI 贸易之间的关系则较为复杂和模糊，因此需要通过多元计量模型进一步确定。另外，通过上述相关系数的统计分析和散点图的直观感受，我们可以得出初步的结论，即知识产权保护水平与技术自愿转移途径（技术贸易）的相关性比较直接，而与非自愿的技术溢出途径（进口贸易、FDI 贸易）之间相关性比较模糊，它们之间进一步的关系需要借助其他变量进一步运用计量模型来获得。

（二）中国知识产权保护对技术贸易影响的实证分析

由于知识产权保护水平与技术贸易的关系较为直接，因此对二者关系的实证分析也较为简单。由于数据来源受到限制，这里根据前文计算所得的我国知识产权保护水平及《中国服务贸易统计》数据，整理获取我国 1997～2013 年知识产权保护水平及进口技术贸易数据（如表 7-8 和图 7-7 所示）。另外，为了进一步检验知识产权保护与进口技术贸易之间线性关系的显著性和解释变量的显著性问题，我们选择简单计量回归模型，即：

$$LNITLT_t = \beta_0 + \beta_1 LNTIPR_t + \varepsilon_t \qquad (16)$$

在(16)式中，作为被解释变量的 $LNITLT_t$，表示第 t 年的进口技术贸易额自然对数，代表进口技术贸易额的年增长速度；作为解释变量的 $LNTIPR_t$，表示第 t 年的知识产权保护水平自然对数，代表知识产权保护水平的年增强速度；β_0、ε_t 分别为常数项和随机扰动项。

表 7-8　　知识产权保护水平和进口技术贸易额统计(1997～2013)

年份	*TIPR*	*ITLT*/10 亿美元	年份	*TIPR*	*ITLT*/10 亿美元
1997	1.618	0.54	2006	2.731	6.63
1998	1.631	0.42	2007	2.673	8.19
1999	1.815	0.79	2008	2.716	10.32
2000	1.893	1.28	2009	2.931	11.07
2001	2.299	1.94	2010	3.059	13.04
2002	2.387	3.11	2011	3.459	14.71
2003	2.564	3.55	2012	3.447	17.75
2004	2.654	4.50	2013	3.489	21.03
2005	2.724	5.32			

数据来源:*TIPR* 来源于本书第四章 H-Y 测算方法所得,*ITLT* 来源于《中国服务贸易统计》(2014)。为了更直接测算知识产权保护对技术贸易的影响,这里的 *ITLT*(技术贸易额)仅指进口专有权利使用费和特许费。

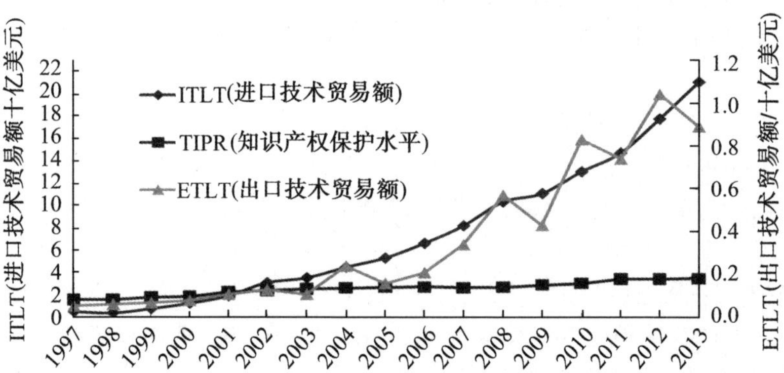

图 7-7　中国知识产权保护水平与进口技术贸易(专有权利使用费和特许费)的关系

图表说明:为了便于比较,图 7-7 中增加了出口技术贸易(*ETLT*),即出口专有权利使用费和特许费数据。

运用表 7-8 所列数据,对(16)式进行一元线性计量回归,具体回归结果如表 7-9所示。

表 7-9　　中国知识产权保护与进口技术贸易关系一元回归结果

Variable	Coefficient	Std. Error	T-Statistic
C	−4.9620	0.1846	−26.8795
$LNTIPR$	4.1253	0.1923	21.4498
R^2	0.9746	F-Statistic	460.0952
Adjusted-R^2	0.9725	Sample	14

从分析结果可以看出，调整后的 R^2 值为 0.972463，说明回归拟合度较好；检验 F 统计值为 460.0952，说明总体回归方程是高度显著的，即知识产权保护水平自然对数与进口技术贸易自然对数之间的线性关系是高度显著的。另外，从回归系数值(4.125330)也可以看出，知识产权保护水平提高 1%时，对进口技术贸易的正向拉动效果相当显著。上述简单的计量实证分析结果充分表明，从 1997～2013 年期间，我国知识产权保护水平的稳步提升与进口技术贸易额之间呈现显著的正相关关系，即知识产权保护水平的提高大大促进了我国对外技术贸易的进口幅度。

（三）中国知识产权保护对外商直接投资影响的实证分析

尽管在理论分析中，FDI 变动受知识产权保护的影响较为明显，但是，根据国际贸易理论（格鲁斯曼、赫尔普曼）、OLI 理论①及众多的实证研究等发现，除了知识产权保护水平的变动影响因素之外，FDI 投入的变动还受到一国或地区市场规模、对外贸易依存度、人均收入水平以及人力资源水平等因素的影响。比如东道国人力资源水平的提高会降低技术转移成本，从而促进技术转移进而促使 FDI 增加。这也是前文散点图（如图 7-5 所示）中知识产权保护与 FDI 贸易关系较为模糊的原因之一。因此，为了较清晰、客观地分析中国知识产权保护变动及其他各影响因素对 FDI 贸易变动的影响问题，这里选择多元计量模型进行实证分析，以比较验证我国知识产权保护水平与 FDI 贸易的内在关系。

$$LNFDI_t = \chi_0 + \chi_1 LNRGDP_t + \chi_2 LNIEGDP_t + \chi_3 LNWAG_t + \chi_4 LNHRS_t + \chi_5 LNTIPR_t + \zeta_t \tag{17}$$

在(17)式中，作为被解释变量的 $LNFDI_t$ 代表第 t 年的 FDI 总额自然对数，表示第 t 年度 FDI 年度增长速度；$LNRGDP_t$ 代表第 t 年的市场规模变动速

① 所谓 OLI 理论，是指以 Dunning(1996)为主流的西方学者创立的所有权(Ownership)、区位(Localization)和内部化(Internalization)优势理论，也称之为“国际生产折中理论”。该理论认为，国际经济活动的方式变动取决于企业所有权优势、区位优势和内部化优势。当然，这三项因素是相互关联、紧密联系的，不能单独用来解释企业的对外直接投资活动。

度，以人均 GDP 作为其衡量指标；$LNWAG_t$ 代表第 t 年度职工平均工资增长速度；$LNIEGDP_t$ 代表第 t 年度对外贸易依存度的变动速度，以一国或地区进出口总额占 GDP 的比重作为其衡量指标；$LNHRS_t$ 代表第 t 年度人力资源水平的变动速度，以每十万人口拥有专业技术人员数量作为其衡量指标；$LNTIPR_t$ 代表第 t 年度知识产权保护水平的变动速度；χ_0、ξ_t 分别为常数项和随机扰动项。利用历年《中国统计年鉴》以及前文（第四章）计算的知识产权保护水平数据，得到模型(17)中所需各变量的时间序列数据，具体数据参见本书后附表 7。

为了区分比较分析各变量对 FDI 的影响关系，尤其是知识产权保护水平变动对 FDI 投入变动的影响程度问题，根据附表 7 所列各项数据，对模型(17)进行分层次回归，即首先单独选取 *LNTIPR* 变量与 *LNFDI* 进行回归分析，其次引入计量模型中全部变量进行回归分析，最后剔除掉未能通过显著性检验的变量后再重新进行计量回归检验，各层次(Ⅰ)(Ⅱ)(Ⅲ)回归结果如表 7-10 所示。

表 7-10　中国知识产权保护水平与 FDI 投入变动关系的计量回归结果

Variable	Result(Ⅰ)	Result(Ⅱ)	Result(Ⅲ)
C	4.9487* (67.9095)	3.6833 (1.1687)	—
LNTIPR	1.6350* (18.8037)	2.0871* (4.4847)	1.4178* (11.8159)
LNRGDP	—	0.8229 (1.0584)	—
LNIEGDP	—	−0.2920 (−0.7242)	—
LNWAG	—	−1.3622** (−1.8052)	−1.2282** (−1.8838)
LNHRS	—	1.6642* (3.6955)	1.3580* (5.6696)
R^2	0.9364	0.9696	0.9636
Adjusted-R^2	0.9338	0.9620	0.9604
F-Statistic	353.581	127.515	199.773
Sample	30	30	30

注：表中括号中数值为相应回归系数的 T 统计值；*、**分别表示在 1%、10%水平上显著。

计量回归(Ⅰ)(Ⅱ)(Ⅲ)结果充分表明:第一,当只选取知识产权保护水平单一变量时,回归结果显示 *LNTIPR* 与 *LNFDI* 呈现显著正相关关系(回归系数为 1.6350),通过 1%水平上的显著性检验且模型拟合度较高(调整后的 R^2 值为 0.9338)。计量回归(Ⅰ)结果表明,在不考虑其他影响因素的前提下,中国知识产权保护水平的变动对 FDI 投入变动具有非常显著的影响,即知识产权保护水平变动 1%时,对 FDI 投入的影响力度高达 1.6350 倍。第二,当选取全部影响变量(*LNTIPR*、*LNRGDP*、*LNIEGDP*、*LNWAG*、*LNHRS*)时,知识产权保护水平的变动弹性系数仍然通过 1%水平上的显著性检验(系数为 2.0871,t 值为 4.4847)。因此,计量回归(Ⅱ)结果表明,在充分考虑其他影响 FDI 投入的因素情况下,中国知识产权保护水平的变动与 FDI 投入之间仍然呈现显著正相关关系。但是,需要说明的是,在计量回归(Ⅱ)结果中,*LNRGDP* 与 *LNIEGDP* 未能通过 10%水平上的显著性检验,这表明市场规模、对外贸易依存度的变动对 FDI 增长并没有显著性影响。原因在于一方面选取人均 GDP 衡量市场规模指标略显牵强,如果以一国或地区人均可支配收入作为市场规模指标,则回归效果可能要好很多;另一方面,对外贸易依存度的变动既可能刺激 FDI 变动,也可能影响进口贸易变动,二者综合作用具有相互替代性,因此最终对 FDI 增长无显著性影响。第三,通过剔除掉未通过显著性检验的各变量,即常数项、*LNRGDP* 与 *LNIEGDP*,仅以 *LNTIPR*、*LNWAG*、*LNHRS* 为解释变量重新进行检验,得出计量回归(Ⅲ)结果。回归(Ⅲ)结果表明,*LNTIPR*、*LNHRS* 的回归系数均通过 1%的显著性水平检验,且其回归系数分别为 1.4178(t 值为 11.8159)、1.3580(t 值为 5.6696),而 *LNWAG* 则通过 10%的显著性水平检验,其回归系数为 −1.2282(t 值为 −1.8838)。结合计量回归结果(Ⅰ)(Ⅱ)(Ⅲ),通过比较分析发现,现阶段知识产权保护水平变动对 FDI 增长变动的影响力度逐步提升,但是人力资源水平以及职工工资水平仍然是吸引 FDI 投入不可忽视的重要因素。

(四)中国知识产权保护对进口商品贸易影响的实证分析

在某种程度上,由于 FDI 投入与进口商品贸易之间存在着一定的相互替代关系,因此运用与“中国知识产权保护对 FDI 影响的实证分析”相类似的模型方法,进一步分析中国知识产权保护水平对进口商品贸易的影响问题。

$$LNITR_t = \varphi_0 + \varphi_1 LNRGDP_t + \varphi_2 LNFGDP_t + \varphi_3 LNRAT_t + \varphi_4 LNHRS_t + \varphi_5 LNTIPR_t + \gamma_t \tag{18}$$

在模型(18)中,作为被解释变量的 $LNITR_t$ 代表第 t 年的进口商品总额自然对数,表示第 t 年度进口商品年度增长速度;$LNRGDP_t$ 代表第 t 年的经济增长变动速度,以人均 GDP 作为其衡量指标;$LNFGDP_t$ 代表第 t 年度 FDI 依存度的变动情况,以一国或地区实际利用外资总额占 GDP 的比重作为其衡量指标；$LNRAT_t$ 代表第 t 年度外汇水平变动（以美元汇率为准）；$LNHRS_t$ 代表第 t 年度人力资源水平的变动速度，表示一国或地区生产力水平的变动情况；$LNTIPR_t$ 代表第 t 年度知识产权保护水平的变动速度；φ_0、γ_t 分别为常数项和随机扰动项。利用历年《中国统计年鉴》以及前文（第四章）计算的知识产权保护水平数据，得到模型（13）中所需各变量的时间序列数据，具体数据参见本书后附表 9。

类似地，为了区分比较分析各变量对进口商品贸易的影响关系，尤其是知识产权保护水平变动对进口商品贸易变动的影响程度问题，根据附表 9 所列各项数据，同样也对模型（18）进行分层次回归，即首先单独选取 *LNTIPR* 变量与 *LNITR* 进行回归分析，其次引入计量模型中全部变量进行回归分析，最后剔除掉未能通过显著性检验的变量后再重新进行计量回归检验，各层次（Ⅰ）（Ⅱ）（Ⅲ）回归结果如表 7-11 所示。

表 7-11　中国知识产权保护水平与进口商品贸易变动关系的计量回归结果

Variable	Result（Ⅰ）	Result（Ⅱ）	Result（Ⅲ）
C	7.1551* (86.4818)	−6.1105* (−3.5811)	−6.2311* (−3.9920)
LNTIPR	1.3341* (13.5141)	0.5085*** (1.7497)	−0.2337*** (−1.6597)
LNRGDP	—	1.4373* (9.8732)	1.4415* (10.3324)
LNFGDP	—	−0.0736 (−0.5912)	—
LNRAT	—	0.7641* (3.1911)	0.6373* (3.5752)
LNHRS	—	−0.1655 (−0.5718)	—
AR(1)	—	1.2833* (6.1801)	1.2713* (6.5013)
AR(2)	—	−0.6727** (−2.6841)	−0.6137** (−2.8411)
R^2	0.8839	0.9939	0.9936

续表

Variable	Result（Ⅰ）	Result（Ⅱ）	Result（Ⅲ）
Adjusted-R^2	0.8790	0.9912	0.9918
F-Statistic	182.630	372.912	560.000
Sample	30	28	28

注：表中括号中数值为相应回归系数的 *t* 统计值；*、**、***分别表示在1%、5%、10%水平上显著。

从计量回归（Ⅰ）（Ⅱ）（Ⅲ）结果中可以看出：首先，当只选取知识产权保护水平单一变量时，回归结果显示 *LNTIPR* 与 *LNITR* 呈现显著正相关关系（回归系数为1.3341），通过1%水平上的显著性检验且模型拟合度较好（调整后的 R^2 值为0.8790）。因此，计量回归结果（Ⅰ）表明，在不考虑其他影响因素的前提下，中国知识产权保护水平的变动对进口商品贸易变动具有非常显著的影响，即知识产权保护水平变动1%时，对进口商品贸易的影响力度高达1.3341倍。第二，当选取全部影响变量（*LNTIPR*、*LNRGDP*、*LNFGDP*、*LNRAT*、*LNHRS*）时，知识产权保护水平的变动弹性系数则仅通过10%水平上的显著性检验且相对变小（系数为0.5085，*t* 值为1.7497）。因此，计量回归结果（Ⅱ）表明，在充分考虑其他影响进口商品贸易的因素的情况下，中国知识产权保护水平的变动与进口商品贸易之间呈现减弱相关趋势。与此同时，在计量回归结果（Ⅱ）中，*LNFGDP* 与 *LNHRS* 均未能通过10%水平上的显著性检验，这表明外商投资依存度、人力资源水平的变动对进口商品贸易增长并没有显著性影响，而 *LNRAT* 则通过了1%水平的显著性检验（回归系数为0.7641，*t* 值为3.1911），这也与传统意义上汇率变动影响进出口贸易的结论趋于一致。第三，通过剔除掉未通过显著性检验的各变量，即 *LNFGDP* 与 *LNHRS*，仅以 *LNTIPR*、*LNRAT*、*LNRGDP* 为解释变量和常数项重新进行检验，得出计量回归结果（Ⅲ）。回归结果（Ⅲ）表明，*LNRGDP*、*LNRAT* 以及一阶自回归 AR(1)、二阶自回归 AR(2)的回归系数均通过1%的显著性水平检验，且回归系数分别为1.4415（*t* 值为10.3324）、0.6373（*t* 值为3.5752）、1.2713（*t* 值为6.5013）和－0.6137（*t* 值为－2.8411），但 *LNTIPR* 则仅通过10%的显著性水平检验，且回归系数为－0.2337（*t* 值为－1.6597），此时知识产权保护与进口商品贸易呈现弱负相关关系。综合计量回归结果（Ⅰ）（Ⅱ）（Ⅲ），通过比较分析发现，现阶段知识产权保护水平变动对进口商品贸易变动的影响力度逐步降低，即随着知识产权保护水平的变动，FDI贸易、技术贸易方式替代了部分进口商品贸易方式，而经济增长水平及汇率变动仍然对传统进口商品贸易发挥着重要的影响作用。

本章小结

关于知识产权保护与经济增长的关系，首先表现为知识产权保护对经济增长的影响机制或传导路径问题。本章通过对知识产权保护对经济增长的传导机制进行理论分析，阐明了知识产权保护对经济增长的主要传导路径：一是通过鼓励本国或地区技术创新力度或技术转移速度，进而推动本国或地区经济增长，这也是知识产权保护对经济增长的长效传导路径；二是知识产权保护通过直接影响一国或地区的对外贸易方式（商品贸易、FDI 贸易、技术贸易），进而影响其经济增长水平。当然，伴随着知识产权保护对我国对外贸易方式的不同影响，同时也会间接影响着国内技术创新水平和技术进步速度，从而影响经济增长水平。

在此基础上，首先本章运用实证分析方法，验证了知识产权保护水平与技术创新及我国经济增长之间的内在关系，实证结果表明在不考虑其他因素的前提下，单纯的知识产权保护对以 R&D 为代表的技术创新能力的促进作用不明显，但在引进了技术知识积累变量之后，二者则表现出弱相关性（回归系数为 0.024）。这一结果既表明了我国目前知识产权保护水平对技术创新的激烈效应尚未发挥，同时也表明我国的技术创新还主要是技术模仿、技术引进方式上的创新，与真正意义上的原始创新还存在较大差距。

其次，本章分两步验证了知识产权保护对我国对外贸易方式的影响问题。一是运用理论模型推导方法，从一般意义上分析了知识产权保护水平变动对对外贸易方式的影响效果；二是进一步运用实证分析方法，分别验证了知识产权保护水平与技术贸易、FDI 贸易及进口商品贸易的内在关系。实证结果充分表明，我国知识产权保护水平的稳步提升与进口技术贸易额之间呈现显著的正相关关系，即知识产权保护水平的提高大大促进了我国对外技术贸易的进口幅度。同时，知识产权保护水平变动对 FDI 增长变动的影响力度也呈现逐步提升趋势，但是人力资源水平以及职工工资水平仍然是吸引 FDI 投入不可忽视的重要因素。与此同时，通过比较分析发现，现阶段知识产权保护水平变动对进口商品贸易变动的影响力度逐步降低，即随着知识产权保护水平的变动，FDI 贸易、技术贸易方式替代了部分进口商品贸易方式，而经济增长水平及汇率变动仍然对传统进口商品贸易发挥着重要的影响作用。

第八章　主要结论与对策建议

以上各章在现代产权理论、经济增长理论及知识产权经济属性理论的指导下，通过运用综合修正的指标测度方法，首先对我国知识产权实际保护水平进行重新测度和验证，进而从总体上对我国知识产权保护与经济增长的内在关系进行经验分析，在此基础上分别对二者相互影响的作用路径和机制展开分析和验证。对此，本章不仅得出了相关的主要研究结论，而且对我国知识产权保护的下一步研究方向进行了展望，并围绕我国知识产权保护与经济增长之间内在良性互动关系提出了相应的对策与建议。

第一节　主要结论及研究展望

尽管由于个体发展差异及具体制度、法制环境等原因的存在，尚不能够明确地说明全球一体化的知识产权保护体制一定会促进各国的经济发展。但是，在诸多外在和内生变量的影响下，知识产权保护水平却可以通过不同方式和途径与各国经济发展产生紧密联系。本研究在我国经济发展的大背景下，通过运用综合修正的指标测度方法，对我国知识产权保护与经济发展之间的内在关系进行了粗略性、宏观性的分析，并得出了一些富有启发性的研究结论。同时，针对理论分析和实证研究中存在的不足，对下一步知识产权保护及其相关研究方向提出了几点展望。

一、主要结论

通过初步分析我国知识产权保护与经济增长的内在互动关系以及二者相互影响机制问题，本研究围绕我国知识产权保护得出一些具有启发性的研究结论。

第一，关于我国的实际知识产权保护水平的重新测度和验证问题。一国或地区知识产权保护水平是否适宜合理，首先与其知识产权保护水平的强弱存在很大关系。为了更好地验证和说明适度的知识产权保护水平对我国经济发展的重要性，我们在第四章中首先运用 G-P 指数方法，运用综合细化指标测算出中国名义知识产权保护水平(NIPR)。尽管较高的 NIPR 指数说明中国的立法水平已经完全符合 TRIPS 协议框架下的知识产权保护立法要求，但是与发达国家相比，由于发展中国家和发达国家在立法水平与执法水平之间还存在较大差距，仅以一国或地区的立法水平代表整体的知识产权保护水平进行测评，不仅不再具有现实可比性，而且还会影响到经济学实证研究的可信度。因此，我们对前人研究方法进行了修正和完善，强调一国或地区知识产权保护水平是知识产权立法水平与执法水平综合作用的结果。通过采用 H-Y 指数修正法，综合选取社会法制程度、行政保护水平、政府执法效率、公众保护意识以及国际监督机制等综合指标测算出我国的知识产权执法水平，进而修正出中国 1985～2014 年间(30年)知识产权实际保护水平(TIPR)。修正后的测算结果充分表明，由于执法水平相对不足，中国实际的知识产权保护水平与名义保护水平差距明显且与欧美等发达国家(比如美国、荷兰、瑞典等)相比还存在较大差距，这种结果与我国的知识产权保护现实状况是相符的，也为美国等发达国家屡屡对我国知识产权保护现状提出不满提供了有力解释。当然，基于前人的研究成果，我们也对不同的主要测定方法进行了简单比较，进而解释了本研究修正方法(H-Y 指数法)的可取之处。

第二，关于我国知识产权保护与经济增长的内在关联性问题。为了进一步验证和说明知识产权保护与经济增长水平之间的内在相关性，本书在第五章中通过佐引典型经济体的演化历程，并通过分析借鉴前人的研究成果，构建推导出我国(发展中国家)知识产权保护与经济增长的关联机理模型，并得出相应结论之一，即当发展中国家经济发展水平或技术能力较低时，经济发展水平提高所产生的模仿效应优于创新效应，因此应当弱化知识产权保护水平；当经济高于特定水平时，其所产生的创新效应会优于模仿效应，此时应当实行强化知识产权保护水平。除此之外，通过理论模型推导还得出发展中国家知识产权保护水平与技术创新之间的结论之二，即发展中国家本地企业的最优创新力度随知识产权保护水平和技术能力水平的提升而提升。具体而言，本地企业的最优创新力度的大小不仅取决于自身产品质量提升的效果，而且还取决于竞争者的技术模仿能力大小，前者由技术能力水平决定，后者则由本国知识产权保护水平决定。很显然，结论之二是从属于结论之一的。另外，为了更直观地比较和分析我国知识产权保护与经济增长的关系，我们根据混合国家(或地区)样本数据实证研究发现，在不考虑其他影响因素的前提下，经济增长水平和知识产权保护强度之间的关系并不是传统文献中简单的线性关系，而是呈现右偏或左偏的"S"形关系。具体而言，对于发展中国家(或地区)，两者之间呈现"U"形关系，而发达国家(或地区)则呈现倒“U”形关系。同时,无论发展中国家(或地区)还是发达国家(或地区),在经过了“S”形曲线的第一个拐点之后,均会长期处于知识产权保护与经济增长的正相关关系阶段。通过比较分析,中国在三十多年的改革开放过程中,知识产权保护与经济增长的内在关系基本与发展中国家(或地区)样本数据的实证拟合回归结果保持一致。这一相关性分析不仅较好地解释了我国知识产权保护水平的适度性问题,而且进一步明确了我国知识产权保护政策在市场经济发展中的定位方向。

第三,关于经济因素对我国知识产权保护的影响问题。我们在本书第六章中通过对相关文献的梳理分析指出,一国或地区知识产权保护水平的高低,不仅取决于当地立法水平、执法力度,而且还会受到其市场开放程度、成本收益因素以及政府经济行为等诸多经济因素的影响,其中成本收益因素是影响知识产权保护行为的内在动力因素,而对外开放水平、市场竞争程度及政府经济行为等因素则是影响一国或地区知识产权水平的外在助力因素。当然,内在因素与外在因素也是相互影响、相互制约的。具体而言,本书运用静态博弈模型重点分析了潜在侵权者与政府监管机构之间的均衡博弈结果,博弈均衡模型指出成本-收益比较是强化或弱化知识产权保护的内在关键因素。另外,我们通过单位根检验、协整检验及因果检验等实证分析方法,发现中国的知识产权保护水平与经济增长之间存在长期的均衡关系,且经济增长是知识产权保护水平的Granger原因,即经济增长变动是我国知识产权保护水平变动的重要原因之一;政府经济行为,主要是指政府财政性教育经费投入、技术创新水平也是影响我国知识产权保护水平的因素之一,相比较经济增长水平的影响程度而言,二者的影响效果略低。同时,实证计量回归结果发现,与理论预期分析的结果相反,中国人力资本水平的变化对我国知识产权保护水平的影响呈现负相关性,而对外开放水平对我国知识产权保护水平并不存在显著影响。

第四,关于我国知识产权保护对经济增长的影响问题。在本书第七章中,我们通过对知识产权保护对经济增长的理论传导机制进行分析,明晰出知识产权保护对经济增长的主要传导路径:一是通过鼓励本国或地区技术创新力度或技术转移速度,进而推动本国或地区经济增长,这也是知识产权保护对经济增长的长效传导路径;二是知识产权保护通过直接影响一国或地区的对外贸易方式(商品贸易、FDI贸易、技术贸易等),进而影响其经济增长水平。当然,这两条传导路径也是相互影响、相互渗透的。在理论分析的基础上,我们运用实证分析方法首先验证了知识产权保护水平对技术进步的影响关系,实证结果表明知识产权保护水平的强化,对基于R&D基础上的中国技术进步水平不存在明显影响关系,但在引入了技术创新知识存量变量之后,二者回归结果表现出一定的弱相关性，导致这种情况的原因既与中国尚处于较低的技术创新水平和经济发展水平有关，又与国内技术进步主要依赖于外向型技术模仿、技术引进存在很大关系。其次，我们采用理论模型推导方法，从一般意义上分析了知识产权保护水平变动对对外贸易方式的影响效果；并且进一步运用实证分析方法，分别验证了知识产权保护水平与技术贸易、FDI 贸易及进口商品贸易的内在关系。实证结果充分表明，我国知识产权保护水平的稳步提升与进口技术贸易额之间呈现显著的正相关关系，即知识产权保护水平的提高大大促进了我国对外技术贸易的进口幅度。同时，知识产权保护水平变动对 FDI 增长变动的影响力度也呈现逐步提升趋势，而现阶段知识产权保护水平变动对进口商品贸易变动的影响力度逐步降低，即随着知识产权保护水平的变动，FDI、技术贸易方式替代了部分进口商品贸易方式，而经济发展水平及汇率变动因素仍然对传统进口商品贸易发挥着重要的影响作用。

二、进一步研究展望

本研究除了对我国知识产权保护与经济增长的互动机制关系作了初步探讨并得出了一些富有启发意义的结论之外，对与知识产权保护有关的问题也提出了有待于进一步深入思考和分析的研究方向，这些问题的提出也为下一步研究工作的展开指明了思路。

首先，关于知识产权保护差异化问题研究。综观全书可以看出，本研究主要是从宏观经济学的整体视角来分析中国知识产权保护与经济发展之间的内在关系，并由此得出结论，这当然属于知识产权保护差异化研究的重要内容体现。而与知识产权保护有关的差异化问题，不仅体现在经济性差异方面，即不同经济发展水平与发展阶段，最优知识产权保护水平是不同的，还体现在知识产权保护的内生化差异（既定技术水平的不同也会影响知识产权保护水平）、地域性差异（不同国家或地区知识产权保护策略的制定存在区别）以及行业性差异（不同产业、行业对知识产权保护的要求也不同）等诸多方面，对这些问题的研究则有待下一步工作对此进行深入展开和探讨。

其次，关于知识产权保护方式问题研究。一国或地区知识产权保护强度的变化，不仅受到各自经济、法律、社会等因素的影响，而且还取决于其对不同知识产权保护方式的选择和界定。从保护对象和法律完善的演变角度来看，我国知识产权保护经历了“点式”保护到“链式”保护再到“片式”保护的转变；从保护主体角度来看，知识产权保护包括以公权力为核心的法律保护和以私权利为核心的复式保护等；从保护的社会手段来看，知识产权保护包括单一法律保护和多层次社会保护等；从保护的法律手段来看，知识产权保护包括立法保护、司法保护、行政保护和民事保护等。而且，伴随一国或地区知识经济和网络信息的发展，更多新颖的知识产权保护模式也会不断涌现。因此，结合经济发展和社会进步的实际，对经济发展中的知识产权保护方式问题展开研究，也是我们下一步需要去努力的研究方向。

再次，关于知识产权保护与经济结构转形关系研究。经济结构转型是任何国家在经济发展过程中都不可避免的现实问题。在经济结构转型过程中，经济增长方式和发展模式的调整是其关键所在。对于复杂的经济系统来说，增长方式的转变是在经济总量和规模扩张的同时实现增长结构与质量的升级与变迁，在这一过程中，与知识产权保护有关的技术创新和科技进步发挥着重要作用。对于任何一个在进行经济结构转型的同时适应世界经济发展步伐的成功国家来说，基于知识产权保护基础之上的自主创新都是其必由之路。因此，围绕我国三十多年改革开放中所取得的经济建设的突破性进展，以及当前正在积极推进的经济结构转型的重大战略任务，从产业、行业、企业和区域等不同视角对知识产权保护与经济结构转型关系问题展开研究显得非常有必要，这一工作也有待于在以后的研究中逐步展开。当然，本研究对于我国经济转型问题虽有所涉及，但也仅仅是从单一的、独立的层面对我国整体经济转型的历史进程及其特点进行了简明扼要的概括归纳，对于中国特色社会主义经济转型与知识产权保护之间的内在关系尚需进一步明确和展开。

最后，关于知识产权产业化问题研究。相对于对知识产权保护问题的研究而言，学术界对知识产权产业问题的研究则起步较晚，而国内研究更是伴随着国家知识产权战略的提出才逐步展开的，尤其是近年来伴随区域知识产权战略的广泛提及，知识产权证券化、资本化、商品化等问题研究才逐渐显现出来，但有关知识产权产业问题研究仍旧是稀少的。2001 年，美国学者马拉迪亚（Maradia）曾提出过发展中国家知识产权应用对于农业政策的启示作用①，但并没有过多涉及知识产权产业问题；2005 年，美国经济学家联盟（Economists Incorporated）首席经济学家史提芬·E·斯维克（Stephen E. Siwek）发表了《增长的引擎：美国知识产权产业的经济贡献》（*Engines of Growth：Economic Contributions of the U. S. A Intellectual Property Industries*）一文，这是第一个将知识产权产业对经济增长的贡献进行量化的研究，也开启了学术界真正意义上知识产权产业

① Mywish K. Maradia, "Application of intellectual property rights in developing countries: implications for public policy and agricultural research institutes," WIPO publication, 2001.

化问题的探讨。[①] 2012 年,美国专利和商标局及经济统计机构联合发布了《知识产权与美国经济:产业聚焦》报告,该报告首次系统梳理了美国经济中知识产权密集型产业的布局状况,全面分析了以专利、商标和版权为核心的知识产权高度密集型产业的发展趋势和特点,客观描述了这些产业对于美国经济作出的重大贡献。该报告再次掀起了知识产权产业在一国或地区经济发展中地位和作用的广泛思考。与此同时,国内以刘海波、赵喜仓为代表的学者也开始对知识产权产业问题展开尝试性探索研究。[②] 综合看来,对于知识产权产业问题的研究,目前国内外仍旧缺乏统一的分类依据和界定标准,这也是下一步知识产权领域重点研究方向之一。

总之,中国的知识产权保护水平和强度要因地制宜、因时制宜,因经济发展水平而异,因行业不同而异,知识产权保护应具备明显的地域性、阶段性和行业性等特点。具体而言,技术水平较低的地区或产业,应实行宽松的知识产权保护,而技术水平相对较高的地区或产业,应实行严格的知识产权保护。总体而言,由于时间和作者研究能力有限,在与知识产权保护有关的其他方面或领域,比如知识产权保护的技术内生性差异化问题、知识产权保护给我国带来的社会成本和福利问题以及知识产权保护对我国“技术溢出”的效果测度问题、知识产权保护对城市竞争力影响问题等等,本研究涉及较少或者研究中存在一些不足,但初步的研究结果为以后深入探讨知识产权保护的相关研究工作起到了一定的铺垫作用,为以后进一步在理论和实证上对上述问题的拓展研究提供了新的思路和方向。

第二节　主要应对策略及建议

综观我国知识产权保护制度整个历史演变发展过程可以看出,从 20 世纪 80 年代初到 21 世纪的“十一五”计划末,伴随我国改革开放的不断推进和深化,我国不仅已经初步建立起较为完善的知识产权法律、法规体系,逐步明确了促进科技进步和创新的立法宗旨,强化了知识产权司法和行政执法力度,而且对于知识产权保护与经济发展、经济增长之间的关系问题,也逐步得到了上至党中央、国务院,下至各省市党委、政府的普遍高度重视,日趋呈现出以国家战略为主导、

① Stephen E. Siwek,“Engines of growth: economic Contributions of the U. S. A intellectual property industries,”NBC Universal, 2005.

② 参见刘海波、李黎明:《知识产权产业初论》,《科学决策》2009 年第 2 期;赵喜仓:《美国知识产权密集型产业测度方法研究》,《江苏大学学报》(社会科学版)2013 年第 4 期。

地方政府协调管理为辅助的知识产权保护的良好局面。除此之外，在知识产权保护体系和机制的推动下，我国科学技术进步创新、发明创造能力不断提升，与国际合作的新局面也呈现不断扩大趋势，中国正在国际知识产权保护的舞台上越来越充分地发挥出自己的积极作用。尽管我们的理论分析和实证研究相对较为简单，但从几点研究结论中仍然可以得出一些富有启发性和可行性的政策建议。

一、市场主体角度

这里涉及到的市场主体，是一个相对宽泛和广义的概念。它不仅包括知识产权战略及其法律法规、政策措施的制定者和实施者，即国家政府主体，而且还包括在知识产权等战略规划措施“上传下代”过程中发挥着重要作用的区域行政力量和组织。当然，作为知识产权最直接的利益主体——企业组织，仍旧是整个知识产权市场参与主体中不可或缺的中坚力量。除此之外，在全球知识产权浪潮快速涌动以及良性政策环境逐渐普及的总体趋势下，拥有越来越高知识产权保护意识和理念的社会公众群体，也逐渐显示出其在知识产权保护中的重要影响和推动作用。

随着知识产权在世界经济和科技发展中的作用日益凸显，越来越多的国家开始以战略高度重新认识知识产权在未来市场竞争和全球经济中的地位和作用。我国从 2007 年开始实施国家知识产权战略以来，无论是在完善知识产权制度方面，还是在促进知识产权创造和利用等方面，均取得了长足的进步。当然，由于我国知识产权制度起步晚、建设快，在诸多领域仍然存在着一些缺陷和不足。因此，需要在伴随我国经济稳步发展的前提下，继续始终如一地贯彻推进国家知识产权整体战略，建立以企业为主体、市场为导向、产学研相结合的自主知识产权创造体系，大力提升知识产权创新能力；引导支持创新要素向企业集聚，促进高等学校、科研院所的创新成果向企业转移，推动企业知识产权的应用和产业化，全面提升知识产权运用能力；鼓励市场主体依法应对涉及知识产权的侵权行为和法律诉讼，着重提高知识产权保护能力。除此之外，还需要增大国家财政支持力度，不断提高知识产权执法水平；立足市场形势变化，逐步加强知识产权行政管理工作，努力发展知识产权中介服务；完善教育经费投入机制建设，全面推进知识产权人才队伍建设和知识产权文化建设；充分利用国内、国际合作平台，积极扩大对外交流合作。总之，为了保持我国知识产权保护与经济发展之间内在的良性互动关系，需要国家继续在法律、教育、体制、财政等政策上进行大力投入和建设，充分发挥国家战略在知识产权保护中的重要作用。

对于知识产权保护策略而言，不仅需要国家从战略高度重视，而且需要各级政府按照依法治国的方针，积极转变政府职能，适应入世后发展社会主义市场经济的需要，营造出良好的政策和法律环境，改善知识产权保护的方式和手段，加强知识产权保护的力度，健全国家和地方的知识产权工作体系，促进国家经济特别是高新技术产业的快速发展。对于当前我国知识产权保护状况，必须要做好三个方面的工作：一是需要地方政府在政策上予以倾斜，从笼统扶持科技成果转化到重点支持专利项目、特别是那些高科技专利项目以及影响行业发展水平和方向的专利项目实施上来，建设拥有自主知识产权的高科技民族工业群体。二是需要在资金上予以扶持。面对入世后的新形势，各级政府都应建立专利基金，以财政、企业为主体，广开资金来源，采取多渠道、多形式的筹集资金。重点支持那些有广阔的市场前景、高技术含量、高附加值的专利技术的实施，积极扶持和发展中国自主知识产权的高科技民族工业。三是需要在机制上予以保障。加强知识产权工作，还必须不断完善中国的知识产权保护机制，不断完善知识产权立法和执法体系，加大知识产权的执法力度，通过执法来推动全民重视知识产权法律保护，激励科技人员创造出更多的知识产权成果，鼓励建立自主知识产权产业，推动中国经济持续快速发展。

除此之外，作为市场经济主要参与者的企业而言，特别是从事高新技术产业的企业更需要自觉运用知识产权制度，促进技术创新和企业发展，注重自主知识产权的创造、占有和运用，将技术优势不断转化成市场竞争优势进而转化成经济效益。(1)需要市场主体在高科技局部领域抢占至高专利权。中国在高科技的整体水平和绝对水平上，与世界工业强国还有一定差距，但在某些局部领域也有自己的优势，处于世界前沿位置，其中许多极有价值的发明创造应予以高度重视和保护。(2)需要市场主体在民族优势产业领域取得绝对控制权。尽管中国在一些传统民族产业领域占绝对优势，然而，由于观念守旧以及对传统产业技术研究开发的忽视和知识产权保护意识的缺失，这种绝对优势正在逐渐丧失。(3)需要市场主体加强对引进技术消化、吸收与创新成果的专利保护。在适度知识产权保护水平下，我国企业主要技术创新来源仍然局限于技术引进后的消化、吸收与创新，这也是企业技术进步工作的关键环节之一，更是我国技术引进成功的重点工作。(4)市场主体需要采取“以小换大”的竞争策略。自加入世界贸易组织以来，大量外国科技企业和资金技术的持续涌入，对我国企业而言既是挑战又是机遇。中国企业应该充分学习 20 世纪 80 年代的日本，通过采取适当的专利政策，打破他人专利权的独占地位。这主要是利用后续专利与在先专利法的比较优势，对国外高新技术及其在中国申请的专利采取主动进攻的策略，在对在先专利进行研究改进之后，积极申请后续专利，进而实现中国自身技术的超越，从而真正发挥市场主体技术创新对我国经济发展的持久推动作用。

由于知识产权保护制度在我国确立的时间较短，加之文化传统等因素的影响，一直以来人们的知识产权保护意识和创新意识普遍不强。从我国知识产权的申报数量看，尽管数量较多，但分布不平衡。以2004年我国的专利为例，在数量上发明专利申请量是13万件，其中一半来自外国公司（主要是跨国公司），而剩下的一半中，大约有40%属于个人申请，而我国的大专院校、科研院所，特别是企业申请的专利只有60%左右。目前而言，社会上之所以出现知识产权屡遭侵权的现象，其根本原因除了对知识产权侵权的监督不力以及对侵权者侵权所付出的代价过低等因素之外，最重要的原因还是在于全社会没有形成一个全面的知识产权保护意识。如果全社会成员树立了很强的知识产权保护意识，那么这方面的违法行为就会大大减少。从根本上讲，提高或完善一国或地区的知识产权水平，首先需要提高全民族的知识产权意识，形成一个普遍尊重和合法利用知识产权的良好社会氛围和制度环境。因此，从社会公众层面来看，需要不断提高全民知识产权意识，加强国民整体素质教育。从管理部门来说，需要加强知识产权重要性的培训，使得各级领导干部了解知识产权制度在经济、科技和社会发展以及国际竞争中的重要作用，从而明确自己的责任，实现知识产权管理的目标；从企业角度来看，作为企业知识产权管理的主体，要使得企业的管理人员了解知识产权制度对企事业单位发展的作用，懂得如何通过知识产权赢得市场竞争优势，促进企业发展；从个人来说，特别是知识产权的发明人、权利人和使用人，要通过不断培训掌握发明创造依法获得的权利、受法律保护的程度和范围，从而使得在自身获利的同时，又能调动更广大群众发明创造的积极性，提高全民的知识产权意识，从根本上促进知识产权事业的发展。与此同时，全社会还需要在提高知识产权保护意识的基础上，学会通过法律程序将新的发明创造申请专利。同时需要大力宣传知识产权制度在经济生活、社会生活中的积极作用，充分发挥知识产权制度对促进发明创造的激励效果，使其形成为市场经济条件下促进科技发展的一种持续动力机制。近几年以来，随着国家宣传力度的增强，以及社会整体经济发展水平的提高，人们开始逐渐意识到保护知识产权的重要性。人们在不断增强知识产权保护意识的同时，以企业为主体的区域科技创新体系建设也呈现出快速发展的势头。总之，我国的知识产权保护既要从本国国情出发，制定相应的法律法规，又要有选择地借鉴其他发展中国家和发达国家的成熟经验，不断增强人们的知识产权保护意识，逐步提高和强化企业的创新能力，进而形成良好有序的社会竞争环境，才能推动我国真正走上创新型国家的发展道路。

二、行政保护角度

通过逐步规范和引导各类市场主体的自我利益行为，仅仅是从内在层面实现知识产权保护制度顺利贯彻的基本途径之一。鉴于我国经济发展的实际以及我国知识产权保护的现状，还需要通过诸多外在层面的各项措施，以巩固和完善知识产权保护制度，使之真正发挥在我国经济发展过程中的核心作用。

首先，在管理机构设置方面。通过研究发达国家知识产权保护体制可知，大多数发达国家均设有独立统一的商标专利局或工业知识产权局，统一集中的知识产权行政管理机构已经成为世界各国管理知识产权的常态模式。例如美国、法国等发达国家大都把专利、外观设计、商标、地理标记等知识产权集中在一个统一的行政管理部门进行管理，这已成为国际知识产权管理的发展趋势。相比较而言，我国知识产权行政管理机构隶属关系混乱，著作权、专利权、商标权的行政管理机构分属于不同的部门。此外，国防专利局、海关总署、文化部、质检总局、科技部、广电总局等部门也分别承担相应的知识产权管理工作。与此同时，我国还存在着知识产权行政管理机构职能混乱、机构设置混乱、机构性质混乱等问题。这种现状既降低了我国知识产权行政管理的效率和权威，又在一定程度上削弱了我国知识产权保护的力度和水平。所以我国需要在大力推进国家知识产权战略的同时，通过对知识产权行政管理机构的不断调整改革，建立起相对统一的知识产权行政管理机构，在中央和地方各级政府中分别建立统一的一、二级行政级别的知识产权行政管理机构，建立集中统一、权责明确、上下协调、执行顺畅的知识产权行政管理体制，从而提高知识产权行政管理效能。

其次，在行政执法效率方面。在完善我国知识产权保护水平的措施方面，除了需要建立相对统一、独立的知识产权行政管理机构之外，还需要进一步提高行政执法效率，加大知识产权执法力度。单就提高执法效率而言，在部门设置及人员配置上，需要通过资源整合，撤掉重复设置的部门，裁掉多余和素质较低的执法人员，努力消除“政出多门”的实际影响。另外，在权利授予上，知识产权主管机构要继续加强知识产权的管理工作，加快专利、商标申请的办理速度，根据申请人的要求及时进行早期公开和实质审查，以最快的速度授予符合条件的申请人以专利权。除此之外，在行政执法上，对权利人举报的案件以及行政机关自身依职权主动查处的案件，在保证办案质量情况下力争在最短时间内处理完毕，以提高整体执法效率。

再次，在管理服务能力方面。为了提高我国知识产权的社会管理水平和服务水平，也为了营造良好的知识产权保护氛围，我国立法、执法的相关部门需要严格依据国家知识产权保护的法律法规，加大惩处侵犯知识产权的各种行为，进一步增强我国知识产权的社会管理服务能力水平。第一，我国立法、执法相关部门不仅需要根据权利人的请求对侵权行为进行调查和处理，而且对于自己发现或其他群众举报的侵犯知识产权的现象，在自己职权范围内也要积极主动采取措施予以制止和责令侵权人作出赔偿。第二，通过借鉴印度的知识产权保护经验，立法、执法相关部门可以成立由相关权利人组成的知识产权保护协会、联盟，或成立专门机构进行侵权调查、取证或诉讼，借助社会团体力量来应对各种侵权行为并保护知识产权权利人的合法权利。此外，我国部分执法人员对自身要求不高，往往出现执法不严的情况，这要求上级主管部门需要定期或不定期地对其进行培训，成立监督其行为的纪检机构，并建立对执法人员执法违法的追究和赔偿制度，从根本上强化我国知识产权保护的行政力量和执法队伍建设。第三，进一步加强知识产权管理部门的工作能力和服务意识。随着中国改革开放的不断深化和社会主义市场经济体制的逐步完善，我国受理的各种知识产权数量必将继续大幅增长，知识产权管理部门也必将面临更严峻挑战。进一步提高知识产权管理部门的工作能力，也成为完善知识产权保护制度的重要环节。这就需要加强知识产权审批能力建设，加快审批速度，提高审批质量，这也是知识产权部门十分重要的基础性工作。在不断提高知识产权审批业务管理水平、优化审批流程的基础上，建立方便、快捷的审批制度。另外，还要加快中国的电子化知识产权审批系统建设，包括电子申请、审查、公布公告等系统。另外，还需要加大知识产权工作高层次人才培养的力度，全面提升知识产权工作水平。知识产权管理部门不同于一般的政府工作机构，专业性较强，对管理人员专业素质要求较高。因此，应建立相应的知识产权管理部门人员的任用和培训制度，进一步增强知识产权管理人员的社会整体服务意识和能力。

三、立法司法角度

为了保持我国知识产权保护水平与经济增长的良性互动关系，在完善和健全我国知识产权保护制度的各项措施上，不仅需要进一步提升知识产权保护的执法力度，而且还需要继续强化知识产权立法及司法的作用。

首先，需要继续不断健全知识产权立法工作，进一步加强知识产权保护法律法规体系建设。知识产权法律法规的制定和修改要以鼓励自主创新、优化创新环境、建立和维护良好的贸易投资环境和公平竞争环境为宗旨，进一步形成既与国际接轨又符合中国国情的知识产权法律法规体系。抓紧修订专利法、商标法、著作权法等知识产权基本法，制定和完善有关知识产权行政执法的规章和知识产权侵权判断标准，增强法律法规的可操作性，完善知识产权地方法规建设。抓紧制定职务发明条例、民间文学艺术作品著作权保护办法、广播电视播放作品付酬办法、植物新品种保护法；加快地理标志、保护遗传资源、传统知识的立法等。通过完善的法律法规体系，进一步激发我国企业和个人科技创新的积极性，保护知识产权所有者的合法权利。

从我国对知识产权立法现状来看，有关的法律法规相对比较零散，适应面和强制性都存在较大的局限性，知识产权的部分法律规定操作性不强，保护知识产权的法律体系时常会出现滞后现象，从而没有从根本上起到保护作用。另外，由于高新技术不断涌现，许多无形财产已经超出了原有知识产权法律保护所涵盖的范围，在这方面，我国立法尚显滞后。作为发展中国家，我国应根据现有的经济与文化发展水平，制定和完善相关知识产权保护法律体系，这不仅是知识产权保护的可靠保障，更是确保知识产权保护得以进行的重要前提。同时，立法机关应及时修订知识产权保护专门法律，增强知识产权保护立法的时效性、前瞻性、协调性和可操作性。另外，立法机关应不断吸收国外先进经验，密切关注国际知识产权保护的变化并认真研究知识产权保护在高新技术领域内呈现的新特点、新问题，并由此制定新法或者修订旧法。同时，呼应有关国际公约精神，深入研究我国知识产权保护现状，制定切实对路、行之有效的法律法规，再通过国际谈判，联合其他发展中国家的力量，将有利于发展中国家的立法措施渗入到国际公约中去。积极参与制定和完善国际知识产权保护规则，积极对外展示我国知识产权保护工作取得的成效，提高中国在国际知识产权保护领域中的声誉。更重要的是，我国需要不断顺应社会迅猛发展的趋势，努力将传统的商标、专利、版权保护范围扩展到计算机软件、网络技术、商业秘密、集成电路、生物技术等在内的更广泛的知识产权保护领域中。因此，只有加快建设和不断完善知识产权立法等法律法规体系，才能更加合理有效地保护知识产权，使之与我国经济增长始终保持良性的互动关系。

其次，需要不断完善知识产权立法的听证制度建设。由于知识产权与经济社会发展密切相关，经济与社会的发展水平对知识产权的立法具有一定的决定性作用；反之，知识产权可以对经济社会的发展发挥积极促进作用。而在现实中，我国经济社会发展水平呈现出明显的地区和行业差异，集中表现为东部沿海地区经济发达，而中西部广大地区仍处于欠发达状态；石油、通信等行业较发达，农业、医疗产业还比较落后。因此，在知识产权立法过程中，不断完善知识产权立法听证制度显得尤为重要，作为一种更加公开的立法程序，立法听证制度能够广泛地吸收社会公众参与立法，代表可以按照自己的意愿如实发表意见，能够把不同行业、不同地区的民意充分地反映给立法机关。然而，当前我国知识产权立法由于受立法者立法理念和社会认知程度的影响，在立法听证过程中往往是立法者、法学专家和部分政府官员参加，而社会公众的参与性却不高。因此，今后应增加社会公众的参与比例，通过不断完善知识产权立法的听证制度，增加知识产权立法的社会参与性和灵活性，更好地促进经济和社会的发展。

除了立法工作的重要性之外，司法救济在知识产权保护中的作用也越来越明显。因此，需要尝试建立知识产权上诉法院解决行政和司法冲突等问题。基于对我国国情的实际考虑，我国对知识产权实行有中国特色的司法保护和行政保护的"双轨制"保护模式。知识产权权利人可依据自身实际情况自由选择行政救济或司法救济，或是同时启动产权行政救济程序和司法救济程序。当知识产权侵权行为发生后，行政管理机关可以应权利人的申请或依职权主动地来保护权利人的合法权益。但在保护行为实践中，当行政保护和司法保护同时或先后介入同一案件后，对其中涉及到的权利有效性问题的认定会出现结论不一致的现象。由于我国现阶段仍然处在经济发展、经济增长的转型环节，因此可以尝试建立专门的知识产权上诉法院，作为知识产权保护"双轨制"的统一管辖权主体，从而解决"双轨制"冲突，即能够实现处理结果的唯一性问题。上诉法院统一受理所有本辖区内不服专利复审委员会和商标评审委员会裁定或不服知识产权侵权纠纷一审司法裁判的上诉案件，这样在发挥行政保护优势的同时也可避免循环诉讼的发生，节省诉讼资源。在知识产权上诉法院中可以配备部分具有知识产权专业知识的法官，更容易处理复杂的知识产权案件，进而合理地作出判决。知识产权上诉法院制度也贯彻了"司法最终裁决"原则，能够最大程度地保证知识产权权利人的切身利益，维护整个市场良性经济秩序。

与此同时，在知识产权的司法审判方面，也需要对其进一步的规范和完善，使其与我国经济社会发展的实际相吻合，这就需要加强民事、刑事执法措施法律适用方面的司法解释。如对侵犯知识产权犯罪定罪量刑方面的司法解释，有关控制、停止侵权行为发生的措施，民事责任和民事制裁适用方面的民事司法解释等，以增强司法审判工作的可操作性。而随着高科技产业的迅速发展，有关知识产权的纠纷案件势必增加，司法审判作为知识产权保护的最后防线，各级法院应特别重视有关知识产权诉讼案件的审理工作。由于知识产权纠纷案件所涉及技术问题一般专业性强，还必须建立完善的技术咨询制度，技术性的安全必须咨询国家有关权威机构，并将有关权威机构出具的报告作为重要证据，保证案件处理结果的准确性，尽最大可能保障知识产权纠纷案中权利主体的整体利益，坚决打击侵权者的侵权行为，从而保障整个社会的司法公正秩序不受侵犯。

四、企业本位角度

作为当今社会最前沿、最基层的生产部门——企业，已经成为我国经济转型升级的引领者和社会财富的直接创造者。在现代市场经济条件下，企业的自主创新能力的强弱业已成为影响企业竞争力的主要因素。所以,结合我们企业知识产权保护的现状,有必要更好地强化企业的知识产权保护,进一步激励企业的自主创新能力,充分重视和发挥企业在保护知识产权中的主体作用。毋庸置疑,随着当代社会经济的迅猛发展和现代信息、知识技术的不断更新提高,企业在整个社会经济发展中的作用愈发突出。另外,由于企业是现代市场经济的最主要参与者,因而在市场经济的发展过程中,企业也必然是知识产权保护制度的最直接和最主要的执行者和受益者。因此,在我国转型期知识产权保护与经济增长的互动传导机制及对策研究中,也更有必要单独从企业本位角度,围绕企业自身对知识产权及其保护策略提出相应的政策建议。

根据有关调查结果显示,目前我国中小企业的知识产权保护意识虽有所提高,对专利、商标等知识产权的保护工作也开始受到普遍重视,但中小企业的整体知识产权保护和创新意识的培养仍有待进一步完善和加强。利用现有的信息和通信技术,使中小企业进一步了解、认识知识产权问题,可以使中小企业在知识产权制度利用中获得更多的利益。在企业开展与知识产权有关知识的学习过程中,不仅要熟悉我国的知识产权保护规制,而且应充分认识到知识产权对于企业竞争力的关键作用。作为一种财产性权利,知识产权不仅是企业最重要的经济资源,更是企业无形资产的重要组成部分,其中蕴含的商业价值潜力巨大。因此,对于企业而言,保护并利用好商标权、专利权等知识产权,企业将获得巨大的经济利益。当今世界,科学技术已经成为左右一国综合国力竞争的决定性因素,而科学技术的竞争从根本上取决于企业知识产权的竞争。所以,加强企业知识产权的保护对保障国家长远经济发展具有无可替代的重要作用。

相对而言,西方发达国家的企业通过有效运用知识产权制度,为我们作出了良好的示范。比如在知识产权战略的实施过程中,德国企业尤其是大企业成为推进知识产权工作的重要主体。据了解,2005 年德国企业在德国专利局申请专利 60222 件,其中获得授权的专利 20418 件,其中 13%的申请来自西门子公司、奔驰公司、罗博特·博世公司、Infineon 技术公司等四家德国大企业。同期,德国企业申请的欧洲专利和国际专利,也有 2/3 集中在德国 10 家大公司中。除此之外,在对企业的知识产权进行保护方面,德国企业也发挥了绝对的主体作用。德国企业知识产权管理和保护的重点是围绕企业经营发展的总体战略,在知识产权的管理职能、评价体系、产学研合作、成果应用和产业化、员工培训和奖励等方面均形成了比较完善、富有成效的制度规范,对自己的知识产权进行全面的自主管理和保护,因而德国企业知识产权保护的程度较高。

通过对比国外成功企业的实践经验,我们发现它们的企业知识产权保护与管理工作专业性、规范性以及系统性都比较强,且通过设立专门的知识产权管理与保护部门，使得企业知识产权工作无主管部门、无相应的管理制度及无专职管理人员的局面得到有效的改善。因此，结合我国实际情况，企业有必要根据自身企业类型及其业务发展状况，合理选择有效的知识产权管理机构的设立模式，设立符合企业发展的知识产权保护和管理机构。第一，对于企业规模比较大、企业知识产权事务相对成熟的大中型企业而言，建议将知识产权管理部门划属到公司决策层领导之下，与技术研发部、销售部、财务部、法务部门进行平级设置。在这种模式下，知识产权管理部门可以直接参与企业的重大决策，有利于企业知识产权法律事务工作的开展，有利于协调各部门开展知识产权管理工作，有利于直接与公司法务部门进行沟通，及时掌握公司存在的问题并能及时地进行处理。第二，对于技术主导型企业而言，建议将知识产权管理部编制在技术研发部门之下。这种模式有利于知识产权管理部门参与产品的研发全程，并给予指导，规避不必要的侵权风险，便于更好地撰写专利申请书，有利于知识产权部门及时制定适合本企业的知识产权保护战略。第三，对于专利技术不多、主要依赖商标及其他无形资产拓展业务、对法律要求较高、知识产权的法律纠纷可能比较多的企业而言，建议将知识产权管理部门设置在法务部门之下，负责企业的知识产权保护及其他相关事宜。这种模式有利于企业及时地对知识产权保护进行沟通，及时地处理知识产权侵权纠纷，还有利于及时协助知识产权管理人员制定公司的知识产权管理制度等。

从企业自身长期发展角度来看，除了设立与自身企业发展相适宜的知识产权保护和管理机构之外，还需要配置知识产权保护与管理人员。首先，必须熟悉知识产权法以及与知识产权相关的法律知识。例如，知识产权基本法、知识产权市场管理法、我国加入或签署的重要知识产权国际条约、地方和行业部门对知识产权保护与管理法规等。其次，知识产权保护与管理人员必须熟知取得商标、专利和其他知识产权的程序，并熟悉包括国家版权局及地方著作权管理机关、国家保护知识产权工作组等在内的知识产权行政管理部门的工作职责和流程等。最后，由于企业知识产权技术管理工作主要在科技创新与研究开发中对知识产权创造、申请、管理、许可、保护等方面的日常协调活动，其带有很强的专业性与技术性，因此，知识产权保护与管理人员有必要掌握企业所开发的各种科研技术、智力成果等相关背景知识。除此之外，企业还需要建立服务于本企业的知识产权数据库。知识产权是一种无形资产权，将企业自身和他人的信息资源制成数据库，挂到企业的内联网上供相关人员查阅。这种企业知识产权数据库的设置，一方面有利于企业领导直接、全面、系统地了解企业知识产权的全面情况，保证业务开展的高效性，提高职工保护企业知识产权的责任感，进一步增强企业的凝聚力；另一方面也使得企业能够更方便地了解与本企业相关的竞争对手的知识产权状况，有利于进行科学决策、计划制定及其方案实施。当然，这项工作主要是对已有的知识产权的各方面的信息进行分析研究、分类整理存档、妥善保管，然后进一步开发基于数据库的知识产权战略分析系统，提高企业知识产权的管理能力和专利信息的二次开发能力等。

综上所述，在当前乃至今后相当长一段时期内，实现经济结构的快速转型升级以及建设创新型国家都是我国未来社会发展的主题。因此，在竞争日益激烈的市场经济时代下，企业只有不断地强化自主创新能力才能够始终立于不败之地，也只有全面提高企业知识产权创造、运用、保护和管理的能力，才能逐步推进国家整体经济结构转型，加快实现建设创新型国家、全面建设小康社会的宏伟目标。

主要附表

附表1　中国知识产权名义保护水平各级指标统计(G-P指数)(1985～2014)

指标＼年份		1985	1986	1987	1988	1989	1990	1991	1992	1993	1994	1995	1996	1997	1998	1999	2000	2001	2002	2003	2004	2005	2006	2007	2008	2009	2010	2011	2012	2013	2014
专利保护范围	药品	0	0	0	0	0	0	0	0	1	1	1	1	1	1	1	1	1	1	1	1	1	1	1	1	1	1	1	1	1	1
	化学用品	0	0	0	0	0	0	0	0	1	1	1	1	1	1	1	1	1	1	1	1	1	1	1	1	1	1	1	1	1	1
	食品	0	0	0	0	0	0	0	0	1	1	1	1	1	1	1	1	1	1	1	1	1	1	1	1	1	1	1	1	1	1
	动植物品种	0	0	0	0	0	0	0	0	0	0	0	0	0	0	0	0	0	0	0	0	0	0	0	0	0	0	0	0	0	0
	医用器械	1	1	1	1	1	1	1	1	1	1	1	1	1	1	1	1	1	1	1	1	1	1	1	1	1	1	1	1	1	1
	微生物	1	1	1	1	1	1	1	1	1	1	1	1	1	1	1	1	1	1	1	1	1	1	1	1	1	1	1	1	1	1
	实用新型	1	1	1	1	1	1	1	1	1	1	1	1	1	1	1	1	1	1	1	1	1	1	1	1	1	1	1	1	1	1
小计得分		3/7	3/7	3/7	3/7	3/7	3/7	3/7	3/7	6/7	6/7	6/7	6/7	6/7	6/7	6/7	6/7	6/7	6/7	6/7	6/7	6/7	6/7	6/7	6/7	6/7	6/7	6/7	6/7	6/7	6/7

续表

指标		1985	1986	1987	1988	1989	1990	1991	1992	1993	1994	1995	1996	1997	1998	1999	2000	2001	2002	2003	2004	2005	2006	2007	2008	2009	2010	2011	2012	2013	2014
国际条约成员	WIPO	1	1	1	1	1	1	1	1	1	1	1	1	1	1	1	1	1	1	1	1	1	1	1	1	1	1	1	1	1	1
	PC	1	1	1	1	1	1	1	1	1	1	1	1	1	1	1	1	1	1	1	1	1	1	1	1	1	1	1	1	1	1
	PCT	0	0	0	0	0	0	0	0	0	1	1	1	1	1	1	1	1	1	1	1	1	1	1	1	1	1	1	1	1	1
	《布达佩斯条约》	0	0	0	0	0	0	0	0	0	0	1	1	1	1	1	1	1	1	1	1	1	1	1	1	1	1	1	1	1	1
	《洛迦诺协定》	0	0	0	0	0	0	0	0	0	0	0	1	1	1	1	1	1	1	1	1	1	1	1	1	1	1	1	1	1	1
	IPC	0	0	0	0	0	0	0	0	0	0	0	0	1	1	1	1	1	1	1	1	1	1	1	1	1	1	1	1	1	1
	UPOV	0	0	0	0	0	0	0	0	0	0	0	0	0	0	1	1	1	1	1	1	1	1	1	1	1	1	1	1	1	1
	TRIPS	0	0	0	0	0	0	0	0	0	0	0	0	0	0	0	0	1	1	1	1	1	1	1	1	1	1	1	1	1	1
小计得分		1/4	1/4	1/4	1/4	1/4	1/4	1/4	1/4	1/4	3/8	1/2	5/8	3/4	3/4	7/8	7/8	1	1	1	1	1	1	1	1	1	1	1	1	1	1
权利丧失的保护	实施要求	0	0	0	0	0	0	0	0	0	0	0	0	0	0	0	0	0	0	0	0	0	0	0	0	0	0	0	0	0	0
	强制许可	0	0	0	0	0	0	0	0	1	1	1	1	1	1	1	1	1	1	1	1	1	1	1	1	1	1	1	1	1	1
	撤销宣告	0	0	0	0	0	0	0	0	0	0	0	0	0	0	0	0	0	0	1	1	1	1	1	1	1	1	1	1	1	1
小计得分		0	0	0	0	0	0	0	0	1/3	1/3	1/3	1/3	1/3	1/3	1/3	1/3	1/3	1/3	2/3	2/3	2/3	2/3	2/3	2/3	2/3	2/3	2/3	2/3	2/3	2/3

续表

指标 \ 年份		1985	1986	1987	1938	1989	1990	1991	1992	1993	1994	1995	1996	1997	1998	1999	2000	2001	2002	2003	2004	2005	2006	2007	2008	20C9	2010	2011	2012	2013	2014
执法措施	诉前禁令	0	0	0	C	0	0	0	0	0	0	0	0	0	0	0	0	1	1	1	1	1	1	1	1	1	1	1	1	1	1
	连带责任	0	0	0	C	0	0	0	0	1	1	1	1	1	1	1	1	1	1	1	1	1	1	1	1	1	1	1	1	1	1
	举证责任	0	0	0	C	0	0	0	0	0	0	0	0	0	0	0	0	1	1	1	1	1	1	1	1	1	1	1	1	1	1
	行政手段	0	0	0	C	0	0	0	0	0	0	0	0	0	0	0	0	0	0	0	0	0	0	0	0	1	1	1	1	1	1
小计得分		0	0	0	C	0	0	0	0	1/4	1/4	1/4	1/4	1/4	1/4	1/4	1/4	3/4	3/4	3/4	3/4	3/4	3/4	3/4	3/4	1	1	1	1	1	1
专利保护期限	X/20	3/4	3/4	3/4	3/4	3/4	3/4	3/4	3/4	1	1	1	1	1	1	1	1	1	1	1	1	1	1	1	1	1	1	1	1	1	1
小计得分		3/4	3/4	3/4	3/4	3/4	3/4	3/4	3/4	1	1	1	1	1	1	1	1	1	1	1	1	1	1	1	1	1	1	1	1	1	1
名义知识产权保护指数(NIPR)		1.429	1.429	1.429	1.429	1.429	1.429	1.429	1.429	2.691	2.816	2.941	3.065	3.191	3.191	3.316	3.316	3.94	3.94	4.273	4.273	4.273	4.273	4.273	4.273	4.523	4.523	4.523	4.523	4.523	4.523

数据来源：根据 G-P 方法及细化后的综合指标数据测算而得。

附表2　影响中国知识产权执法水平的各项指标统计测度明细(1985～2014)

年份	社会法制程度指标	行政保护水平指标	执法机构效率指标	公众保护意识指标	国际监督机制指标	执法水平[E(t)]
1985	0.025	0.310	0.735	0.391	0	0.290
1986	0.027	0.320	0.746	0.444	0.05	0.306
1987	0.036	0.330	0.787	0.407	0.1	0.333
1988	0.057	0.340	0.801	0.415	0.15	0.355
1989	0.078	0.350	0.779	0.420	0.2	0.367
1990	0.060	0.360	0.785	0.423	0.25	0.376
1991	0.072	0.370	0.801	0.437	0.3	0.396
1992	0.078	0.380	0.843	0.455	0.35	0.422
1993	0.116	0.390	0.845	0.462	0.4	0.446
1994	0.140	0.400	0.826	0.457	0.45	0.460
1995	0.150	0.410	0.821	0.460	0.5	0.473
1996	0.164	0.420	0.805	0.471	0.55	0.485
1997	0.160	0.430	0.843	0.479	0.6	0.507
1998	0.162	0.440	0.815	0.485	0.65	0.511
1999	0.177	0.450	0.881	0.493	0.7	0.547
2000	0.185	0.460	0.912	0.510	0.75	0.571
2001	0.192	0.470	0.906	0.545	0.8	0.584
2002	0.213	0.480	0.920	0.563	0.85	0.606
2003	0.221	0.490	0.853	0.588	0.9	0.600
2004	0.223	0.500	0.880	0.608	0.95	0.621
2005	0.235	0.510	0.883	0.650	1	0.638
2006	0.250	0.520	0.867	0.695	1	0.639
2007	0.218	0.530	0.847	0.745	1	0.625

续表

年份	社会法制程度指标	行政保护水平指标	执法机构效率指标	公众保护意识指标	国际监督机制指标	执法水平[E(t)]
2008	0.236	0.540	0.856	0.797	1	0.636
2009	0.260	0.550	0.867	0.855	1	0.648
2010	0.291	0.560	0.923	0.956	1	0.676
2011	0.319	0.570	0.935	1	1	0.765
2012	0.343	0.580	0.887	1	1	0.762
2013	0.365	0.590	0.902	1	1	0.771
2014	0.396	0.600	0.933	1	1	0.786

数据来源：根据 H-Y 指数方法测算而得。

附表 3　部分发达国家(或地区)G-P 指数和人均 GDP 统计(1995、2005)

国家(地区)	1995 年		2005 年	
	G-P 指数	*RGDP*(美元)	G-P 指数	*RGDP*(美元)
澳大利亚	4.17	20982.42	4.17	35883.57
奥地利	4.21	30012.69	4.33	36892.02
比利时	4.54	28077.11	4.67	35940.82
加拿大	4.34	20179.05	4.67	35204.73
塞浦路斯	2.78	14338.49	3.48	22686.04
捷克共和国	—	—	4.33	12186.06
丹麦	4.54	34891.63	4.67	47617.09
芬兰	4.42	25592.36	4.67	37316.14
法国	4.54	27170.36	4.67	34951.92
德国	4.17	30935.50	4.50	33653.10
希腊	3.47	12077.84	4.30	21935.69

续表

国家(地区)	1995 年		2005 年	
	G-P 指数	*RGDP*(美元)	G-P 指数	*RGDP*(美元)
中国香港	2.9	23003.16	3.81	25998.54
匈牙利	—	—	4.50	10901.53
冰岛	2.68	26191.07	3.51	54359.25
爱尔兰	4.14	18830.95	4.67	49260.63
以色列	3.14	17860.95	4.13	20019.12
意大利	4.33	19819.03	4.67	30460.29
日本	4.42	41968.58	4.67	35633.04
韩国	3.89	11778.76	4.33	17550.88
卢森堡	3.89	50638.96	4.14	81163.03
马耳他	1.6	9720.13	3.48	14876.81
荷兰	4.54	27126.46	4.67	39210.14
特立尼达和多巴哥	—	—	3.75	12346.44
沙特阿拉伯	—	—	2.98	13657.95
新西兰	4.01	16579.38	4.01	26962.83
挪威	3.88	34077.70	4.17	65203.29
葡萄牙	3.35	11603.36	4.38	18188.17
新加坡	3.88	23718.15	4.21	28497.52
西班牙	4.21	15164.36	4.33	26305.39
瑞典	4.42	28710.50	4.54	40997.73
瑞士	4.21	44874.61	4.33	50083.49
英国	4.54	19947.19	4.54	37897.81
美国	4.88	27826.60	4.88	42628.55

附表 4　部分发展中国家(或地区)G-P 指数和人均 GDP 统计(1995、2005)

国家	1995 年		2005 年	
	G-P 指数	*RGDP*(美元)	G-P 指数	*RGDP*(美元)
阿尔及利亚	2.74	1499.14	3.07	3136.82
安哥拉	0.88	377.24	1.20	1698.98
阿根廷	2.73	7418.42	3.98	4741.80
孟加拉国	1.87	309.01	1.87	399.21
贝宁	1.78	352.05	2.93	518.81
玻利维亚	2.37	907.17	3.43	1015.58
博茨瓦纳	2.08	3227.98	3.52	5985.00
巴西	1.48	4844.95	3.59	4832.39
保加利亚	3.23	1617.78	4.54	3743.41
布吉纳法索	1.98	242.02	2.93	417.32
布隆迪	2.15	167.30	2.15	106.88
喀麦隆	2.10	676.87	3.06	930.01
中非共和国	1.98	333.72	2.93	329.54
乍得	1.78	219.21	2.93	651.17
智利	3.91	5020.86	4.28	7290.02
哥伦比亚	2.74	2942.08	3.72	3417.82
刚果	1.90	816.99	3.06	1820.20
哥斯达黎加	1.56	2496.10	2.89	4679.81
多米尼加共和国	2.32	2017.01	2.82	3712.32
厄瓜多尔	2.04	1716.35	3.73	2689.40
埃及	1.73	1057.35	2.77	1282.77
萨尔瓦多	3.23	1796.33	3.48	3017.17
埃塞俄比亚	0.00	146.91	2.13	164.83

续表

国家	1995 年		2005 年	
	G-P 指数	*RGDP*(美元)	G-P 指数	*RGDP*(美元)
斐济	2.20	2652.41	2.40	3518.66
加蓬	2.10	4654.73	3.06	6354.50
加纳	2.83	517.76	3.35	833.40
格林纳达	1.76	3347.02	3.02	6803.97
危地马拉	1.08	1426.10	3.15	2142.56
圭亚那	1.13	1279.76	1.78	1728.99
海地	2.58	359.38	2.90	463.86
洪都拉斯	1.90	830.30	2.98	1349.72
匈牙利	4.04	4423.02	—	—
印度	1.23	391.44	3.76	728.53
印度尼西亚	1.56	1143.72	2.77	1300.22
伊朗	1.91	1417.14	1.91	2709.99
伊拉克	2.12	2421.95	1.78	1124.43
科特迪瓦	1.90	745.58	3.06	862.73
牙买加	2.86	2355.46	3.36	4197.50
约旦	1.08	1578.45	3.43	2300.14
肯尼亚	2.43	432.81	3.22	546.57
马达加斯加	1.85	226.56	2.31	270.27
马拉维	2.03	131.02	2.15	201.80
马来西亚	2.70	4358.45	3.48	5212.94
马里	1.98	304.19	2.93	464.46
毛里塔尼亚	1.98	638.52	3.27	657.71
毛里求斯	1.93	3806.97	2.57	5219.17
墨西哥	3.14	3675.31	3.88	8163.17
摩洛哥	1.78	1250.11	3.52	1972.82
莫桑比克	0.00	144.88	2.52	336.49

续表

国家	1995 年		2005 年	
	G-P 指数	*RGDP*(美元)	G-P 指数	*RGDP*(美元)
尼泊尔	1.79	217.49	2.19	304.65
尼加拉瓜	1.12	403.52	2.97	893.82
尼日尔	1.78	191.92	2.97	268.68
尼日利亚	2.86	355.76	3.18	823.82
巴基斯坦	1.38	602.24	2.40	718.52
巴拿马	1.46	3004.98	3.64	4790.53
新几内亚	0.00	1025.69	1.60	841.74
巴拉圭	1.53	1683.62	2.89	1292.38
秘鲁	2.73	2296.31	3.32	2915.92
菲律宾	2.56	1224.27	4.18	1208.90
波兰	3.46	3603.96	4.21	7964.70
罗马尼亚	3.52	1542.01	4.17	4586.27
俄罗斯	3.48	2113.63	3.68	5348.07
卢旺达	1.95	248.82	2.28	286.57
塞内加尔	1.98	534.98	2.93	748.23
塞拉利昂	2.45	219.26	2.98	237.64
斯洛伐克共和国	2.96	3650.44	4.21	8902.35
南非	3.39	3684.84	4.25	5266.90
斯里兰卡	2.98	779.82	3.11	1244.60
苏丹	2.61	261.90	2.61	773.44
斯威士兰	1.98	1680.38	2.43	2244.54
叙利亚	1.87	1133.16	2.19	1510.39
坦桑尼亚	2.32	199.94	2.64	365.97
泰国	2.41	2825.72	2.66	2825.33
多哥	1.98	320.51	2.93	344.58
特立尼达和多巴哥	2.33	3885.71	—	—

续表

国家	1995年		2005年	
	G-P指数	*RGDP*(美元)	G-P指数	*RGDP*(美元)
突尼斯	1.65	2245.47	3.25	3217.89
土耳其	2.65	3960.02	4.01	7180.24
乌干达	2.85	266.27	2.98	321.38
乌克兰	3.68	721.41	3.68	1829.76
乌拉圭	2.07	6661.87	3.39	5287.34
委内瑞拉	2.82	3543.69	3.32	5453.19
越南	2.90	288.87	3.03	636.91
扎伊尔	1.58	116.29	2.23	118.19
赞比亚	1.62	376.71	1.94	611.57
津巴布韦	2.28	504.68	2.60	461.78
沙特阿拉伯	1.83	7855.13	—	—

注：表3、表4中各国(或地区)1995年、2005年G-P指数来源于Walter G. Park，"International Patent Protection：1960～2005，" *Research Policy*，2008，Vol. 37，pp. 761-766；各国(或地区)具体人均GDP数据来源于国际货币基金组织(IMF)统计数据库，即：http://www.imf.org/external/pubs/ft/weo/2011/02/weodata/index.aspx。

附表5　中国TIPR指数和人均GDP统计(1985～2014)

年份	*TIPR*指数	*RGDP*(美元)
1985	0.415	290.05
1986	0.437	276.81
1987	0.476	296.41
1988	0.508	364.01
1989	0.524	400.44
1990	0.537	341.35
1991	0.566	353.27
1992	0.603	416.68

续表

年份	*TIPR* 指数	*RGDP*(美元)
1993	1.201	517.41
1994	1.294	466.60
1995	1.392	601.01
1996	1.485	699.48
1997	1.618	770.59
1998	1.631	817.15
1999	1.815	861.21
2000	1.893	945.60
2001	2.299	1038.04
2002	2.387	1131.80
2003	2.564	1269.83
2004	2.654	1486.02
2005	2.724	1726.05
2006	2.731	2063.87
2007	2.673	2644.56
2008	2.716	3403.53
2009	2.931	3738.95
2010	3.059	4382.14
2011	3.459	5183.86**
2012	3.447	5715.81**
2013	3.489	6322.77**
2014	3.554	6986.31**

说明：为了与其他国家数据保持一致，附表5中 *RGDP* 数据来源于国际货币基金组织(IMF)统计数据库，即：http://www.imf.org/external/pubs/ft/weo/2011/02/weodata/index.aspx。其中带**的数字是IMF官方预期值，而 *TIPR* 指数则来源于第四章计算结果。

附表6 我国知识产权保护水平、技术创新能力与经济增长数据(1985～2014)

年份	*TIPR*	*PTIN*	*RGDP*(元)
1985	0.415	0.621	860
1986	0.437	0.620	966
1987	0.476	0.611	1116
1988	0.508	0.593	1371
1989	0.524	0.657	1528
1990	0.537	0.668	1654
1991	0.566	0.728	1903
1992	0.603	0.732	2324
1993	1.201	0.698	3015
1994	1.294	0.632	4066
1995	1.392	0.570	5074
1996	1.485	0.565	5878
1997	1.618	0.641	6457
1998	1.631	0.649	6835
1999	1.815	0.753	7199
2000	1.893	0.898	7902
2001	2.299	0.945	8670
2002	2.387	1.064	9450
2003	2.564	1.127	10600
2004	2.654	1.223	12400
2005	2.724	1.318	14259
2006	2.731	1.380	16602
2007	2.673	1.384	20337
2008	2.716	1.457	23912

续表

年份	*TIPR*	*PTIN*	*RGDP*(元)
2009	2.931	1.679	25963
2010	3.059	1.727	30567
2011	3.459	1.794	36018
2012	3.447	1.928	39544
2013	3.489	2.015	43320
2014	3.554	2.092	46652

数据来源:*TIPR* 来自于 H-Y 综合指标测算所得,其他各项数据均由“中华人民共和国统计局-国家数据网”中“年度数据”整理所得,具体参见 http://data.stats.gov.cn/index.htm。

附表 7 中国技术创新知识存量测算结果*(1985～2014)

年份	R&D 经费支出(亿元)	$RDKS_t$(亿元)	技术引进经费支出(亿元)	$TFKS_t$(亿元)	$TIKS_t$(亿元)
1985	56.18	11.97	75.3	395.3	407.3
1986	63.93	74.11	76.6	412.6	486.7
1987	74.00	136.99	82.5	433.2	570.2
1988	89.50	205.94	81.1	449.3	655.3
1989	112.31	287.36	82.2	464.1	751.5
1990	125.43	369.69	92.9	487.4	857.1
1991	159.46	473.69	90.2	504.5	978.2
1992	198.03	600.67	116.1	544.9	1145.6
1993	248.01	758.58	159.2	622.4	1381.0
1994	306.26	951.05	266.8	795.8	1746.9

* 国际通用永续盘存法计算一国或地区自主创新知识存量公式为:$RDKS_t = RD_t + (1-\delta) RDKS_{t-1}$,其中 RD_t 表示第 t 年 R&D 经费支出,δ 表示技术创新存量折旧率或陈腐化率。而基期 $RDKS_0 = RD_0(1+\lambda)/(\lambda+\delta)$,其中 λ 表示所有样本期(1985 年)之前的 R&D 经费支出的平均增长率。为计算简化起见,我们采纳杨志江、罗掌华(2011)“自主研发、技术引进与专利产出”中的计算标准($\delta \approx 15\%$,$\lambda \approx 5.25$)。运用此方法同样可测算 $TFKS_t$ 相应数据。

续表

年份	R&D经费支出(亿元)	$RDKS_t$(亿元)	技术引进经费支出(亿元)	$TFKS_t$(亿元)	$TIKS_t$(亿元)
1995	348.69	1157.08	360.9	1037.4	2194.4
1996	404.48	1388.00	322.1	1203.9	2591.9
1997	509.16	1688.96	236.5	1259.8	2948.7
1998	551.12	1986.74	214.9	1285.7	3272.4
1999	678.91	2367.64	239.4	1332.3	3699.9
2000	895.66	2908.15	290	1422.4	4330.6
2001	1042.49	3514.42	341.8	1550.9	5065.3
2002	1287.64	4274.90	441.1	1759.3	6034.2
2003	1539.64	5173.30	486.8	1982.2	7155.5
2004	1966.33	6363.63	494	2178.9	8542.5
2005	2449.97	7859.06	449.6	2301.7	10160.7
2006	3003.10	9683.30	489.7	2446.1	12129.4
2007	3710.24	11941.04	688.7	2767.9	14708.9
2008	4616.02	14765.91	713	3065.7	17831.6
2009	5802.11	18353.13	733.1	3339.0	21692.1
2010	7062.58	22662.74	772.7	3610.8	26273.6
2011	8687.00	27950.33	871.7	3940.9	31891.2
2012	10298.41	34056.19	752.4	4102.2	38158.4
2013	11847.00	40794.76	758.9	19197.2	59991.9
2014	13312.00	47987.55	—	—	—

资料来源:表中数据来源于《中国统计年鉴》(1986～2014)、《中国科技统计报告》(1999～2014),部分数据采纳吴凯、蔡虹《中国知识产权保护与经济增长的实证研究》(2010)内容,其中R&D经费支出(1985～1990)数据根据1991～1997年间平均增长率逆向推算而得,技术引进经费支出主要是指我国规模以上工业企业国外技术引进经费支出、国内技术引进经费支出以及引进技术消化吸收经费支出。

附表8 影响FDI投入的各变量数据统计表(1985～2014)

年份	*FDI*(亿美元)	*RGDP*(美元)	*IEGDP*(%)	*WAG*(元)	*HRS*(人)	*TIPR*
1985	47.60	292.86	22.61	1148	78.17	0.415
1986	76.30	279.77	24.74	1329	82.53	0.437
1987	84.52	299.83	25.42	1459	88.94	0.476
1988	102.30	368.34	25.34	1747	96.62	0.508
1989	100.59	405.83	24.60	1935	103.51	0.524
1990	102.89	345.79	29.41	2140	164.84	0.537
1991	115.50	357.49	32.99	2340	171.68	0.566
1992	192.02	421.43	33.72	2711	175.97	0.603
1993	389.55	523.26	31.74	3371	181.24	1.201
1994	432.06	471.76	42.08	4538	186.59	1.294
1995	481.33	607.59	38.37	5348	191.34	1.392
1996	548.04	706.98	33.67	5980	199.21	1.485
1997	644.08	778.91	33.94	6444	204.95	1.618
1998	585.57	825.57	31.60	7446	209.13	1.631
1999	526.59	869.62	33.10	8319	214.30	1.815
2000	593.60	954.53	39.35	9333	216.51	1.893
2001	496.70	1047.48	38.25	10834	216.98	2.299
2002	550.10	1141.72	42.46	12373	218.60	2.387
2003	561.40	1280.66	51.58	13969	217.40	2.564
2004	640.72	1498.16	59.46	15920	217.83	2.654
2005	638.05	1740.66	62.66	18200	219.79	2.724
2006	670.80	2082.59	64.48	20856	222.98	2.731
2007	783.40	2674.51	61.75	24721	225.45	2.673
2008	952.53	3443.00	56.20	28898	230.99	2.716
2009	918.04	3800.76	43.63	32244	232.12	2.931

续表

年份	FDI(亿美元)	RGDP(美元)	IEGDP(%)	WAG(元)	HRS(人)	TIPR
2010	1088.20	4515.40	49.24	36539	226.97	3.059
2011	1176.98	5576.58	48.59	41799	229.15	3.459
2012	1132.94	6264.40	45.70	46769	231.47	3.447
2013	1187.21	6994.77	43.80	51483	237.86	3.489
2014	1197.05	7594.58	41.53	56339	243.56	3.554

数据来源及说明:表中相关数据均来源于历年《中国统计年鉴》且根据当年汇率进行转换而得,其中FDI是指实际利用外资数额;IEGDP表示进出口商品总额占GDP比重,即对外贸易依存度;HRS是指人力资源水平指标,以每十万人拥有专利技术人员数量来表示,其中1990年以前数据是指全民所有制企业、集体所有制企业所拥有专业技术人员数量。

附表9 影响进口商品贸易的各变量数据统计表(1985~2014)

年份	ITR(亿美元)	RGDP(美元)	FGDP(%)	RAT(美元汇率)	HRS(人)	TIPR
1985	422.52	292.86	1.55	293.66	78.17	0.415
1986	429.04	279.77	2.56	345.28	82.53	0.437
1987	432.16	299.83	2.60	372.21	88.94	0.476
1988	552.75	368.34	2.52	372.21	96.62	0.508
1989	591.40	405.83	2.22	376.51	103.51	0.524
1990	533.45	345.79	2.62	478.32	164.84	0.537
1991	637.91	357.49	2.81	532.33	171.68	0.566
1992	805.85	421.43	3.91	551.46	175.97	0.603
1993	1039.59	523.26	6.32	576.20	181.24	1.201
1994	1156.14	471.76	7.68	861.87	186.59	1.294
1995	1320.84	607.59	6.58	835.10	191.34	1.392
1996	1388.33	706.98	6.37	831.42	199.21	1.485

续表

年份	*ITR*(亿美元)	*RGDP*(美元)	*FGDP*(%)	*RAT*(美元汇率)	*HRS*(人)	*TIPR*
1997	1423.7	778.91	6.72	828.98	204.95	1.618
1998	1402.37	825.57	5.71	827.91	209.13	1.631
1999	1656.99	869.62	4.83	827.83	214.30	1.815
2000	2250.94	954.53	4.93	827.84	216.51	1.893
2001	2435.53	1047.48	3.73	827.70	216.98	2.299
2002	2951.70	1141.72	3.76	827.70	218.60	2.387
2003	4127.60	1280.66	3.40	827.70	217.40	2.564
2004	5612.29	1498.16	3.30	827.68	217.83	2.654
2005	6599.53	1740.66	2.81	819.17	219.79	2.724
2006	7914.61	2082.59	2.46	797.18	222.98	2.731
2007	9561.16	2674.51	2.22	760.40	225.45	2.673
2008	11325.67	3443.00	2.09	694.51	230.99	2.716
2009	10059.23	3800.76	1.81	683.10	232.12	2.931
2010	13962.44	4515.40	1.80	676.95	226.97	3.059
2011	17434.84	5576.58	1.57	645.88	229.15	3.459
2012	18184.05	6264.40	1.34	631.25	231.47	3.447
2013	19499.89	6994.77	1.25	619.32	237.86	3.489
2014	19602.90	7594.58	1.16	614.28	243.56	3.554

数据来源及说明:表中相关数据均来源于历年《中国统计年鉴》且根据当年汇率中间价进行转换而得,其中 *ITR* 表示进口商品数额,*FGDP* 表示实际利用外资占 GDP 比重,即 FDI 依存度;其他数据说明同附表 8。

参考文献

一、外文文献

[1] A. G. Lisitsyn-Svetlanov, "Intellectual property and innovation processes in present-day russia: legal aspects," *Herald of the Russian Academy of Sciences*, 2010, Vol. 80, No. 1, pp. 1-6.

[2]Alka Chadha, Raffaele Oriani, "R&D market value under weak intellectual property rights protection: the case of India, " *Scientometrics*, 2010, Vol. 82, pp. 59-74.

[3]Amy Jocelyn Glass, Kamal Saggi, "Intellectual property rights and foreign direct investment," *Journal of International Economics*, 2002, Vol. 56, pp. 387-410.

[4]Amy Jocelyn Glass, Xiaodong Wu, "Intellectual property rights and quality improvement," *Journal of Development Economics*, 2007, Vol. 82, pp. 393-415.

[5]Angus C. Chu, Guido Cozzi, and Silvia Galli, "Innovating like China: a Theory of Stage-Dependent Intellectual Property Rights, " http://mpra. ub. uni-muenchen. de, 2012-1.

[6]Angus C. Chu, Shin-Kun Peng, "International intellectual property rights: effects on growth, welfare and income inequality," *Journal of Macroeconomics*, 2011, Vol. 33, pp. 276-287.

[7]Arnoud De Meyer, "Technology transfer into China: preparing for a New Era, " *European Management Journal*, 2001, Vol. 19, No. 2, pp. 140-144.

[8]B. Zorina Khan, "Intellectual property and economic development: lessons from American and european history," *Study Paper* 1*a*, 2002-1.

[9]Beata Smarzynska Javorcik, "The composition of foreign direct investment and protection of intellectual property rights: evidence from transition economies," *European Economic Review*, 2004, Vol. 48, pp. 39-62.

[10]Betty Yung, "Reflecting on the common discourse on piracy and intellectual property rights: a divergent perspective, "*Journal of Business Ethics*, 2009, Vol. 87, pp. 45-57.

[11] "BIAC committee on technology and industry, the impact of intellectual property protection on innovation and technology development, "Conference Papers, 2003-1.

[12] Carmelo Pierpaolo Parello, " A north-south model of intellectual property rights protection and skill accumulation, "*Journal of Development Economics*, 2008, Vol. 85, pp. 253-281.

[13]Clemente Forero-Pineda, "The impact of stronger intellectual property rights on science and technology in developing countries," *Research Policy*, 2006, Vol. 35, pp. 808-824.

[14]Darius Lakdawalla, Tomas Philipson, Y. Richard Wang, "Intellectual property and marketing, " Working Paper 12577, 2006-10.

[15]Lina Wang, "Intellectual property protection in China, " *The International Information &Library Review*, 2004, Vol. 36, No. 10, pp. 253-261.

[16]David M. Gould, William C. Gruben, "The role of intellectual property rights in economic growth, "*Journal of Development Economics*, 1996, Vol. 48, pp. 323-350.

[17]Debasis Mondal, Manash Ranjan Gupta, "Innovation, imitation and intellectual property rights: introducing migration in Helpman's model, "*Japan and the World Economy*, 2008, Vol. 20, pp. 369-394.

[18]Debasis Mondal, Manash Ranjan Gupta, "Intellectual property rights protection and unemployment in a North South model: a theoretical analysis, " *Economic Modeling*, 2008, Vol. 25, pp. 463-484.

[19] Deli Yang, "The development of intellectual property in China," *World Patent Information*, 2003. Vol. 25, pp. 131-142.

[20]Edwin L.-C. Lai, "International intellectual property rights protection and the rate of product innovation, "*Journal of Development Economics*, 1998, Vol. 55, pp. 133-153.

[21]Edwin Lai, "Intellectual property protection in a globalizing era," *E-*

conomic Letter, 2008, Vol. 3, No. 3, pp. 1-7.

[22]Elhanan Helpman, "Innovation, imitation, and intellectual property rights," *Econometrica*, 1993,Vol. 61, No. 6, pp. 1247-1280.

[23] Elias Dinopoulos, Paul Segerstrom, "Intellectual property rights, multinational firms and economic growth, "*Journal of Development Economics*, 2010, Vol. 92, pp. 13-27.

[24]Felicia M. Fai, "Using intellectual property data to analyze China's growing technological capabilities, "*World Patent Information*, 2005, Vol. 27, pp. 49-61.

[25]Fred Greguras, "Intellectual property strategy and best practices for R&D services in China, "*Computer Law &Security Report*, 2007, Vol. 23, pp. 449-452.

[26]Gary Lea, Peter Hall, "Standards and intellectual property rights: an economic and legal perspective, "*Information Economics and Policy*, 2004, Vol. 16, pp. 67-89.

[27]Henry R. Hertzfeld, Albert N. Link, Nicholas S. Vonortas, "Intellectual property protection mechanisms in research partnerships, " *Research Policy*, 2006, Vol. 35, pp. 825-838.

[28]James F. Oehmke, "The social welfare implications of intellectual property protection: imitation and going off patent, "*Natural Resource Management and Policy*, Vol. 30, No. 1.

[29]Regulating Agricultural Biotechnology: Economics and Policy, Part II, Section II:437-455.

[30]Jeong-Yeon Lee and Edwin Mansfield, "Intellectual property protection and U. S foreign direct investment, "*The Review of Economics and Statistics*, 1996, Vol. 78, No. 2, pp. 181-186.

[31]Joanne E. Oxley, "Institutional environment and the mechanisms of governance: the impact of intellectual property protection on the structure of inter-firm alliances," *Journal of Economic Behavior & Organization*, 1999, Vol. 38, pp. 283-309.

[32]João Tovar Jalles, "How to measure innovation? New evidence of the technology-growth linkage, "*Research in Economics*, 2010, Vol. 64, pp. 81-96.

[33]Joel Mokyr, "The intellectual origins of modern economic growth, "

Research and Technological Innovation, Springer Verlag, 2005, pp. 17-80.

[34]John Kennedy, "A critical review of against intellectual monopoly," *Review Austrian Economy*, 2010, No. 10.

[35]John M. Jordan, *Economic Trends of Change*, Pennsylvania State University Press, 2009.

[36]Juan C. Ginarte, Walter G. Park, "Determinants of patent rights: a cross-national study,"*Research Policy*, 1997, Vol. 26, pp. 283-301.

[37] Kamil Idris, "Intellectual property: a power tool for economic growth, "WIPO Publication, 2003, Vol. 888. 1.

[38]Kaushik Laik, "Role of intellectual property in economic growth," *Journal of Intellectual Property Rights*, 2005, No. 12, pp. 465-473.

[39]Kausik Gangopadhyay, Debasis Mondal, "Does stronger protection of intellectual property stimulates innovation? "*Economics Letters*, 2012, Vol. 116, pp. 80-82.

[40]Keith E. Maskus, "The globalization of intellectual property rights and innovation in services, "*Journal of Industry, Competition and Trade*, 2008, Vol. 08, pp. 247-267.

[41]Kresimir Zigic, "Strategic trade policy, intellectual property rights protection, and North-South trade, "*Journal of Development Economics*, 2000, Vol. 61, pp. 27-60.

[42]Larry D. Qiu and Huayang Yu, "Does the protection of foreign intellectual property rights stimulate innovation in the US?" *Review of International Economics*, 2010, Vol. 18, No. 5, pp. 882-895.

[43]Lei Yang, Keith E. Maskus, "Intellectual property rights, technology transfer and exports in developing countries, "*Journal of Development Economics*, 2009, Vol. 90, pp. 231-236.

[44]Linda Y. Yueh, "Global intellectual property rights and economic growth, "*Northwestern Journal of Technology and Intellectual Property*, 2007, Vol. 5, No. 3, pp. 436-448.

[45]Matthias Zeeb, "Intellectual property protection and the globalization of the world economy, " *Intereconomics*, January/February (1996), pp. 21-26.

[46]Mei-Chih Hu, John A. Mathews, "China's national innovative capacity," *Research Policy*, 2008, Vol. 37, pp. 1465-1479.

[47]Michel Kostecki, "Intellectual property and economic development: what

technical assistance to redress the balance in favor of developing nations? " International Centre for Trade and Sustainable Development (ICTSD), 2006-3.

[48]Nagesh Kumar, "Intellectual property protection, market orientation and location of overseas R&D activities by multinational enterprises, "*World Development*, 1996, Vol. 24, No. 4, pp. 673-688.

[49]Nagesh Kumar, "Intellectual property rights, technology and economic development: experiences of asian countries," Study Paper1b.

[50]P. Chaudhry and A. Zimmerman, *US Intellectual Property Rights Enforcement Initiatives: the EU and U. S Bolster Protection of Intellectual Property Rights*, Berlin Heidelberg Press, 2009, pp. 93-105.

[51]Patricia Higino Schneider, "International trade, economic growth and intellectual property rights: a panel data study of developed and developing countries, "*Journal of Development Economics*, 2005, Vol. 78, pp. 529-547.

[52]Pei-Cheng Liao, Kar-yiu Wong, "R&D subsidy, intellectual property rights protection, and North-South trade: How good is the TRIPS agreement?" *Japan and the World Economy*, 2009, Vol. 21, pp. 191-201.

[53]Phillip LeBel, "The role of creative innovation in economic growth: some international comparisons, "*Journal of Asian Economics*, 2008, Vol. 19, pp. 334-347.

[54] Tuomas Takalo, "Innovation and Imitation under imperfect patent protection, "*Journal of Economics*,1998, Vol. 67, pp. 229-241.

[55] Quanfa Yang, Liyun Cheng, "Import tariff, intellectual property right protection and foreign merger, "*Economic Modeling*, 2008, Vol. 25, pp. 1225-1231.

[56]Rod Falvey, Neil Foster, David Greenaway, "Imports, exports, knowledge spillovers and growth, "*Economics Letters*, 2004, Vol. 85, pp. 209-213.

[57]Rod Falvey, Neil Foster, David Greenaway, "Trade, imitative ability and intellectual property rights, "*Review World Economics*, 2009, Vol. 145, pp. 373-404.

[58]Ryo Horii and Tatsuro Iwaisako, "Economic growth with imperfect protection of intellectual property rights, "*Journal of Economics*, 2007, Vol. 90, No. 1, pp. 45-85.

[59]Ryuhei Wakasugi and Banri Ito, "The effects of stronger intellectual property rights on technology transfer: evidence from Japanese firm-level data,

"Discussion Paper, 2007, Vol. 632, No. 5.

[60]Samuel Adams, "Globalization and income inequality: implications for intellectual property rights, "*Journal of Policy Modeling*, 2008, Vol. 30, pp. 725-735.

[61]Sunil Kanwar, "Business enterprise R&D, technological change and intellectual property protection, " *Economics Letters*, 2007, Vol. 96, pp. 120-126.

[62]Sunil Kanwar, Robert E. Evenson, "Does intellectual property protections spur technological change? " Center Discussion Paper, 2001, Vol. 831, No. 6.

[63]Sunil Kanwar, Robert Evenson, "On the strength of intellectual property protection that nations provide, "*Journal of Development Economics*, 2009, Vol. 90, pp. 50-56.

[64]Sunyang Chung, "Innovation in Korea," *The International Handbook on Innovation*, Elsevier, 2003, pp. 890-903.

[65]Theo Eicher, Cecilia Garcia-Penalosa, "Endogenous strength of intellectual property rights: implications for economic development and growth, " *European Economic Review*, 2008, Vol. 52, pp. 237-258.

[66]Titus O. Awokuse, Hong Yin, "Intellectual property rights protection and the surge in FDI in China, "*Journal of Comparative Economics*, 2010, Vol. 38, pp. 217-224.

[67]Titus O. Awokuse and Hong Yin, "Does stronger intellectual property rights protection induce more bilateral trade? evidence from China's imports, "*World Development*, 2010, Vol. 38, No. 8, pp. 1094-1104.

[68] "U. S. international trade commission, China: intellectual property infringement, indigenous innovation policies, and frameworks for measuring the effects on the U. S. economy," USITC Publication, 2010, No. 12.

[69] "United Nations Economic and Social Council," WIPO's Strategies on Intellectual Property and Economic Development, PPT, 2005-7.

[70]Walter G. Park, "International patent protection: 1960-2005," *Research Policy*, 2008, Vol. 37, pp. 761-766.

[71]Weishi Gu, "Impact of foreign intellectual property rights protection on U. S. exports and FDI, "Graduate Paper, 2009-7.

[72]Wen Yi, Fang Shu, Zhang Dengshuo, "The structure and construc-

tion of the intellectual property network of the Chinese academy of sciences (CAS),"*World Patent Information*, 2011, Vol. 33, pp. 81-84.

[73]Wenqi Liu, "Intellectual property protection related to technology in China," *Technological Forecasting &Social Change*, 2005, Vol. 72, pp. 339-348.

[74] Xiaodong Wu, "Foreign direct investment, intellectual property rights, and wage inequality in China,"*China Economic Review*, 2000, No. 11, pp. 361-384.

[75]Yee Kyoung Kim, Keun Lee, Walter G. Park, Kineung Choo, "Appropriate intellectual property protection and economic growth in countries at different levels of development," *Research Policy*, 2012, Vol. 41, pp. 358-375.

[76] Yongmin Chen, Thitima Puttitanun, "Intellectual property rights and innovation in developing countries,"*Journal of Development Economics*, 2005, Vol. 78, pp. 474-493.

[77]Yuichi Furukawa, "Intellectual property protection and innovation: an inverted-U relationship,"*Economics Letters*, 2010, Vol. 109, pp. 99-101.

[78]Yuichi Furukawa, "The protection of intellectual property rights and endogenous growth: is stronger always better?"*Journal of Economic Dynamics &Control*, 2007, Vol. 31, pp. 3644-3670.

[79]Yuksel Birinci, "The role of effective protection of IP rights on economic growth, international studies in entrepreneurship," *Innovation Policies, Business Creation and Economic Development, Part I*: Vol. 21, No. 1, pp. 51-61.

[80]Yum K. Kwan, Edwin L.-C. Lai , "Intellectual property rights protection and endogenous economic growth,"*Journal of Economic Dynamics & Control*, 2003, Vol. 27, pp. 853-873.

二、中文译著

[1][美]艾伦·沃尔夫:《中国向创新的转向》,宫武译,《国外理论动态》2009年第11期。

[2][美]巴罗:《经济增长的决定因素:跨国经验研究》,李剑译,中国人民大学出版社2004年版。

[3][美]巴罗、萨拉-伊-马丁:《经济增长》,夏俊译,格致出版社2010年版。

[4][美]巴泽尔:《产权的经济分析》,费方域、段毅才译,上海人民出版社

1997 年版。

[5][美]戴维·N·韦尔:《经济增长》,王劲峰译,中国人民大学出版社 2011 年版。

[6][美]道格拉斯·C·.诺思:《制度、制度变迁与经济绩效》,杭行译,上海人民出版社 2008 年版。

[7][美]德姆塞茨:《企业经济学》,梁小民译,中国社会科学出版社 1994 年版。

[8][美]凡勃伦:《有闲阶级论:关于制度的经济研究》,蔡受百译,商务印书馆 1997 年版。

[9][美]弗登博格、(法)梯若尔:《博弈论》,黄涛译,中国人民大学出版社 2010 年版。

[10][美]格罗斯曼、赫尔普曼:《全球经济中的创新与增长》,何帆译,中国人民大学出版社 2009 年版。

[11][美]赫尔普曼:《经济增长的秘密》,王世华译,中国人民大学出版社 2007 年版。

[12][美]康芒斯:《制度经济学》,于树生译,商务印书馆 1962 年版。

[13][美]科斯、阿尔钦、诺思:《财产权利与制度变迁——产权学派与新制度学派译文集》,刘守英译,上海人民出版社 2004 年版。

[14][美]科斯:《企业的性质》,陈郁译,北京天则经济研究所,2003 年。

[15][美]迈克尔·迪屈奇:《交易成本经济学——关于公司的新的经济意义》,王铁生、葛立成译,经济科学出版社 1999 年版。

[16][美]威廉姆森:《资本主义经济制度》,段毅才、王伟译,商务印书馆 2004 年版。

[17][美]熊彼特:《经济发展理论》,孔伟艳等译,北京出版社 2008 年版。

[18][美]卓瑞纳·康:《知识产权与经济发展:欧美的经验与教训》[EB/OL],彭学龙译,http://www.iprcommission.org/papers/pdfs/studypapers/sp1akhanstudy.pdf。

[19][英]阿瑟·刘易斯:《经济增长理论》,周师铭等译,商务印书馆 1983 年版。

[20][日]青木昌彦:《比较制度分析》,周黎安译,上海远东出版社 2001 年版。

[21][日]佐藤伸幸:《关于中国知识产权保护问题的研究——日本的经验及借鉴》,天津师范大学硕士学位论文,2007 年。

三、国内中文文献

[1]鲍红:《知识产权与转变经济发展方式论坛论文集》,知识产权出版社2010年版。

[2]卜再元:《社会主义市场经济的发展与知识产权保护的关系》,《长沙交通学院学报》1996年第4期。

[3]蔡富有、杜基尔:《建设创新型国家与知识产权战略》,中国经济出版社2008年版。

[4]陈昌柏:《知识产权经济学》,北京大学出版社2003年版。

[5]陈昌柏:《知识产权战略——知识产权资源在经济增长中的优化配置》,科学出版社2009年版。

[6]陈春晖、曾德明、朱丹:《知识产权与中国经济增长的协整关系研究》,《湖南大学学报(自然科学版)》2007年第7期。

[7]陈国宏等:《技术创新、技术扩散与技术进步关系新论》,《科学学研究》1995年第12期。

[8]陈国宏等:《我国FDI、知识产权保护与自主创新能力关系实证研究》,《中国工业经济》2008年第4期。

[9]陈洁:《国家知识产权竞争力评价指标体系研究》,《商业时代》2010年第1期。

[10]陈诗阳:《知识产权保护、出口贸易和外商直接投资:一个扩展模型分析》,《当代财经》2008年第10期。

[11]代中强、张二震:《内生知识产权保护与知识产权制度变迁:来自中国的经验》,《世界经济研究》2009年第2期。

[12]代中强:《实际知识产权保护、模仿创新与自主创新》,《经济评论》2010年第6期。

[13]代中强等:《经济发展、外部约束与知识产权保护的实证研究》,《中国软科学》2011年第4期。

[14]戴强:《技术创新与知识产权保护的互动性研究》,《技术经济》2006年第8期。

[15]邓行:《科技人员流动中的知识产权保护问题》,《科技进步与对策》2000年第7期。

[16]丁红林、罗建华:《知识产权在经济发展中的作用及对GDP增长贡献份额的测度》,《长沙大学学报》2004年第9期。

[17]董涛:《知识产权证券化制度研究》,清华大学出版社2009年版。

[18]董雪兵等:《累积创新框架下的知识产权保护研究》,《经济研究》2006年第5期。

[19]杜碧辉:《知识产权保护的效应分析及中国的政策选择》,湖南大学硕士学位论文,2007年。

[20]范承泽、胡一帆、郑红亮:《FDI对国内企业技术创新影响的理论与实证研究》,《经济研究》2008年第1期。

[21]方宝等:《发展中国家知识产权保护的经济效应分析——以特许转让为技术溢出途径》,《商场现代化》2008年第3期。

[22]高铁梅:《计量经济分析方法与建模》,清华大学出版社2009年版。

[23]顾锦芳等:《外商直接投资与技术升级的相关性研究》,《经济问题》2009年第7期。

[24]官建成等:《科学—技术—经济的联结与创新绩效的国际比较研究》,《管理科学学报》2009年第5期。

[25]管汉晖:《与贸易相关的知识产权保护与经济增长》,浙江大学硕士学位论文,2005年。

[26]郭亚莉:《知识产权保护与中国技术创新》,《经贸论坛》2004年第8期。

[27]韩薇薇:《知识产权保护发展的新态势及思考》,《经济导刊》2010年第10期。

[28]韩玉雄、李怀祖:《关于中国知识产权保护水平的定量分析》,《科学学研究》2005年第6期。

[29]韩玉雄、李怀祖:《知识产权保护对经济增长的影响:一个基于垂直创新的技术扩散模型》,《当代经济科学》2003年第2期。

[30]贺贵才、于永达:《知识产权保护与技术创新关系的理论分析》,《科研管理》2011年第11期。

[31]贺京同、万志华:《知识产权保护力度与经济发展的关系研究》,《社会科学辑刊》2008年第1期。

[32]贺霞等:《软硬技术进步对经济增长贡献的DEA分解模型及应用》,《天津理工大学学报》2010年第1期。

[33]洪勇等:《发展中国家知识产权保护程度相对评价方法研究》,《科学学与科学技术管理》2011年第2期。

[34]胡蓓蓓:《知识产权保护对发展中国家经济增长的影响分析》,同济大学硕士学位论文,2006年。

[35]胡德龙:《人力资本与经济发展理论与实证》,江西人民出版社2008年版。

[36]胡四修:《知识产权保护与区域城市经济增长》,《求索》2010 年第 12 期。

[37]胡晓珍:《制度创新作用于经济增长的途径及其量化研究》,华中科技大学博士学位论文,2010 年。

[38]胡祖六:《知识产权保护和中国经济的未来》,《国际经济评论》2002 年第 7 期。

[39]黄茂兴:《论技术选择与经济增长》,社会科学文献出版社 2010 年版。

[40]黄梅波等:《南北国家的知识产权之争与中国的知识产权保护——基于 TRIPs 的分析》,《科学管理研究》2010 年第 3 期。

[41]吉彩红:《人力资本与中国经济增长》,知识产权出版社 2009 年版。

[42]江登英等:《基于创新激励的知识产权模型与政策分析》,《武汉理工大学学报》2009 年第 8 期。

[43]姜增伟:《保护知识产权是中国的战略抉择》,《求是杂志》2011 年第 11 期。

[44]鞠树成:《中国专利产出与经济增长关系的实证研究》,《科学管理研究》2005 年第 5 期。

[45]亢梅玲、周茂荣:《知识产权保护、创新能力、开放程度与一国经济增长——基于相关文献综述》,《经济管理》2006 年第 15 期。

[46]孔伟杰:《基于知识产权保护的国际技术溢出与经济增长》,浙江工商大学博士学位论文,2010 年。

[47]兰发文:《知识产权保护与技术转移——基于中国的经验分析》,厦门大学硕士学位论文,2007 年。

[48]郎晶:《我国知识产权保护对外商直接投资的影响研究》,山东大学硕士学位论文,2010 年。

[49]李春林:《转变经济发展方式须重视知识产权保护》,《南方论刊》2011 年第 1 期。

[50]李红:《山西省科技进步贡献率测量适用模型研究》,太原理工大学硕士学位论文,2010 年。

[51]李华威:《知识产权优势的理论与实证研究》,武汉理工大学博士学位论文,2007 年。

[52]李培林:《技术创新与企业知识产权战略的联动》,《科技管理研究》2009 年第 7 期。

[53]李平:《基于区域产业创新的知识产权战略研究——关于深圳实践的考察和分析》,电子科技大学博士学位论文,2006 年。

[54]李萍等:《解析中国经济增长之谜:技术进步及其贡献——基于结构方程的测算》,《天府新论》2009 年第 4 期。

[55]李尚骛:《内生经济增长的驱动因素分析》,华中科技大学博士学位论文,2010 年。

[56]李少育:《产权保护下的诱致性技术创新——新制度经济学的视角》,《福建师范大学学报(哲学社会科学版)》2006 年第 5 期。

[57]李世新、刘慷:《知识产权二重性、经济增长与经济增长方式关系的研究》,《黑龙江对外经贸》2010 年第 4 期。

[58]李顺才等:《一种基于永续盘存的知识存量测度改进模型》,《科学学与科学技术管理》2003 年第 9 期。

[59]李涛:《论知识产权与经济增长的关联机理》,《湖南社会科学》2006 年第 6 期。

[60]李雪茹等:《基于 ISM 的知识产权保护影响因素分析》,《情报杂志》2009 年第 6 期。

[61]李玉璧:《知识产权战略实践价值初探》,《西北师大学报(社会科学版)》2004 年第 2 期。

[62]李正生:《中国知识产权保护的经济学思考》,《经济体制改革》2007 年第 5 期。

[63]厉无畏:《自主创新与知识产权战略》,《上海企业》2006 年第 7 期。

[64]梁红英、余劲松:《知识产权保护与出口贸易:基于 2000～2006 年分省面板数据的实证研究》,《财贸研究》2010 年第 3 期。

[65]廖远强、王斌会:《知识产权保护对经济增长的促进作用分析》,《商业时代》2011 年第 7 期。

[66]刘华:《专利制度与经济增长:理论与现实——对中国专利制度运行绩效的评估》,《中国软科学》2002 年第 10 期。

[67]刘金芳:《论我国知识产权保护方式的转变》,《商业时代》2011 年第 36 期。

[68]刘静等:《我国企业自主创新支持体系研究》,《经济问题》2007 年第 12 期。

[69]刘君、卞继伟:《比较优势与知识产权保护的经济学分析》,《江苏社会科学》2002 年第 2 期。

[70]刘慷、李世新:《知识产权保护、标准化与经济增长的动态关系——基于 VAR 模型的实证分析》,《山西财经大学学报》2010 年第 7 期。

[71]刘明江:《论知识产权保护水平——以国家知识产权战略为视野》,《昆

明理工大学学报·社科(法学)版》2007 年第 7 期。

[72]刘庆琳、刘洋:《专利保护对我国外商直接投资的影响分析》,《财贸经济》2010 年第 1 期。

[73]刘杨:《最优知识产权保护水平的理论研究》,《世界经济情况》2009 年第 7 期。

[74]刘勇、周宏:《知识产权保护和经济增长:基于省际面板数据的研究》,《财经问题研究》2008 年第 6 期。

[75]刘运项:《知识产权保护:动机与效用分析》,《当代财经》2003 年第 3 期。

[76]刘战礼:《创新与经济增长关联性及其贡献变化率测度研究》,吉林大学博士学位论文,2010 年。

[77]刘志恒:《制度与经济增长:以我国专利制度为例的实证研究》,《知识经济》2010 年第 14 期。

[78]陆斌等:《试论全球化背景下的中国知识产权战略》,《前沿》2008 年第 12 期。

[79]吕爱权:《社会主义与中国经济转型》,红旗出版社 2004 年版。

[80]吕炳斌:《建设创新型国家背景下的知识产权保护》,知识产权出版社 2010 年版。

[81]吕新军等:《到底是什么阻碍了国家创新?——影响国家创新的制度性因素分析》,《科学学与科学技术管理》2010 年第 5 期。

[82]马云飞、张晶星:《中国知识产权保护与 FDI 相关性的实证研究》,《江南大学学报(人文社会科学版)》2010 年第 1 期。

[83]孟祥财、叶阿忠:《知识外部性、研究开发与经济可持续增长——理论分析与基于中国数据的实证研究》,《财经研究》2009 年第 9 期。

[84]倪海青、张岩贵:《知识产权保护、FDI 技术转移与自主创新》,《世界经济研究》2009 年第 8 期。

[85]倪海清:《知识产权保护、吸引 FDI 与东道国创新——基于面板门槛模型的经验分析》,南开大学硕士学位论文,2009 年。

[86]牛德生:《知识经济增长与制度创新》,《经济纵横》1998 年第 12 期。

[87]彭亮:《自主创新与中国经济增长》,华中科技大学博士学位论文,2008 年。

[88]彭水军等:《技术外溢与吸收能力:基于开放经济下的内生增长模型分析》,《数量经济技术经济研究》2005 年第 8 期。

[89]柒江艺等:《我国知识产权保护对外商直接投资的影响研究》,《经济问

题探索》2008 年第 1 期。

[90]齐爱民:《论知识产权保护水平》,《苏州大学学报(哲学社会科学版)》2010 年第 3 期。

[91]秦海:《自主创新、产业能力与经济增长——评路风教授的〈走向自主创新〉》,《清华大学学报(哲学社会科学版)》2007 年第 5 期。

[92]邱爽:《产权、创新与经济增长——基于知识产权与人力资本产权的分析视角》,西南财经大学出版社 2008 年版。

[93]邱亿如等:《试论技术创新对经济增长的作用》,《武汉汽车工业大学学报》1998 年第 6 期。

[94]曲建忠、张红霞:《知识产权保护对国际贸易的影响及中国的对策》,《国际经贸探索》2005 年第 6 期。

[95]饶艳:《知识产权保护对国际技术扩散途径的门槛回归分析》,浙江工业大学硕士学位论文,2007 年。

[96]申屠晓娟:《知识产权战略与经济发展关系研究综述》,《商业时代》2010 年第 11 期。

[97]沈国兵、刘佳:《TRIPS 协定下中国知识产权保护水平和实际保护强度》,《财贸经济》2009 年第 11 期。

[98]沈坤荣等:《新增长理论与中国经济增长》,南京大学出版社 2003 年版。

[99]盛安平:《专利与北京经济增长关系的实证分析》,《电子知识产权》2009 年第 4 期。

[100]盛世豪、徐竹青:《知识产权与竞争优势——区域知识产权战略研究》,中国社会科学出版社 2005 年版。

[101]施莉等:《信息技术对中国 TFP 增长影响估算:1980～2003》,《预测》2008 年第 3 期。

[102]宋丽丽:《东道国知识产权保护与 FDI 渠道的技术溢出——中国数据的实证分析》,山东理工大学硕士学位论文,2010 年。

[103]苏方林:《中国研发与经济增长的空间统计分析》,经济科学出版社 2009 年版。

[104]苏为华等:《基于知识产权保护的国际贸易和 FDI 技术溢出效应研究》,《统计研究》2010 年第 2 期。

[105]孙赫:《知识产权保护与企业创新》,上海三联书店 2009 年版。

[106]孙旭玉:《中国知识产权保护水平与影响因素的实证分析》,《理论学刊》2010 年第 7 期。

[107]孙玉涛、杨中楷:《知识产权保护与经济增长的互动分析》,《科技管理

研究》2005 年第 12 期。

[108]唐保庆等:《国际贸易结构、知识产权保护与国际 R&D 溢出效应》,《财贸经济》2009 年第 9 期。

[109]万伦来、方宝、陶静:《知识产权保护与跨国技术转移——基于中国 1991~2005 年技术进口额的实证分析》,《合肥工业大学学报(社会科学版)》2009 年第 1 期。

[110]汪丁丁:《知识表达、知识互补性、知识产权均衡》,《经济研究》2002 年第 10 期。

[111]王春燕:《略论保护知识产权与发展市场经济》,《知识产权》1995 年第 4 期。

[112]王红领、李稻葵、冯俊新:《FDI 与自主研发:基于行业数据的经验研究》,《经济研究》2006 年第 2 期。

[113]王吉法等:《知识产权资本化研究》,山东大学出版社 2010 年版。

[114]王吉法等:《中日企业竞争力比较研究》,山东大学出版社 2004 年版。

[115]王林等:《发展中国家的知识产权保护与经济增长——基于跨国数据的实证分析》,《世界经济研究》2009 年第 5 期。

[116]王舒:《大趋势还是乌托邦——全球统一知识产权制度的现实性研究》,《世界经济研究》1996 年第 4 期。

[117]王晓春:《知识产权、企业竞争与发展中国家的经济增长》,复旦大学硕士学位论文,2004 年。

[118]王泽填、孙辉煌:《经济增长中的制度因素研究》,中国经济出版社 2010 年版。

[119]王正志:《中国知识产权指数报告 2011》,知识产权出版社 2011 年版。

[120]卫兴华、侯为民:《中国经济增长方式的选择与转换途径》,《经济研究》2007 年第 7 期。

[121]魏兴民、张荣刚:《国际知识产权保护与中国自主创新内在逻辑分析》,《社会科学家》2007 年第 3 期。

[122]文豪:《市场特征、知识产权与技术创新:基于产业差异的分析》,《管理世界》2009 年第 9 期。

[123]文豪:《市场需求对知识产权创新激励效应的影响》,《经济社会体制比较》2009 年第 4 期。

[124]吴汉洪、杨鑫:《知识产权制度与经济增长:综述与比较》,《国家行政学院学报》2011 年第 2 期。

[125]吴婧:《知识产权保护对我国对外贸易的影响研究》,安徽大学硕士学

位论文,2007 年。

[126]吴凯、蔡虹、蒋仁爱:《知识产权保护的经济效果——基于开放经济体国家的面板数据》,《系统管理学报》2010 年第 4 期。

[127]吴凯、蔡虹、蒋仁爱:《中国知识产权保护与经济增长的实证研究》,《科学学研究》2010 年第 12 期。

[128]吴蕊:《知识产权保护与发展中国家经济增长问题探析——以中国为例》,苏州大学硕士学位论文,2008 年。

[129]吴欣望等:《强化知识产权保护及其对策》,《山东社会科学》2007 年第 4 期。

[130]吴延兵:《R&D 与生产率——基于中国制造业的实证研究》,《经济研究》2006 年第 11 期。

[131]吴延兵:《创新的决定因素——基于中国制造业的实证研究》,《世界经济文汇》2008 年第 2 期。

[132]吴延兵:《企业规模、市场力量与创新:一个文献综述》,《经济研究》2007 年第 5 期。

[133]吴延兵:《用 DEA 方法评测知识生产中的技术效率与技术进步》,《数量经济技术经济研究》2008 年第 7 期。

[134]吴延兵:《中国工业 R&D 产出弹性测算(1993～2002)》,《经济学(季刊)》2008 年第 3 期。

[135]吴延兵:《中国工业产业创新水平及影响因素——面板数据的实证分析》,《产业经济评论》2006 年第 2 期。

[136]吴延兵:《自主研发、技术引进与生产率——基于中国地区工业的实证研究》,《经济研究》2008 年第 8 期。

[137]吴延兵等:《人力资本与研发行为——基于民营企业调研数据的分析》,《经济学(季刊)》2009 年第 4 期。

[138]夏珣:《经济发展水平与 TRIPS 协定下知识产权保护》,复旦大学硕士学位论文,2010 年。

[139]夏业良、曾凡清、黄建军:《"制度—知识互动增进"假说与经济增长路径选择》,《经济理论与经济管理》1999 年第 1 期。

[140]谢兰云:《我国 R&D 投入与经济增长关系的计量分析》,东北财经大学出版社 2010 年版。

[141]邢斐等:《我国创新支持政策:理论分析及其有效性检验》,《当代经济科学》2009 年第 4 期。

[142]熊春红、肖海:《知识产权证券化的国际借鉴与路径依赖》,《改革》2009

年第8期。

[143]熊红轶:《知识产权保护对经济增长的影响——来自中国1979～2005年的经验证据》,合肥工业大学硕士学位论文,2007年。

[144]徐辉、费忠华:《科技成果转化机器对经济增长效应研究》,中山大学出版社2009年版。

[145]徐丽娜:《国际知识产权保护的演变与发展趋势研究》,沈阳工业大学硕士学位论文,2006年。

[146]许春明、单晓光:《知识产权制度与经济发展之关系探析——兼论我国知识产权战略的背景和原则》,《科技进步与对策》2007年第12期。

[147]许春明、单晓光:《中国知识产权保护强度指标体系的构建及验证》,《科学学研究》2008年第4期。

[148]许春明:《知识产权制度与经济增长的机制研究》,同济大学博士学位论文,2008年。

[149]许和连、柴江艺:《知识产权保护对我国外商直接投资的影响研究》,《国际贸易问题》2010年第1期。

[150]薛明皋、王璞珏:《专利侵权对经济增长影响的实证研究》,《科研管理》2009年第3期。

[151]薛伟贤等:《论中国知识产权保护制度在经济发展和体制改革过程中的演变(二)》,《理论导刊》1999年第11期。

[152]薛伟贤等:《论中国知识产权保护制度在经济发展和体制改革过程中的演变(一)》,《理论导刊》1999年第10期。

[153]严成樑等:《内生的知识产权保护与长期经济增长》,《浙江社会科学》2010年第6期。

[154]颜珲:《R&D活动、自主创新与最优知识产权保护研究》,山东理工大学硕士学位论文,2009年。

[155]杨玲梅:《知识产权保护的国际化趋势与我国的应对措施》,《武汉大学学报(哲学社会科学版)》2009年第5期。

[156]杨全发、韩樱:《知识产权保护与跨国公司对外直接投资策略》,《经济研究》2006年第4期。

[157]杨瑞龙:《社会主义经济理论》,中国人民大学出版社2008年版。

[158]杨伟、熊红轶:《知识产权保护自主创新和外商直接投资:一个理论模型分析》,《贵州商业高等专科学校学报》2007年第1期。

[159]杨雯:《中国知识产权保护与FDI技术溢出关系研究》,重庆大学硕士学位论文,2008年。

[160]杨延超:《知识产权资本化》,法律出版社 2008 年版。

[161]杨志江、罗掌华:《自主研发、技术引进与专利产出——基于 2001～2008 年省际面板数据分析》,《情报杂志》2011 年第 9 期。

[162]姚利民、饶艳:《中国知识产权保护地区差异与技术引进的实证研究》,《科学研究》2009 年第 8 期。

[163]叶长龄:《知识产权保护模式研究》,中国政法大学硕士学位论文,2008 年。

[164]易先忠等:《技术差距、知识产权保护与后发国技术进步》,《数量经济技术经济研究》2006 年第 10 期。

[165]印金铃:《我国知识产权保护对 FDI 技术吸收能力的影响》,《特区经济》2010 年第 1 期。

[166]于津平:《中国经济增长模式转型路径探究》,《社会科学战线》2010 年第 7 期。

[167]余敏友等:《评美国向 WTO 诉中国"影响知识产权保护和实施的措施案"》,《国际贸易》2009 年第 9 期。

[168]余长林、王瑞芳:《知识产权保护与国际技术转移的关系研究进展》,《财经问题研究》2009 年第 3 期。

[169]余长林:《知识产权保护与发展中国家的经济增长》,《厦门大学学报(哲学社会科学版)》2010 年第 2 期。

[170]余长林:《知识产权保护与发展中国家的经济增长——基于技术供给的视角》,厦门大学博士学位论文,2009 年。

[171]余长林:《发展中国家知识产权保护与经济增长》,经济科学出版社 2010 年版。

[172]俞飞:《知识产权保护》,厦门大学出版社 2007 年版。

[173]袁克:《中国知识产权保护的经济学分析》,《南开经济研究》2003 年第 2 期。

[174]袁庆明:《产权确定性及其对投资和经济增长的价值》,《江西财经大学学报》2009 年第 5 期。

[175]张伟、刘东:《影响知识产权保护的经济因素定性分析》,《科技进步与对策》2010 年第 16 期。

[176]张伟:《知识产权保护行为的经济均衡分析》,《科学学与科学技术管理》2010 年第 10 期。

[177]张晓峒:《Eviews 使用指南与案例》,机械工业出版社 2007 年版。

[178]张亚斌等:《南方国家知识产权保护与南北经济收敛》,《财经研究》

2006 年第 6 期。

[179]张真真:《知识产权保护与技术创新互动机制研究》,北京交通大学硕士学位论文,2006 年。

[180]赵莉:《知识产权与现代经济增长模式之选择》,《上海经济研究》2006 年第 5 期。

[181]赵伟、吕盛行、管汉晖:《知识产权保护与外国直接投资——基于中国的实证检验》,《价格理论与实践》2005 年第 3 期。

[182]赵志耘、杨朝峰:《中国全要素生产率的测算与解释:1979～2009 年》,《财经问题研究》2011 年第 9 期。

[183]郑国洪等:《我国知识产权保护对出口贸易的影响》,《统计与决策》2010 年第 2 期。

[184]郑少春:《科技进步与经济增长方式的转变》,《理论学习月刊》1997 年第 4 期。

[185]周宏、胡亚权:《知识产权保护对我国人均 GDP 增长率影响的地区差异性研究——基于 1997～2006 年省际面板数据》,《统计研究》2010 年第 5 期。

[186]周寄中、张黎、汤超颖:《知识产权与技术创新:联动与效应分析》,《研究与发展管理》2006 年第 5 期。

[187]周素娥:《论发展中国家的知识产权保护与经济增长》,湖南大学硕士学位论文,2006 年。

[188]周素娥:《中国知识产权保护对经济增长的乘数效应研究》,《知识经济》2008 年第 3 期。

[189]周艳敏:《知识产权保护对发展中国家经济的影响》,吉林大学硕士学位论文,2007 年。

[190]朱东平:《外商直接投资、知识产权保护与发展中国家的社会福利——兼论发展中国家的引资战略》,《经济研究》2004 年第 1 期。

[191]庄子银:《南方模仿、企业家精神和长期增长》,《经济研究》2003 年第 1 期。

[192]庄子银:《知识产权、市场结构、模仿和创新》,《经济研究》2009 年第 11 期。

[193]庄子银等:《发展中国家知识产权保护的理论与经验分析》,《武汉大学学报(社会科学版)》2003 年第 7 期。

[194]邹彩霞:《中国知识产权发展的困境与出路——法理学视角的理论反思与现实研究》,吉林大学博士学位论文,2008 年。

[195]邹薇:《知识产权保护的经济学分析》,《世界经济》2002 年第 2 期。

后　记

本专著是在本人博士学位论文的基础上修改扩充完善而成的。全文均由本人进行统筹安排和文字校对，在原有博士论文基础上进行了部分章节的调整和扩充，山东科技大学文法学院研究生（李琳琳、孙晓丽、徐文硕）参与了部分章节内容的修订和补充，山东科技大学经济管理学院陈金库副教授、马克思主义学院孙燕玲教授对本专著的相关内容提出了具体修改意见。值此专著整理出版之际，仅以简短言辞表达诸多谢意！

首先，感谢南京大学经济学院博士生导师刘东教授。刘东教授对本人的博士论文，无论是从选题、开题还是到具体写作，均给予了悉心的指导和无私的帮助。早在2013年初，刘老师就曾力推本专著的整理出版事宜，对本专著内容的调整、扩充提出了具体的指导意见，在此表示衷心的感谢！另外，还需要感谢南京大学经济学院的洪银兴教授、沈坤荣教授、葛扬教授、范从来教授、梁东黎教授、杨德才教授以及李晓春教授和赵华副教授，他们富有建设性的指导意见也有助于进一步修改和完善本专著的核心内容和方法，在此向他们表示衷心的感谢！

在这里，需要特别感谢山东省知识产权研究院副院长、烟台大学博士生导师王吉法教授。正是王老师对我在2003～2006年硕士研究生学习阶段的领路和引导，才为本专著的即日整理出版奠定了重要基础。感谢王老师的付出和帮助！

其次，感谢山东科技大学经济管理学院的各位领导和同事，感谢他们在本专著出版过程中给予的关心和协助，尤其是本专著还得到了“山东科技大学学术著作出版基金”的资助出版，在此也一并表示感谢！

最后，感谢山东大学出版社的大力支持，特别是姜明编辑，正是他们的敬业精神和细致工作，方使本专著能够得以顺利付梓出版，谢谢你们！

当然，由于时间仓促和作者研究能力有限，文中难免存在疏漏和不足之处。希望前辈专家学者、同辈学友及所有朋友在阅读本专著过程中，能够多加批评和不吝指教！

张　伟
2015 年 7 月于山东青岛